從臉看男人/女人

Man's FACE • Woman's FACE

李家雄
著

序

從臉看人察言觀色

「男有分、女有歸」、「性別平等、平起平坐」，要聆聽、要溝通，人際間的互動，是風平浪靜？抑是驚滔駭浪？從顏面五官上是有蛛絲馬跡可循的！

如何看自己、如何看人成了很重要的一課。

男人與女人的差異性，隨著性別平等風氣日彰而越來越少；性別的差異，反不如個性不同來得懸殊。然而，本質上，男人、女人的生活習性還是大有差異，例如：男女咀嚼的一般慣性不甚相同，啟動了咬肌群不同的動能，進而影響下頜骨的成形；而下頜骨的形狀，日久即會影響及上頜骨、鼻骨、額骨與顳骨的骨形，這些不同的骨形也表徵著個性、質性的差異。

是以，精緻規劃人生的人，有如在精雕細琢個體骨骼，身心都終將出俗脫眾。春秋戰國時代，越王勾踐誓志復國，長期臥薪嘗膽，形成長頸鳥喙；西施捧心，必然偏食、少食，以至雖有娟秀的瓜子臉，但也受盡揪心之痛的折騰。

本書共分五章，分別從頸項、口唇、鼻子、額眉眼及耳朵等頭部結構及臉上五官來觀察世間男男女女。

男女有別，男人是陽、主動，女人是陰、被動，男人頸項多數較粗，肩膀較寬大。女人則多是細頸項，而骨盆較大。從頸項看男人、看女人，其生命力強弱透露無遺。

民以食為天，能吃是不是福？已有因應時代變遷的新詮釋，然而不容置疑的是，飲食男女的身心玄機，都可從口唇一覽而盡。

至於鼻子，既是掌理呼吸氣息的閘門，更是您我的面子之王。鼻子高低寬窄，鼻孔大小、伸張有無勁道，都關乎著生命品質。而更精彩的是它的每一氣息都在釋放性訊息。

眼睛是靈魂之窗，眉目也是人類彼此間傳情的橋樑，但在自我意識逐日高張、人人眼中常只有自己的氛圍下，您是否覺得白目的人越來越多！只要用心瞧、仔細看，眼睛輸出的是真情義，還是假情慾？是可以一目瞭然的！

生活在多元資訊、科技發達的世代，不想變成只會與機器溝通的宅男宅女，我們就要耳聽八方，廣收新知，始能跟上時代的腳步，擁有良好的人際互動。還有更重要的，關於耳朵的生理常識，不可不知！無論是挑選跟定終身的對象，或是選擇事業的搭檔，要了解您周圍的是益友，還是損友？從耳朵可見真章，因為耳朵觀腎，腎臟深繫人的精氣神，直接影響及生命力及生活品質。

本書以《黃帝內經》的中國醫學為理論基礎，融合筆者多年來的臨床實務經驗，以深入淺出的論述，來與大家分享如何從臉上聚焦，體會眼睛、眉毛、鼻子、嘴巴、耳朵，在動靜之間的奧妙。依此類推，額頭、頸項也都是可藉以知己知彼的重要依據。

總之，只要您用心，對男男女女的特質即能了然於心；而這份瞭解也是我們營造健康、幸福與美滿生活的指標。

李家雄

一〇三年於金山南路診所

目次

目次

3 鼻子釋放性訊息

目次

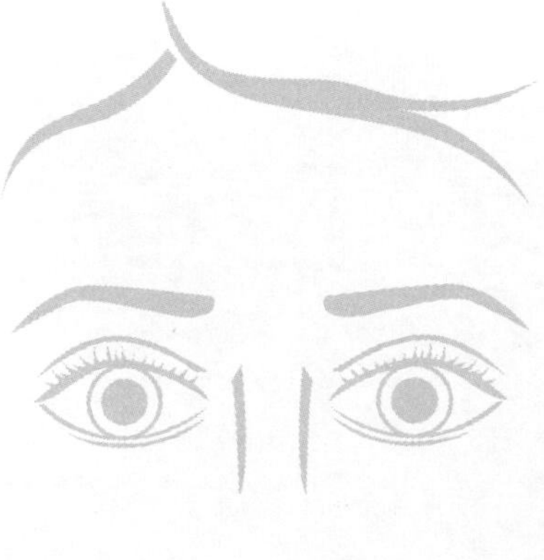

5 耳朵繫腰腎反應精氣神

CHAPTER 1

頸項透露
生命力強弱

粗頸生命力強，腦心血管警訊多

女人的脖子　女人的粉頸，在仰俯顧盼之際，最扣人心弦。女人頸粗壯如牛頸，下巴與頸子幾乎相連，弧度不明顯的，多做牛做馬，任勞任怨。頸粗似母虎，顧盼時都維持挺直，自視甚高，性喜掌控，虎視眈眈不輕易妥協，卻也是頭腦有組織、有管理能力的表徵。

粗頸女人，氣足血旺有熱情。頸粗又端正，視事也端正，待人誠懇，但也強化了個人的角色，這樣的身影最常放映在大家族的女掌門或是大企業的女主管身上。

頸粗卻歪斜，則易流於熱心過度，常忽略了個人應有的立場，給人濫好人的印象；同時頸項也容易痠痛，頸子轉動時甚至喀喀作響。

頸項轉動靈活有力道，除了少數是天生麗質難自棄外，多數是因為自律性高、生活習慣好所造就。個人的起居作息、飲食節度、運動習慣，都有一定的軌跡；養成好習慣，在日常生活確實落實且持之以恆，自是春風滿面，過得自信而富足。

反觀，頸粗又不靈活，轉動困難且乏力，不是老化速度大於實際年齡、未老先衰，就是意志消沉沒鬥志，其活力常常隱晦不現，生活型態也偏平淡少趣味。

養生概念　頸子離腦袋瓜和心臟都很近，而且是溝通腦心血管循環的渠道，健康與否，頸子是重要的觀察部位。如果您擁有好的頸項，相關的好習慣也要培養及維持，因為一時的放任，都可能導致腦心血管產生障礙，這樣的養生觀念，無論男女都應該建立。

頸椎不靈活又乏力的人，首先要調整生活習慣，子時（午夜十一點至凌晨一點）是關鍵性的美容時間。在此時辰之前即要入睡；而且，睡美容覺不是女性的專利，即使是壯男也無長期熬夜遲睡的本錢。所以最遲十點半即要上床就寢，到了子時即已進入沉睡。其次，要養成早上運動的習慣，游泳、慢跑、快走、散步、舞蹈、爬山……，依個人的體況及年齡，選擇適合的來進行，而且要規律要持恆，最忌諱一天捕魚，三天曬網，或是歸隊於週日運動族，不但健身效果有限，反易造成運動傷害。

力行前述事項，由於身體狀況的進展，會改變生理的需求，飲食方面自然會隨之調整，你再也吃不下厚脂重口味的食物，連帶地也達到瘦身效果。

男人的脖子

頸子粗的男人，給人強壯有魄力的感覺，其免疫力、抵抗力、甚至耐力，確實比一般頸細的人強，因為頸粗有的是成長過程相對發憤及辛苦的結果。但是，一旦鬆懈下來，活動減少，運動不足，罹患心腦血管疾病的機會就大大升高。尤其是抬頭仰望的時候，下巴下及頸子一帶靜脈愈明顯，愈浮現的人，心血管循環也相對容易發生狀況。

靜脈浮現嚴重者，要評估自己可否進行較激烈的運動，如打籃球、網球、羽球，或是跑步、登山；也要避免經常性熬夜、大量抽菸、飲酒。別輕忽頸子上浮現的靜脈，這是提醒我們腦與心的健康已亮燈的警訊，請要嚴肅看待。

養生概念 按摩天容穴區（圖一），可促進頸總靜脈回流心臟，改善靜脈浮現現象。早晨醒來及睡前，都適合進行：

步驟1：坐正、放輕鬆，展開雙手大拇指、食指和中指，掌心向面頰。

步驟2：三指合力從耳朵後下方開始，沿著頸子兩側緩緩往下抓按，維持常態的呼吸頻率，以自己能承擔的力道為限，持續按三～五分鐘。

步驟3：最後以大拇指往下頷骨（即耳朵下方的骨角）凹陷處向內按，其他四指輕放在面頰上，按到有痠痛的感覺，持續二～三分鐘，常態呼吸，動作緩不急促。

保健效果 天容穴位於胸鎖乳突肌的終止區，刺激該部位，可促進頸總靜脈回流的速度及流量，活化靜脈循環機制，進而強化心臟功能，靜脈自然不會再明顯浮現，又能

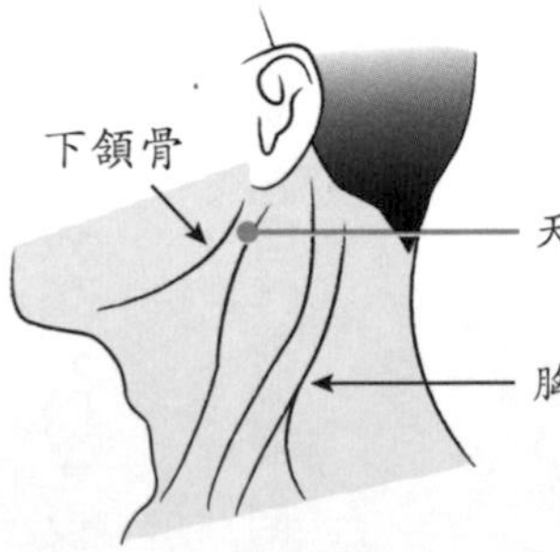

圖一 按摩天容穴區，促進頸總靜脈回流。

改善耳鳴、咽喉腫痛、頸項轉動疼痛等症狀，讓你呼吸更舒暢、肩頸更輕鬆。

粗硬的脖子 脖子又粗又硬，個性上也是死硬派，不服輸的性格，可能很成功，也可能一意孤行、一塌糊塗，是兩極化的表現，這就要看脖子的靈活度了！

熊的脖子短，但有經常性甩頭運動的習慣，所以熊的頸臂神經叢及上肢運動神經及血管也特別靈活健康，熊掌異常珍貴是有道理的。

中言之，脖子粗又掌肉厚實的人，多有堅持不懈的特質。反之，脖粗但掌肉單薄，手指也枯瘦，多有言行不謹、個性彆扭、眼高手低的傾向，咽喉食道方面也較不順暢，建議多勞筋骨、苦心志，並注意情緒管理，以免流於固執多疑、脾氣暴躁。並強化個人的信心，放寬眼界結交善友，否則終要孤僻度日。

臉紅脖子粗 容易臉紅脖子粗的人，表面上好爭長奪短，好動怒氣，要注意的是慢性病如糖尿病、心臟病、肝病或腎臟病的潛在危機，最根本的改善之道就是調整生活步調，並重視休閒娛樂，要確實感受「放輕鬆」的意境，以此來調節身心、調整情緒，減少臉漲紅、脖子血管賁張的現象，可大大減少慢性病上身的機會。

細頸靈活有餘，但安全不足

頸部的重要 頸部最重要的組織是頸動脈與主動脈，包括頸動脈體、主動脈體、頸動脈竇、主動脈竇，它們的結構與人的呼吸息息相關；同時，頸動脈、主動脈正是心臟輸送血液到頭頸、臉面的主要管道，頸子是粗是細，也幾乎反應以上組織及血管之結構與功能。

頸子有粗細 頸子長得粗或細，大多數取決於先天條件，少部分人則是因內分泌失調，例如甲狀腺亢進患者，從細頸變大脖子；也有人是因為工作關係，長期用力於肩頸而變粗頸，這不同於病態粗頸腫脹不結實，而是能呈現線條且靈活有動感的頸項。

細頸的人要留意自己頸部動脈血管的健康，瞭解其先天上相關的結構就比頸子較粗的人不足，要懂得藉由運動、均衡營養、規律作息來保養腦心及血管健康。

在個性上適合以退為進，不宜爭強奪勝、好出頭，特別是細頸而位居要津的男人，多集思廣益、三思而後行，更要明哲保身，因為團隊作業勝過你孤單奮鬥或一意孤行。

細頸的女人 女人的骨骼結構及肌肉組織比男性纖細，頸項也不似男性強壯，然在女性中仍有粗細頸之分。頸細長如鵝的女人，充滿自信，亦擅長多方觀瞻，看得較廣，但也難掩趾高氣昂的習氣。如果細長卻是垂頭鵝，頸項擺不正，習慣性斜頸歪頭的女人，不是累了，就是慵懶成性。長時間姿勢不良，會傷及頸部肌肉群，多會造成肩頸痠痛，嚴重者連手都會痠痲。

女人老化最快的部位就是頸項，前頸有一廉泉穴（圖二），位於喉結上緣，此部位有胸腺、甲狀腺分布。胸腺是人體重要的淋巴器官，在免疫反應中扮演要角的T細胞，即是從胸腺分化成熟而來。胸腺可說是人體免疫系統功能的發展中心，直到青春期後才逐漸退化由脂肪組織所替代。隨著年齡增長，身心的演化過程會在廉泉穴區烙下痕跡，最明顯的就是肌膚表觀變得沒光澤，或是出現頸紋、膚質變粗糙。

大脖子 俗稱大脖子的甲狀腺腫大，與腦下垂體前葉的活動強弱有關，如果精神過度受刺激，例如經常發飆發怒、情緒起伏大，都會刺激腦下垂體大量分泌甲狀腺促進素，誘發甲狀腺活動旺盛，產生大量的甲狀腺素，造成脖子腫大。相對的，情緒長期低落沮喪，或是內向自閉的人，甲狀腺分泌異常的機會也較

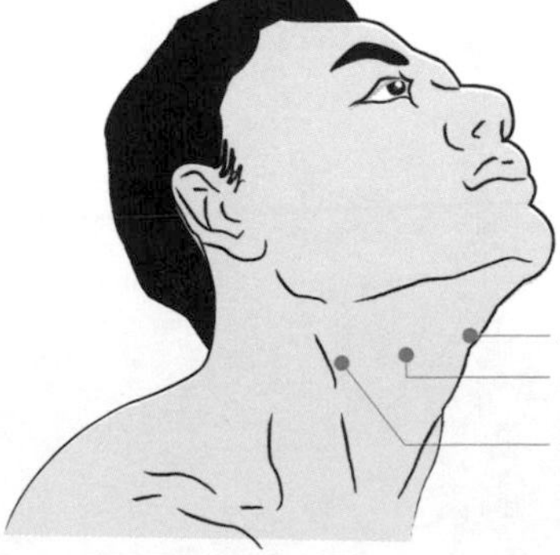

圖二 抓按廉泉穴區，可提升免疫力。

大，也會影像脖子的粗細。

病痛常是由小變大，由輕微變嚴重，我們通常也是在不知不覺中老化，如果發現頸子異常變粗，尤其是廉泉穴區到兩鎖骨中間區域發腫，請找專業醫師作進一步檢查。

養生概念 抓拿按揉廉泉穴區，有助免疫力提升，並保養頸部肌膚，可輔以精油或乳液，效果更好。

廉泉穴區呼應背部的膈俞（圖三），在脊椎骨第七胸椎旁約一・五寸（約一個半的橫指幅寬度）的位置，左右各一穴，雙手握拳向後，以拳貼背畫圓按揉，一方面促進血液循環，另一方面則激化人體呼吸運動的橫膈膜，反覆用拳轉動按摩膈俞的同

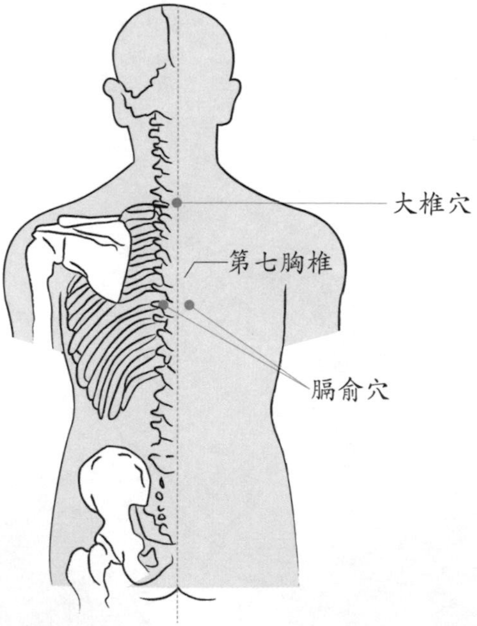

圖三 握拳按揉膈俞區，可促進血液循環，清神醒腦。

時，也帶動了上肢關節與肌肉的活動，有消除肝虛勞累及清神醒腦的附加作用。

綜合觀察 細頸男人女人給人截然不同的觀感，女人頸子纖細，相較於粗頸，較有美感，如果皮膚白皙又沒頸紋，更是吸睛。無論男女，細頸卻僵硬，膚質不佳，色澤黯濁，甚至青筋浮現或表面鼓凸不平滑，除了要避免用腦過度、體力透支之外，平時還要注意三餐飲食均衡，以免腸胃也抗議。

在人際上男女都有共通的狀況，就是不善與人互動。建議首先要與家人建立良好關係，進而與同儕或同事間要主動釋出善意，多與人結交，以免變成宅男宅女，閉門造車的結果，只會更增加人際溝通的障礙。

養生概念 在喉結兩旁一．五寸（一個半的橫指幅寬度）處有人迎穴，三寸處有扶突穴，這一帶皺紋多，肌膚乾澀或常冒痘子，或常發癢感覺像過敏，多數伴有慢性胃炎或神經性胃炎。神經性胃炎是因神經持續緊張而引發胃發炎，出現沒有食慾、胃悶痛、嘔吐等狀況。可熬煮「四神湯」，取茯苓、芡實、薏仁、山藥（乾品）等量，可再加新鮮蓮子，熬煮到熟爛，溫熱的進食。如果是銀髮族，可將材料泡軟後，以果汁機打碎再熬煮，更容易消化，增強吸收效果。

四神湯有調整消化功能、促進食慾、增強免疫力的效果，並能改善過敏性體質，可作為日常保健食品。

四神湯的材料含大量澱粉質，口感較澀，可搭配豬肚、豬腸、排骨、雞肉等富含蛋白質及脂肪的材料同煮，美化口感，且提高營養價值。

長頸高山遠矚，卻孤芳自賞

奧妙的長頸 在動物界脫穎而出的長頸鹿，牠長達二・五公尺的頸子和人類沒有兩樣，都只有七節頸骨。因為牠的頸子和心臟之間有「逆壓」裝置，其特別的血液系統結構，使牠低頭喝水時，血液不會快速衝到頭部造成腦充血。

人體沒有此特殊結構，所以無論長頸或短頸，只要轉顧困難，動作不靈活，蹲下站起快速變換動作之間，都可能有中風的風險。靜脈將人體各部位及四肢的血液回流到心臟，有靜脈瓣膜可防止血液倒流回四肢末梢。

四肢靜脈回流良好者，其頸部靜脈回流心臟的阻礙也相對少，所以其頸部動作也顯得靈活；換句話說，無論粗頸細頸、長頸短頸，雖多數天生使然，但俯仰顧盼是否靈活，就反應出心血管循環的一些狀況。

頸內器官 頸子內有食道和氣管，我們的吞嚥功能、談吐聲帶都與頸內器官的結構，以及舌骨肌群的功能息息相關。喉結是男人的性象徵，以喉結上緣廉泉穴為據點來觀察頸子的外形，能進一步瞭解一個人是否有「安全感」，以及其「生活習性」是如何演化而來。

長頸特質

長頸的人，個性較輕鬆，想法多正面，少壓力少煩惱，生活愜意有情趣。雖比不上短頸粗頸的人能身先士卒、領導團隊，卻有洞燭先機的敏感度，頗擅長掌握機會，如有經過一定的訓練與學習，並培養人際互動關係，會是出色的公關人員。有此優勢的人比短頸的人更有機會登上鑽石級的業務代表，當然先決條件是頸子要轉顧靈活，並能落實學習，否則難免要流於自我感覺良好，卻孤芳自賞無共鳴。

手足三陽經脈

人的手三陽經脈（詳見25頁）穿梭過頸項，上行分布於頭臉，這三條經脈會影響頸項的長短粗細，及相關功能的優劣。

手三陽經脈分別從食指、無名指、小指循行到鼻孔、眉尾、耳前等部位，關係著嗅覺、視覺與聽覺，它們通過頸部的扶突、天牖、天窗三穴（圖四），是胸鎖乳突肌的上半部，牽動著頸部左顧右盼、前俯後仰的動作。頸子轉動仰俯困難，容易伴有頭痛、肩頸痠痛、頭部傾斜等現象。

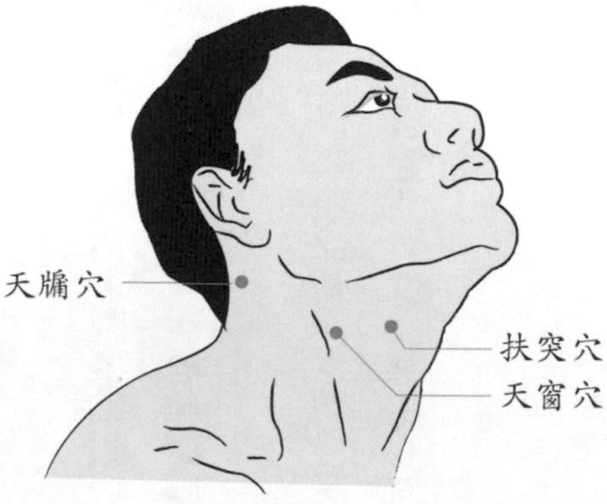

圖四 按摩抓揉扶突、天窗、天牖三穴區，可促進手三陽經脈之氣血循環。

養生概念 經常抓抓捏捏胸鎖乳突肌，將重點集中在扶突、天牖、天窗三穴區，並經常仰望天空，或昂首看樹梢遠眺山頂，同時記得要東張西望、左顧右盼。刺激這三個穴區，等於是強化胸鎖乳突肌的肌力，也激化了手三陽經脈的氣血循環，舒緩頭痛、肩頸痠痛，並矯正頭頸的姿勢。

胸鎖乳突肌能放鬆並正常施展肌力，表示手三陽經脈氣血循環順暢，嗅覺、視覺及聽覺相對敏銳，且可以減緩老化速度，關鍵是人會變得更具信心，無論是就學或就業，看得見較明顯的進步。

神奇手少陽經脈 現代人生活壓力大，多焦慮、常恐慌，此時通暢三焦手少陽經脈是終結焦慮恐慌的捷徑。三焦手少陽經脈通天達地，它流經手背，在手腕上方約戴手錶的部位，即離手腕約兩個橫指幅的位置，有一外關穴（圖五），握緊拳頭，以手腕為軸上下擺動，以及翹起手腕五指用力張開（圖六），這兩個動作可活絡外關穴，促進三焦經脈循環，令人放鬆肩頸，打開心胸，緩和憂慮焦躁。平時多多作握拳動拳、張開五指的動作，即有減輕胸口悶痛、紓解壓力與寧心靜氣的效果。

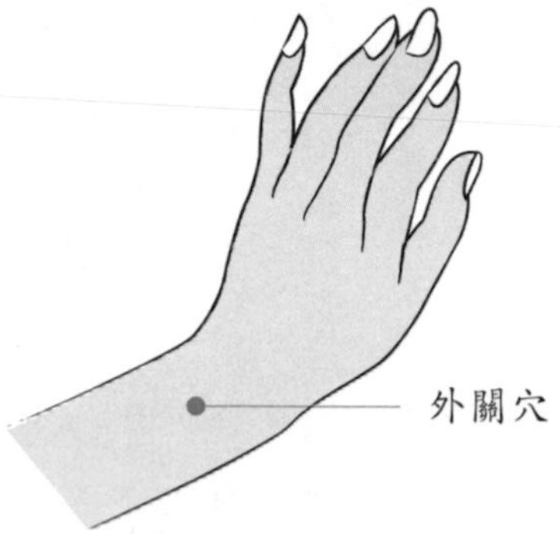

圖五 刺激外關穴區，可紓緩緊張壓力。

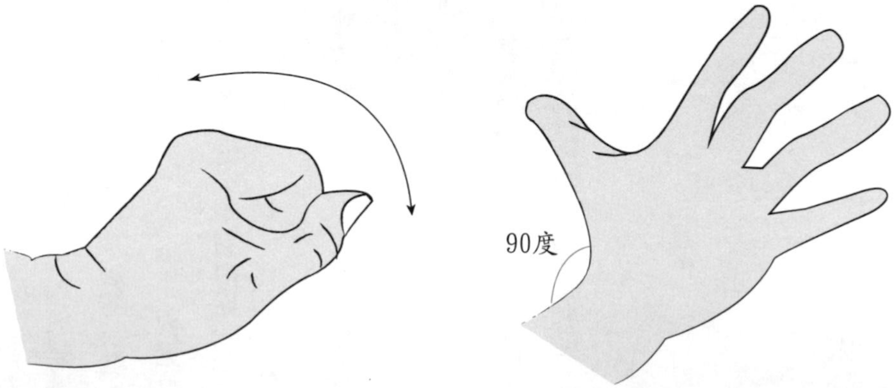

圖六 經常握拳上下擺動，張開五指翹起手腕成九十度角，可終結焦慮及恐慌。

依據《黃帝內經．靈樞》經脈篇，手有三條陽經脈：

一、手陽明大陽經脈，起始於食指，終止於鼻孔。

經文：大腸手陽明之脈，起於大指次指之端，循指上廉，出合谷兩骨之間，上入兩筋之間，循臂上廉，入肘外廉，上臑外前廉，上肩出髃骨之前廉，上出於柱骨之會上，上下入缺盆，絡肺下膈，屬大腸。其支者，從缺盆上頸貫頰，入下齒中，還出挾口，交人中，左之右，右之左，上挾鼻孔。

二、手太陽小陽經脈，起始於小指，終止於耳中。

經文：小腸手太陽之脈，起於小指之端，循手外側，上腕，出髁中，直上循臂骨下廉，出肘內側兩筋之間，上循臑外後廉，出肩解，繞肩胛，交肩上，入缺盆，絡心，循咽下膈，抵胃，屬小腸。其支者，從缺盆循頸上頰至目銳眥，卻入耳中。其支者，別頰上頷，抵鼻至目內眥，斜絡於顴。

三、手少陽三焦經脈，起始於無名指，終止於眉尾。

經文：三焦手少陽之脈，起於小指次指之端，上出兩指之間，循手表腕，出臂外兩骨之間，上貫肘，循臑外上肩而交出足少陽之後，入缺盆，布膻中，散絡心包，下膈循屬三焦。其支者，從膻中上出缺盆，上項繫耳後，直上出耳上角，以屈下頰至頷。其支者，從耳後入耳中出走耳前，過客主人，前交頰，至目銳眥。

短頸錙銖計較，自認聰明能幹

頸短虎視 欲虎視眈眈、全神貫注，多要縮頭聳肩，蓄勢待發，才能撲食獵物，長期下來，會造成有勁力的短頸。然而頸短最怕細而乏力，易出現心有餘而力不足的窘境，腦血氧無法十足供應腦力運作，容易疲累，容易腦袋放空，整體思緒組織力降低。

女人四十如狼似虎，無論是對事業的企圖心，或是對性愛的興奮指數都正處於高原期；然而隨著時間流逝，一旦步入五十歲代，面臨更年期，其內分泌、體力、腦力都趨向下坡，如要維持如狼似虎的活動力，減緩老化的腳步，非得努力鍛鍊體能和腦力不可，否則身心都可能急速衰老。

頸短又如母老虎般虎視眈眈，這樣的女性，全權在握，自我感覺良好，精打細算，錙銖計較，正面說是善於掌握事宜，管理得當，爲人處事不至亂無章法；負面則常以自我爲中心，不在乎周遭主客觀環境，忽略其他人的感受，一不小心就可能因小而失大；特別是頸短但力道不足、靈活度不夠者，因體能及腦力之限縮，堅持度也會隨之打折扣，即使是年輕母老虎，也不能輕忽運動強身的重要性。時下不少年輕族群，已有此危機意識，健身房、瑜珈教室、運動操場，出現妙齡倩影的比例愈來愈高。

短頸的互補作用 短頸的人除了先天因素外，後天努力拚鬥更有機會掌管大局，如擁有長頸的團隊成員，或是夫妻檔，則經營事業或家庭都會事半功倍。工作夥伴或配偶間，都是短頸的話，短兵相接或能擦出火花，有不錯的創意，但要長期抗戰的話，彼此容易意見相左，互有摩擦，必須有一方能將心比心、不多計較，否則將削弱原有不錯的戰鬥力。

頸項是頭面與肢體間的橋梁。頭部是人的思考中心，也是要對眾人眾事的面子所在，肢體則是接收腦子的指揮進而有行動作為，其間的成敗與效果，頸項扮演關鍵角色。生理學上，頭面的血脈營養來自於位於軀體上腔的心臟；軀體的神經傳達則來自於頭面上的腦部；血脈營養成分的優劣，關係著神經系統的傳達效率，因為有滋養，神經傳達才能敏銳流暢，人的腦意識因此精明靈活，人的四肢也隨之輕捷活絡。

神經傳達回頭面的腦部，影響腦部支配四肢骨骼肌與內臟平滑肌的動作，一來一往間，都是要經過頸項這個閘門，一旦頸項無力或歪斜，或其內組織有病變，將會干擾及影響腦部與神經傳導的效率，人的體能也會隨之下降，就容易生病了！

短頸的人最要擔心是有水牛背。水牛背常發生在長期服用類固醇藥物的患者身上，都併見有月亮臉。水牛背是在頸項與肩交接部位的肌肉明顯凸起，好似就依附在僵硬不靈活的粗頸上；同時內分泌也失調的患者，兼帶有甲狀腺腫，脖子因此前後都變形。如果是免疫力低者，則頸子上會有青筋賁張，眼鼻都容易過敏，易眼紅、眨眼，或鼻塞。

養生概念 養護頸部甲狀腺、胸腺、頸總動脈、頸總靜脈、食道、氣管等器官組織，最具療效的按摩點是居於無名指與小指間的液門穴。左手液門穴區塌陷，表示免疫力較低，多揉按可促使汗尿排泄順暢，手持圓鈍的器物按壓到有痠痛感，經常按可增進免疫力。右液門穴塌陷者，多反應出內分泌失調之現象，緩緩壓按，施力時深深吸氣，放鬆時吐氣，一樣要有痠痛的反應才見效（圖七）。

頸子粗短，只要有活力，能轉動靈活，都是健康的。要注意的是前頸後項有無異常凸腫，如果都無恙，要調整的是心態與行事作風，才不致於被認爲好計較又強勢。

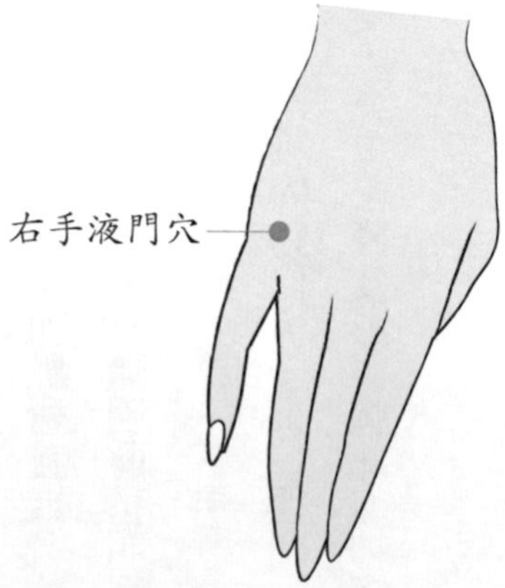

圖七 左手液門穴區觀察免疫力高低。
右手液門穴區反應內分泌功能。

歪頭傾頭，天真浪漫踩雲端

歪頭傾頭持續難

二〇一二年八月五日倫敦奧運男子二十公里競走決賽中，日本選手鈴木雄介一開賽即一馬當先，一路上從頭頂扭到腳跟的走姿，其力道從頭頂貫徹到腳心湧泉，可說是「息之以踵」，氣遍全身。然而他只領先了八公里，甚至在十公里處即因傷退賽，爲什麼落差如此之大呢？細觀他的走姿，歪頸傾頭是致命傷，因爲這樣的姿勢阻礙了血氧輸送到腦部，及由腦部下達神經傳導的通暢性，體能急烈的釋放，卻補充不及，後繼無力。

反觀中國選手陳定、王鎮，起步緩和不急不徐，甚至是落在倒數二、三名之列，然而頭正頸直，律動有致的姿勢，兩腳相繼相隨，綿綿不斷，步步紮實，不同於踩雲端的鈴木雄介，最終兩人分獲金牌和銅牌的殊榮。

保持頸項輸送通暢

任何運動，都是先以橫膈膜爲主要的吸氣肌肉，不同於平時呼吸是流竄在鼻腔、喉嚨與肺部之間，而是會把氣下沉到腹部丹田，待吸吐節奏調節到位後，即將力道遍布到全身。而此呼吸與運力的過程，頸項是關鍵的輸送閘口，頸動脈上輸血氧到頭部的同時，也下流到腳跟腳趾，如果此閘口不能通暢無阻，一定會影響呼吸節律及力道之釋放，在運動持續進行中，就可能發生小腿抽筋或腳底抽筋。

俄羅斯是當今世界第一競走強隊，其第一選手博爾欽是連奪北京奧運及二〇〇九、二〇一〇年世界錦標賽之三冠王，但此次競賽也因體力不支中途退賽。同樣地，他也出現頭頸歪斜的姿勢。

生活中頸項也要正　回歸到我們日常生活中，求學讀書、工作，都要隨時自我提醒，維持頸正，不要歪頭歪腦，否則很容易使腦袋瓜缺氧，昏昏沉沉，學習效果變差，工作效率不彰。同樣在男歡女愛時，如何將調情前戲與實戰過程融合爲一，頸項姿勢角度也是要擺對位置，腳底的靜脈回流及頭部的靜脈回流才能通暢，性愛歡愉才可以一氣呵成。

現代人離婚率年年竄高，第一理由是個性不合、價值觀不同、生活習慣不一、各有脾氣，都是引爆點，芝麻蒜皮的小事都可以對簿公堂。其實我們常因不停的抱怨，而不斷吸引負面能量因子，弄得日子處處苦難。

情緒平穩法　在此提供一小秘訣，讓男男女女都擁有幸福人生。每當情緒即將爆發之際，趕緊調整頸子和頭部的姿勢：

步驟一：不論站立或坐著，先把頸子擺正，並抬頭眼睛直視正前方。

步驟二：深呼吸，鼻子吸氣，吸到腹部丹田，並想像吸進的空氣通達到腳腳跟和腳底。

步驟三：緩緩吐氣。每一次呼吸至少拉長到十秒。如此吸吐十次，情緒自然會平穩下來。

以上情緒平穩法，不只在脾氣爆發臨界點時適用，緊張焦急時也可消弭緊張，紓解壓力。

養生概念 兩腳內踝上三寸處（四個橫指幅）有三陰交穴（圖八）是肝、脾、腎三條經脈會流的地方。此三經脈從腳部往上循行上頭部，分別有肝、腎經脈會於頂，頭頂正是大腦相關動脈的交會處；又，脾經脈連舌根，腎經脈則散布在舌下。換言之，肝、脾、腎三經脈上行到頭部，與延腦及第五、六、七、九、十、十二對腦神經，或交會、或重疊、或平行，彼此間互爲牽制及影響。是以，從遠端的三陰交穴區著手，隨著經脈氣血循環之帶動，進而達到保健頭部組織及神經系統之效果。

三陰交穴以肌膚平滑、肉質不塌陷、色澤不乾枯爲佳。反之，枯黯粗糙、皮膚龜裂、脫屑長疹，或是凹陷，情況愈嚴重者，多受五勞七傷、情慾透支傷身之苦，其頭頸也經常歪斜，顯得無精打采。

按摩三陰交穴區，可以調理改善諸多婦女

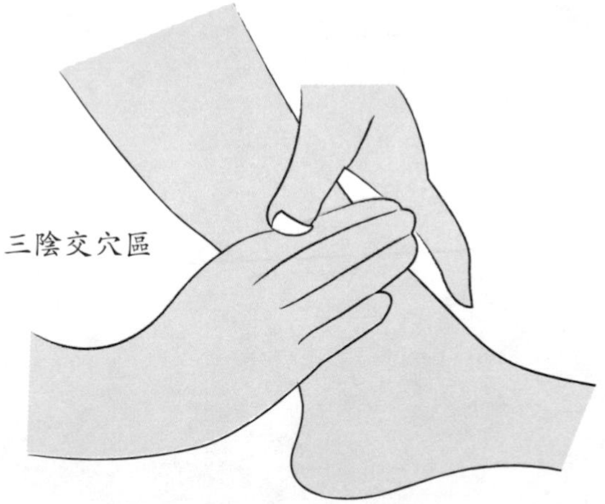

圖八 左手大拇指按處為三陰交穴區，位於內踝上四個指頭橫幅上，常按摩可改善多種男女身心症狀。

病，如月經失調、生理痛、更年期障礙、不孕症、性冷感、手腳冰冷、腳氣水腫等狀況，都可獲得紓緩，對男性的遺精、陽痿、遺尿、精蟲稀少、膝腳無力等性功能不全之症狀也都見效。

三陰交穴區的表觀逐漸改善，歪頭傾頭的現象自會隨之矯正，人也更見神采，態度也會愈來愈積極。

頸色明亮，性致高情趣足

明頸明景 頸色明亮猶如景色明亮，視線好，可看性高，情趣也足。體積容量不大的頸部，卻有攸關生命的組織穿梭其間。頸前正中線有任脈，起於陰部，沿著腹胸，向上循行到頭面的口腔；兩側有頸動脈從心臟往上行到頭，頸靜脈從頭回行到心臟。後頸正中線則有督脈，從尾骶部沿著脊椎上行過頸到後腦，再前行到鼻尖並入口內，其兩旁有椎動脈從心臟上行到腦後再上頭頂；椎靜脈則從頭頂往後經後腦回到心臟。這幾組經脈及血管必需要各司其職，並密切地分工合作，才能使人的生命及腦力正常運作。而它們所行經的共同通道——頸項，也因爲這些經脈血管是否健康而影響及其外觀之膚質、色澤及肌力。頸項顏色明潔亮麗，表示腦子清楚，心臟有力，當然有展現魅力、營造情趣的能耐，這樣的潛能，男女皆然。

任脈上行到頸部，先經過兩鎖骨中央凹陷處的天突穴，再上行到喉結上緣的廉泉穴（圖九），這兩穴反應咽喉、舌根部的狀況，也相應著由心臟上行到頭部的頸動脈功能。在行爲模式方面，以這兩穴可一併觀察人的言語能力及言語坦誠度。

天突穴三角地帶 胸鎖乳突肌從兩鎖骨中央的天突穴區，也正是胸骨的頂端開始，向上延伸到頸子兩側耳朵的後方乳突骨爲止，是頸部肌肉群中最粗大的一組，負責頭頸各個方向的運動。古代士大夫傳承著「仰不愧於天，俯不怍於地」的道德標準，仰俯之際，既可檢視該組肌肉的功能，此外還可由天突穴區到左右胸鎖乳突肌一帶的表現，觀察其爲人處事是否坦蕩磊落？是否問心無愧？看似道貌岸然的外表下，到底在做什麼齷齪勾當？骨子裡的眞假虛實，在此三角地帶是可看出一些蛛絲馬跡。

年輕男女表達愛意或親澤肌膚之際，常會在頸子「種草莓」，烙下大小不一的吻痕，而最常見的部位正集中在此三角區，特別是胸鎖乳突肌一帶，因爲這一組肌肉是頸子肌肉群中較活絡，肌力較帶勁的，也是最具吸引力的。同時，對年輕人而言，胸腺從青春期開始分化轉換，心血管組織也都處於巓峰期，而且喉部、頸部的肌肉群也正恭逢其盛，所以一般在三十歲之前，「頸觀」應該都很好，如果正値年輕歲代，脖子卻有超前年齡的老化現象，除非是有心血管方面的宿疾，否則多半是好吃懶做，生活步調紊亂、菸酒無度、縱慾成性，才會令頸子外觀提早衰老。

頸項明亮心神爽

頸色要明亮，頸觀要清朗，要隨時提醒自己：常常舉頭望明月，伸展胸鎖乳突肌，使頸動脈和

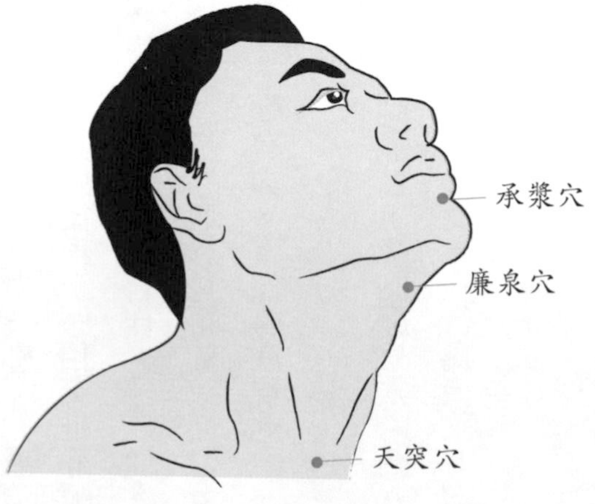

圖九 天突穴、廉泉穴反應咽喉狀況，並觀察人的言語能力和坦誠度。

頸靜脈的血液循環及回流維持良好狀態；相對的，也請記得低頭凝視月光，讓頸後的椎動脈、椎靜脈循環流暢。當頸項轉動仰俯靈活，頸子自然顯現明亮。頸色明亮不黯沉，頸子肌膚緊緻不鬆垮，不見圈圈頸紋，表示其腦心都處於健康狀態，腦清神爽、心情愉悅，人也顯得積極有活力，對事務能投入較高的興趣與熱情，即使性愛方面也是一樣的態度，這種景象是比較幸福的！

除了多活絡頸子，讓腦心之間通暢，讓人體獲得更豐沛的養料，飲食習慣也要像貴族——少量多餐多變化，睡的品質要學乖寶寶——睡得沉睡得飽，才能讓自己的身心條件更加分。

保健概念 終究位居金字塔頂尖的貴族極其少數，睡眠品質低落又是現代人的通病，所以飲食管理是我們日常生活中極重要的一環，避免偏食、暴飲暴食，飯後按按手肘間的曲池穴區（圖十），可促進大腸經脈循環，降低腸胃障礙，並助消化，促使體內代謝後的廢棄物排出，並改善

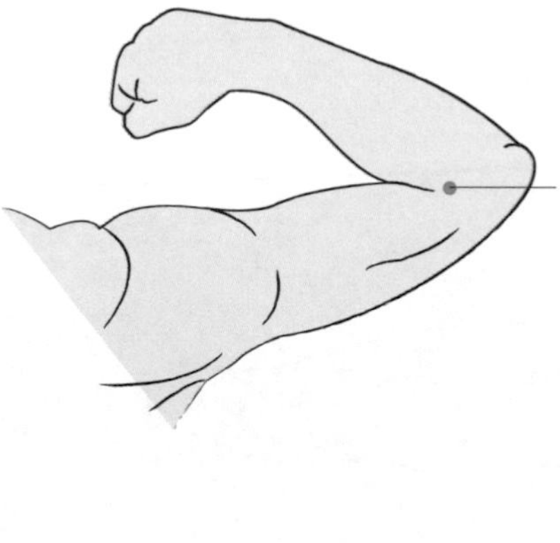

圖十 按摩曲池穴刺激大腸經脈循環，促進排毒、減少便秘。

人體的營養分布狀態。

其次，壓按或輕敲肩上最高點肩井穴（圖十一），可紓緩肩頸肌肉緊張，化緊繃爲放鬆。再者，中藥名方「消遙散」（詳見左欄）恰如其名，有疏肝解鬱，愉悅心情，令人逍遙之效，無論按摩或吃藥保健，都能改善頸色的明亮度，提高生活情趣。

消遙散組成：白朮、茯苓、當歸、白芍、柴胡、薄荷、煨薑、甘草、大棗，專治肝氣鬱結、焦慮憂愁、肢體無力，是調節現代人精神壓力大、適應力低的輔助良方。

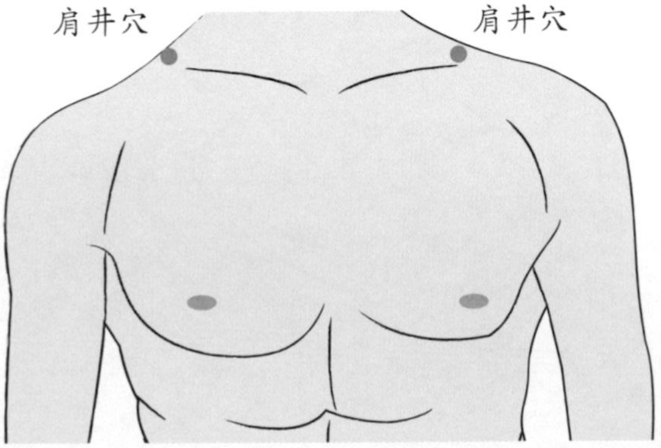

圖十一 按敲肩井穴，放鬆頸項及肩部肌肉，緩和頸項痠痛、肩臂僵滯。

頸色黯濁，疲憊乏力性趣低

頸色明黯洩天機

頸色黯濁的人，即使有權有勢，腰纏萬貫，但就個人而言，生活品質低落，猶如是生命的乞丐。天突穴是突顯天意、洩天機的穴位，此區域色黯濁，皮膚粗糙，常長痘癬的人，多數起因於長期過勞、體力透支、腦力枯竭，因體能體力都瀕臨破產邊緣，便會疏於經營身心，生活品質日益降落，也不喜與人交流，對性愛一事更是心有餘而力不足。

從天突往上到廉泉，是脖子的正面區域，這可說是天人交戰區，既反應先天體質，同時展示現階段食道及氣管的結構和功能亦是個人後天身心狀況的反應，特別是心血管輸送狀況的反應。

如何自我審視？首先從色澤和質地觀察起。頸子的膚色黯沉好似蒙上一層灰塵，不同於膚色黑，皮膚黑但光澤有亮度是健康的！其次，膚質鬆垮，皮肉分離，表皮贅掛在脖子上，甚至擠出一圈圈頸紋；還有皮膚粗硬，時而像過敏一樣會紅會癢；如果您已五、六十歲，步入知天命耳又順的年齡，脖子上出現工整不紊亂的頸紋，是自然的效應。如果青壯年及中壯年就已浮現清晰明顯的頸紋，可要多注重食道及氣管的保養，更要注意腦心方面的健康。

頸上筋絡的警示

除了頸色及膚質之外，最重要是要觀察頸子正面，在廉泉穴附近有沒有出現明顯的青筋。頸部的靜脈安穩地潛伏在皮膚內，以目視應該不大明顯。如果突顯出來清晰可見，表示靜脈血液從頭部要回流到心臟不夠流暢；靜脈浮現得愈多，血管顏色愈明顯，分布區域愈廣，甚至漫布到下頷，即下巴的兩側，表示靜脈回流的情況愈不理想。

心臟的動脈血液如要正常地輸出，相對條件靜脈的回流要通暢無阻。頸上青筋明顯的人，可以作個簡單的自我測試，只要爬二、三層樓梯就上氣不接下氣，臉色鐵青或發白，或是小跑步不到五十公尺即已氣喘如牛，臉色一陣青一陣白！這樣氣短、臉色異常，都警示著我們心臟血液輸出與回流的功能有待調整。

心肺功能都是相提並論的，人攝取氧氣，並轉化氧氣成爲能量，這個過程涉及心臟泵血、肺部氣體交換，及血液循環帶氧到全身各部位的效率，當心臟動脈輸出及靜脈回流功能不佳，或是肺部呼吸換氣不良，氣管無以通暢，在脖子上就會烙下痕跡。同樣的，血輸不暢、換氣不順，人就容易疲累沒精神，學習或工作的效率也提升不起來，當然也無福享受性愛的愉悅，同時這也可能是罹患糖尿病、心臟病、高血壓等慢性病症的遠因。

生命工作團隊

從天突到廉泉，再往上行到下巴下唇中央凹陷處的承漿穴，三穴成一線，彼此間好似一組工作團隊，正是微觀生命品質與生活期望值的重要地帶。天突、廉泉表現心血管、肺呼吸等狀況，承漿穴則相關著舌骨上肌群、頦舌骨肌與舌骨舌肌的運作，不但與呼吸氣管功能息息相關，更與唾液分泌功能密不可分。唾液負責消化分解碳水化合物，碳水化合物是維持我們生命活動的主要能源。這些肌群如果功能不彰，將影響唾液分泌及咀嚼功能，人體將無法獲得充分的能源，來提供肌群運作，人就顯得軟弱無力，容易疲倦，不足者可能導致血糖含量變低，產生頭暈、心悸、眼花、腦功能障礙等問題，嚴重的話還可能產生低血糖昏迷。

是以，當天突、廉泉、承漿一線都出現不佳的表現時，腦血管、心肺功能以及食道、氣管的狀況都應加強留意。時下年輕女性追求「紙片美人」，不吃碳水化合物的迷思，是頗爲嚴重的健康謬誤，追求一時的時尚美，可能因此造成終生無法彌補的健康毀損。

《素女經》有言「五徵之候」的作愛技巧：「一日面赤則徐徐合之；二日乳堅鼻汗則徐徐內之；三日嗌乾咽唾則徐徐搖之；四日陰滑則徐徐深之；五日尻傳液則徐徐引之。」如果女人這一線區域都黯濁無光，可以了解以上第三動的溢乾吞口水的激情前兆無法明顯浮現，也說明在性愛過程並無法盡性，無法High到最高點。

養生概念 按摩承漿穴區（圖十二）可以刺激唾液分泌，改善口乾舌燥、唾液分泌量少的現象，同時還可安定心神，消除緊張壓力。針對腦中風後嘴巴歪斜、顏面抽

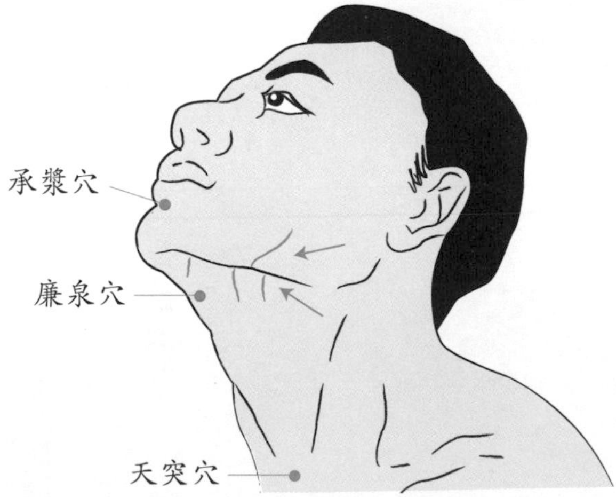

圖十二 承漿、廉泉、天突一線的表現反應腦血管、心肺的循環；箭頭所示為最常浮現青筋的部位。

搐、口水自流不收的後遺症，或是女人想獲得高情趣，都適合多按摩此穴區。

接受放射性治療後，多有口乾咽乾、口唇破瘡等副作用，按摩承漿穴區，可緩和不適感。或是銀髮族，唾液分泌功能降低，常口乾咽乾，亦可多按按承漿穴一帶。

同時，搭配食用黑木耳、海帶、紫菜、瘦肉、牛肉、蛋黃、核果類、豆類等，以及紅棗、山藥、芝麻等，可補充鐵質，促進血紅素的製造，加強血液輸氧效率，同時多攝取維生素C，使鐵質吸收及被利用率提高，一段時日後，當心血傳輸更加順暢，脖子的色澤自然會逐漸改善。

頸紅過敏，躁擾難安，心力不逮

過敏對男女一視同仁

女性沒有喉結，「頸觀」比男性纖細軟調，男人則因爲喉結而顯出陽剛與力道。然而頸部過敏的現象，並不因此先天結構差異而有所不同。頸紅過敏搔癢多是消化系統或呼吸系統出現狀況，常伴見躁擾不安、不耐煩，或是心力不足、懶於言語的現象。因爲在解剖位置上，頸子內的組織與「口咽」緊密相關，口咽的前方爲舌背，後方爲口腔的後半部位，反應著消化系統與呼吸系統功能。

扶突過敏的警訊

廉泉穴旁開一・五寸有人迎穴，左右各一穴，是呼應消化系統的代表穴；人迎穴再旁開一・五寸則爲扶突穴，是觀察呼吸系統代表穴（圖十三）。過敏現象集中在扶突穴區，屬於「鼻咽」的症狀，通常同時出現排泄方面的問題，習慣性腹瀉或便秘都有可能，臨床實例上，左扶突區的過敏多併見腹瀉，右扶突區以便秘爲

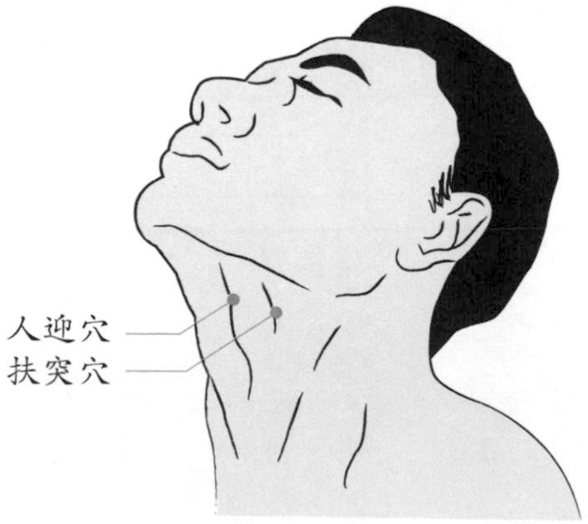

圖十三 人迎穴區呼應消化系統、扶突穴區呼應呼吸系統。

多。如果左右兩區同時都出現紅疹搔癢或是其他皮膚症狀，多數有偏食、營養不均衡，更甚者有暴飲暴食的狀況，有此症狀者多有生活壓力大的苦衷。

如果不能適時調整飲食習慣，以及調節生活步調來釋放壓力，日久，罹患糖尿病、腦心血管疾病，甚至誘發腸系癌症的機率都相對升高。

人迎扶突過敏的警訊

人迎穴區常過敏或皮膚病變的人，消化方面較易有狀況，通常有食不下、食慾不振、腹脹、胸悶，甚至腹痛、胃痛之現象。

人迎穴屬胃經脈，是迎受五臟六腑之氣，來提供人體機能之運作，與屬於大腸經脈的扶突穴相鄰近，其對身體機能之營運也會相互牽引，何況腸胃是一個消化吸收排泄的連鎖網，難以分論，如果兩區同時出現症狀也是常見的。

扶突穴區出現皮膚異狀，其呼吸方面常不順暢，罹患感冒、鼻塞、咳嗽等機率較高，特別是喜愛吃冰品、經常熬夜、不吃早餐，以及缺乏運動的人，更容易出現異兆，也容易演變成呼吸道過敏、抵抗力變弱。

在成長發育期，未能照護好腸胃和呼吸道，成人後可能積重難返，造成習慣性排泄異常，或是免疫力下降，抵抗力差，易受流感侵襲。

不論男女老少，人迎穴、扶突穴經常出現皮膚異樣，搔癢或硬皮，長疹或癬皮，如果不是先天體質不良，就是後天生活亂序，如飲食習慣不良、睡眠品質低，或是抗壓力低、過度勞累，都是導致頸子皮膚過敏的常因。只要排除病因，症狀就會改善，關鍵是個人要有切身的省思及落實的行動，否則難有釜底抽薪之效。

養生概念 改善扶突穴區過敏，熬煮荊防敗毒湯（詳見44頁），就當茶來溫熱服飲，每天約三百cc，這是古人祛除疫毒的良方，免疫力較弱者，以此來促進排汗祛毒，提升免疫功能，進而美化肌膚。

人迎、扶突兩區都易過敏的人，如果常同時出現胸悶、腹脹、飯後有飽脹不適的反應，十分適合「半夏瀉心湯」（詳見44頁），可療治慢性胃炎、神經性胃炎，同時可緩和緊張，減輕壓力。半夏瀉心湯還被現代日本不少西醫視之為「漢方胃藥之王」，對保健胃、調節胃酸分泌、幫助消化有一定作用。

養生概念 當人迎、扶突已出現過敏症狀，就不宜在患部直接按摩，以免擴散感染或加重搔癢，可以從手、腳等遠端部位來調理，膝下三寸的足三里（圖十四），是改善、療治前述症狀的第一選擇，促使消化及排泄功率提高，同時這也是一個「美容穴」，可促進體內代謝後廢物毒素的排出，協助體內環保作業，並促進全身的氣血通暢，減少顏面長痘疹，頸部的過敏現象自也隨之消平。

再者，搭配手肘彎的曲池穴按摩，可以產生更多的保健效果，除能調整腸胃機能外，並能調節血壓、血糖，能舒緩腦中風後遺症，如手足不遂，手臂痠痛麻痛。

荊防敗毒散組成：荊芥、防風、茯苓、炙甘草、枳殼、桔梗、柴胡、前胡、羌活、獨活、川芎、乾薑、紅棗。

半夏瀉心湯組成：薑半夏、人參、黃連、黃芩、炙甘草、乾薑、大棗。

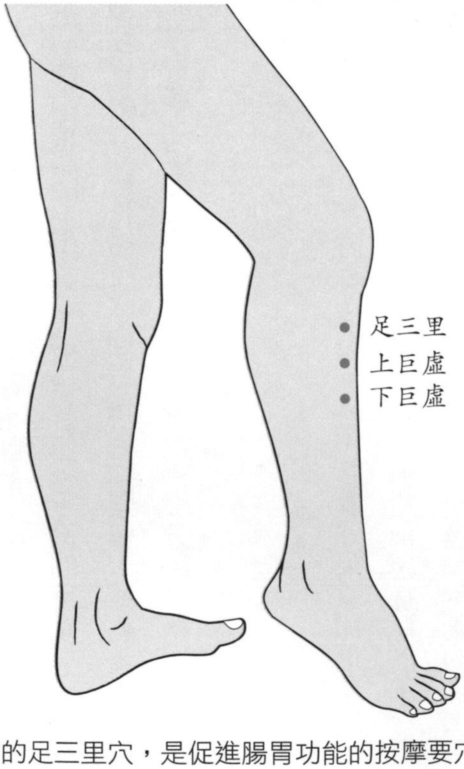

圖十四 ▍膝下三寸的足三里穴，是促進腸胃功能的按摩要穴。

頸色青白，性沖沖卻力茫茫

頸色青白與心臟功能

頸子的顏色正常，與臉色相去不遠，表示動脈循環順利，從心臟到頭部之間的循環功能正常。如果頸子膚色青青白白的，則要檢視頸外靜脈的功能。無論站立或坐著，正常的頸靜脈是潛伏在內不顯露，平躺時才會稍微充盈浮現，從鎖骨到下頷骨之間約三分之二的長度，如果整條靜脈都浮現，或是半躺臥四十五度時，靜脈也是怒張顯見的，這都不是正常現象，表示頸靜脈回流並不順暢。在此情形下，原應穩定在深層的靜脈，卻浮現到皮表層，所以頸子膚色也變得白中泛青了。

頸色青青白白，表示靜脈回流到心臟有障礙，無法正常定位在內。而根結的起因還是因為心臟動脈輸出時已不流暢，所以靜脈回流才隨之有障礙。

頸動脈與三要穴

脖子正面有頸外動脈從心臟上行到頭部，分布在頭頂及顏面，再由頸外靜脈回流到心臟。頸內動脈則上行入顱內，分布在眼眶內及腦部，再從枕下靜脈回流。同時，脖子背面有椎動脈上行到腦後，再由椎靜脈回流。此三組靜脈動脈之分工及運作，攸關人的生命及思考，也影響到行爲能力。

依經脈分布情況而論，膽經脈之循行路線與頸內靜脈相鄰，胃經脈則與頸外靜脈，膀胱經脈則是與椎靜脈，隨著經脈之氣血循環機制，此三經脈也分別影響及三靜脈回流的流暢度。

而此流暢度的反應就表現在膽經脈的外應穴區天容，胃經脈的人迎及膀胱經脈的天柱，觀察此三穴區（圖十六）的膚色或膚質，即能掌握頸部頸外靜脈、枕下靜脈、椎靜脈三組靜脈回流心臟的狀況。

從三穴區觀察性致

人迎穴與喉結平行，在喉結旁一．五寸，當胸鎖乳突肌的前緣，此穴區反映著頸外動脈與頸外靜脈血液的輸出與回流狀態，同時呼應著與胃經脈相關的身心反應。如果顏色青白不紅潤，其人際關係是屬於被動派，不善與人交遊，也不容易融入歡愛的氛圍，其性趣不高，很難自在地享受性愛。

其飲食吸收消化方面較不順暢，或是食慾差、消化不良，或是吸收不好、排泄不利，且容易發生頭痛、胸悶、咽喉不暢等現象，而所有不良現象之根結多因腦、頸、心臟間的血液輸出回流有礙，以及胃經脈氣血循環不暢。

天容穴在耳下與下頷骨角的後方，正是胸鎖乳突肌前緣凹陷的位置，從此穴區往內按可觸及頸內動脈的搏動，

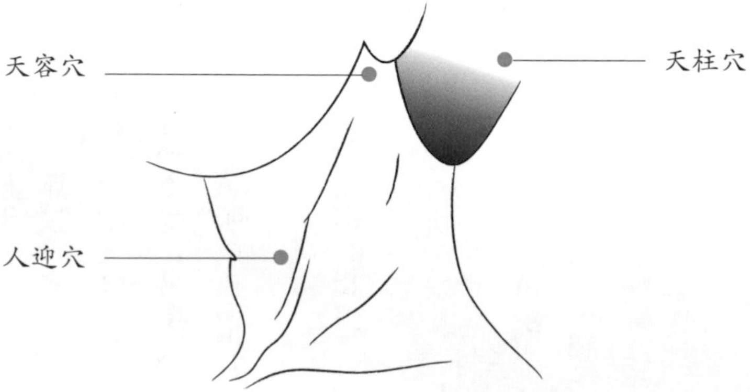

圖十六　觀察人迎、天容、天柱三穴區的膚色、膚質，即能掌握頸部頸外靜脈、枕下靜脈、椎靜脈三組靜脈回流心臟的狀況。

此區域青白者，頸項轉動不順，常常僵硬痠痛，影響及頸內靜脈的血液回流，並伴有耳鳴、聽力不靈敏之現象。個性躊躇不前、猶豫不決，連對情趣性愛的感應也不大穩定，想或不想，要或不要，時會自我交戰，特別是體質虛寒體力弱的人，此反應更明顯；女性朋友還相對容易出現下部感染，男性則偶受早洩、無法持久之苦。

天柱穴位於枕骨下，是第一、二頸椎間之門戶——啞門穴旁開一．五寸的位置，正是牽扯及肩胛骨、鎖骨及肩膀最重要的肌肉——斜方肌的起始點，並反應著椎動脈的輸動能量；是以此區域青白的人，容易頸項、肩膀一併僵硬、痠痛，常覺得好像是落枕般的難過，嚴重者肩膀如擔有千斤重，手臂也會發痠發麻；又因椎動脈血行不利，常覺得腦袋瓜昏昏沉沉好似缺氧，思考不清、反應遲鈍。在床笫間，女性容易冷感，男性則易不舉或早洩。

養生概念

頸項青白最忌諱冰冷寒涼的食飲，體況原已偏虛弱寒冷，再加上食飲不當，無疑是雪上加霜，「食不撤薑」的養生概念可以再擴大衍伸在日常飲食中，　　、薑、蒜、韭、辣椒等辛熱佐料，都有調理寒性體質，改善頸項發青發白的效果，進而能降低性冷感、早洩不舉的機率。

洋蔥炒蛋、洋蔥湯、大蒜燒雞、薑汁肉片、辣味小魚乾、薑絲青蚵湯、生薑炒牛肉、清炒韭菜……都是上選的溫補性料理，或可搭配豬腳花生、四神湯、下水湯等，加量補充膠原蛋白、蛋白質等，有益增強體力，提高性致。

男歡女愛本是歡喜事，兩情相悅必彼此都有好體力，若能攜手一起從事體能訓練，養成運動習慣，並搭配娛樂休閒活動及健康飲食，讓身心和體能都一併提升。平日即可相互抓拿按摩腳部的三太子穴——太衝、太白、太溪（圖十七），從刺激肝經脈、脾經脈及腎經脈的起始部，進而養益遠在頸部的天容、人迎、天柱，如此遠近兼顧的整體性保養，只要一段時間，即可改變頸部的色澤。當頸部色澤改善，表示心臟動脈血液輸出及靜脈回流的狀況也都一併改善了。

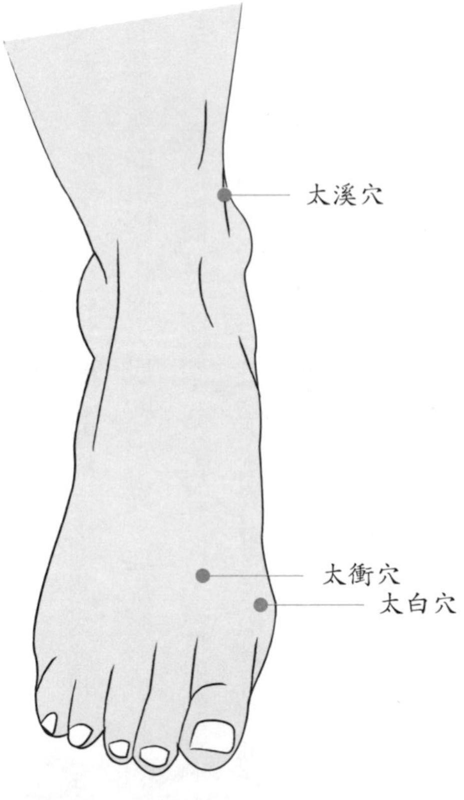

圖十七｜平日即按摩腳上三太子穴ー太衝、太白、太溪，進行遠端保養，改善心臟動脈血液輸出及靜脈回流。

頸色斑駁不勻，心性紊亂失序

頸骨結構影響頸色變化　支持頸子最主要的結構是頸椎，頸椎共有七節頸脊骨，上與頭顱骨、下與胸椎相連。其中又以第一、第二椎最爲關鍵，這兩椎的結構猶如螺絲帽和螺絲的關係，稱爲寰椎和樞椎。寰椎爲一環狀體，沒有椎體部，弓形的骨架上左右各有一個關節小窩，與枕骨相連，是頸椎骨中唯一固定的環節。

寰椎與腦部最接近，腦部的狀況都會呈現在這兩個關節小窩上，包括最深層的腦脊髓、腦脊髓液、下視丘、腦下垂體、所有的脈管及相關的組織液。等其中最攸關生命、調控維持人的最基本功能——呼吸、心律、血壓的腦幹，短短約八公分長，人體的十二對腦神經，即有十對與腦幹相連，尤其是第八對聽神經，直接影響著枕骨與頸椎的正斜，所以，耳聰的人，通常無需傾頭聽人家在說什麼，維持著頭頸端正的姿勢，即能將聲音盡收耳底。

寰椎支撐腦袋　第一頸椎寰椎（圖十八），英文爲Atlas，是希臘神話裡的擎天神阿特拉斯，他以寰椎爲支力點，用雙肩背負著地球，支撐著蒼天。以人體結構的角度，寰椎確實也支撐著人的腦袋，背負著人類思考、行動、生存的重任。

人體從表層的皮膚組織，到肌肉、到血脈、神經，以至最深層的骨頭、骨髓，都與腦部各組織相關，任何一環節出現問題，與腦部最接近的頸部，也是傳遞腦部訊息的管道，在傳導負面的健康訊息之同時，頸部也會產生膚色不勻的現象，情況愈嚴重者，頸色也愈不一致。

至於頸色斑駁，出現紅白夾雜，有時還會出現類似風疹塊般的腫塊，如果發生頻率很高，應進一步確定肇因，並調整生活步調及飲食習慣，少吃重味及人工再製品。

再者，景色斑駁不勻的人，易犯個通病，就是思緒不專注，心思無法沉靜安定，就會給人腦子不靈光，心思紊亂沒頭緒的觀感，其實，根結還是在於其腦神經或腦下垂體有失調現象。

枕骨與第一頸椎骨寰椎的關節小窩旁，左右各有一屬於膽經脈的風池穴，枕骨正中與第一頸椎之接縫間則有一屬於督脈的風府穴（圖十九）。古人摸玉枕骨，論斷人的未來運途，主要就是透過這三風穴區的肌膚觸感，以及三風穴下的枕骨及寰椎的骨頭形體、結構大小等元素，並結合頸子的表觀顏色來推斷人的未來運勢，命理上或許有其準確性，然要側重的是它預示著我們的生命資訊與生理安危。頸色斑駁不勻，加上三風穴區的肉質軟弱無彈性，

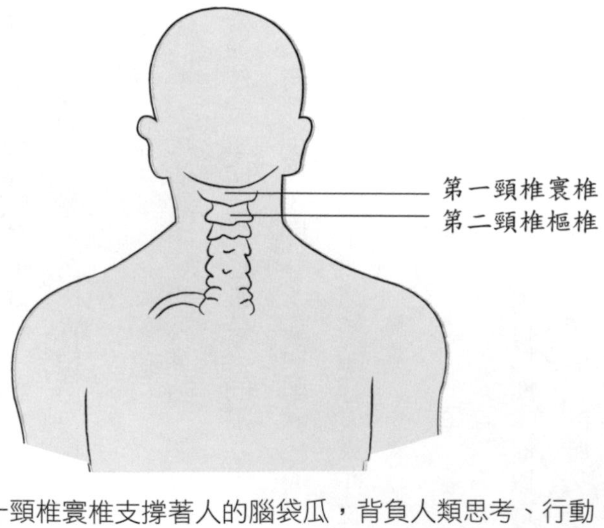

圖十八 ▌第一頸椎寰椎支撐著人的腦袋瓜，背負人類思考、行動、生存重任。

枕骨及寰椎骨形凹凸起伏不順，或是這些部位常長痘子、皮疹之類的，這已關係到膽經脈、督脈的氣血循環，以及椎動脈的輸血功能，也容易造成心血不足，因而恍神、驚悸、心神不定，以及淺眠睡不安穩。

養生概念 頸色出現斑駁的初期，有一極簡單的動作可以刺激頸部動脈的循環，就是學習響尾蛇或長頸鹿，常常提醒自己要昂首、高抬下巴；再者，起床時與睡前多按按風池、風府穴區，洗澡時，也適合以熱毛巾熱敷後腦勺。

按摩風府穴，一定要以指頭按進枕骨與寰椎的縫隙間，就是後腦枕骨正中與脖子交接的凹陷部位，壓按五至十分鐘，可左右手更替換著按。

風池穴，不但要按，還要抓拿，用手指抓拿枕骨上的兩條肌肉，就是頸後大直肌，如此

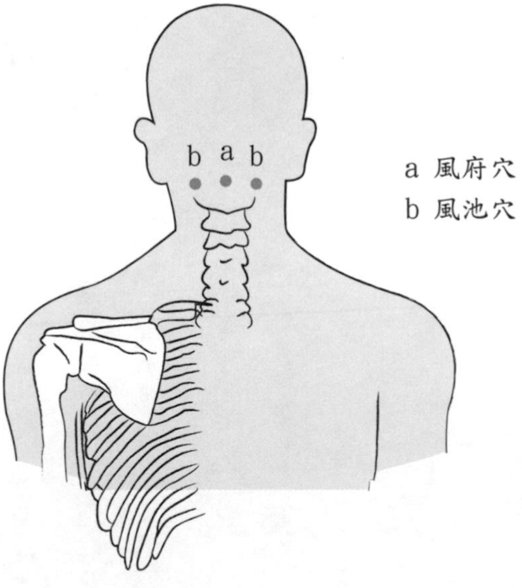

圖十九 按摩風池穴（左右各一個）、風府穴三風穴區，可以定心、安神、助眠。

更能刺激椎動脈及膽經脈的循環。

頸色斑駁嚴重的人，要十分留意個人的心臟健康，適度運動與充分的休閒調劑是不可少的，否則腦心血管隨時都有可能抗議。

「養心湯」的作法：取茯苓、茯神、半夏、炙甘草、人參、炙黃耆、當歸各一錢，加八百cc水以小火煮成四百cc，當茶酌飲，有安神、鎮驚、助眠的效果，但如有心血管疾病還是要覓醫治療，再輔以養心湯來調養，對心臟的保健才更有保障。

頸項細緻，心細體貼，追求浪漫

誘人粉頸 女人的頸子「粉」美，自然就「粉」誘人！粉紅細緻的頸項常有深層的神祕感令人無限遐想，想要一親芳澤。爲何粉頸誘人？日本女性穿著傳統服飾和服時，要露出頸項，且特別著重頸項的粉粧，頸子對女性陰柔細緻面的加分效果，由此可見一斑。的確，粉頸的女性相對多數是心細體貼的，很容易衍生出浪漫的氛圍。

心臟將血液輸送遍全身，往頭臉的血液一定要經過頸部上行；頸項粉嫩意味著頸項與心臟間之血行暢通無阻，且頸項內部各個組織也都能接受到養分的滋養而正常運作，所以頸子的表觀即反應出健康的內在。

女人的心臟通常比男人的小且輕，女人心臟重約二百五十至三百公克，男人的則是三百至三百五十公克。天性上，女人就較喜歡被擁抱，男人當然就要多多擁抱異性，相擁相依偎。女性不但心較細巧，因先天體格差異，頸項也比一般男性的纖細，形態上如此，女性構築浪漫的天性也比男性顯現。

頸胸臀一致 女人的頸項細緻，其胸部乳房及臀部的肌膚也多細緻有光澤，這是相對的並非絕對，但落差不會太大。密宗的神交像，其女神頸細腰纖，柔舒的纏坐在男神身上，男神數手圍繞環抱女神全身，意味著手不釋膚，留連不已。回到現實生活中，粉頸嫩胸細臀是女性突顯陰柔的重點，更是吸引男人的關鍵因子。

心臟在人體的位置偏左，只有一個拳頭大小，分為左心右心，左側的心室負責輸送帶氧血到全身，右側心室則輸送帶二氧化碳的血到肺臟，兩者的工作量懸殊很大，結構也不相同，左心室室壁厚度約〇・三～〇・五公分，左心室則厚了三～五倍，約一・三～一・五公分。由心臟出來的主動脈分成右側的頸臂動脈與左側的頸總動脈與鎖骨下動脈；一般而言，人的反應通常右側呼應外在的行為，左側則反應內在的心思模式。

是以，可更進一步比較，是右側頸觀較細緻，還是左側較優？右側比左側美觀的女性，是頭頸動脈較優勢，屬於行動派的，個性放得開，勇於追求愛情，而且愛恨分明。左側頸觀優過右側的，同其血管組織較複雜，分工較細緻，在個性上的表現也是如此，在被動、含蓄、羞澀之際，難掩其骨子裡的浪漫，即所謂的悶燒鍋型。

男女調情時會相互托住頭頸，附合吸吻咬嚙的動感更不在話下，右側頸美的，右側也較敏感，相對的，左側美的則是左側較易被挑動情慾，是以男人要營造浪漫氣氛，務必要掌握此關鍵；同樣的，知道自己的強項在哪一側的女性，也不仿主動引導對方觸動自己的敏感帶，助性效果極佳。

男人看女人，有三部曲，首先要懂得「聚焦」，進而分析「　跡」，最終則需知道如何「進退」行動。而女人要擁有粉頸，也當依循此三部曲來營造，要聚焦在優質的生活習慣上，要追逐健康的軌跡，以實際行動來擇善固執，修正不利於健康的因素，如此要擁有粉頸、美胸和細臂是指日可待。

頸紋粗糙，不拘小節，生活潦草

頸紋粗糙好逸惡勞

頸紋的粗細成之有因，如果不是因一時性之皮膚過敏造成或是外傷所致，頸紋卻長期性粗糙，甚至紊亂，多因慵懶成性，生活沒有動力，生命缺乏鬥志，表觀上是頸項皮膚腠理不細緻、毛孔粗大，實際上是動靜皆失調，即動態的運動不足或不規律，與靜態的休閒和休息都不夠，身心兩方的不協調會一五一十地在頸紋上以「粗糙」面呈現。換句話說，頸紋粗糙的人，生活態度普遍不夠積極，有生活潦草、不拘小節之通病，甚至某些層面堪稱是生活白癡。

生命守護神淋巴系統

頸部的管道，有上行的動脈與感覺神經，及下行的動脈與運動神經，而最重要的組織是維護我們生命安危不餘遺力的淋巴系統——顎腭扁桃腺，其中又以下頷骨角後下緣天容穴區的頸靜脈二腹淋巴結最爲重要，有扁桃腺主腺之稱。顎腭扁桃體的表面上有很多隱窩，很容易遭受感染，造成發炎；因此，個人的抵抗力強弱，健康指數高低，尤其是以上組織結構或脈管之功能不良，或是淋巴組織常受感染，日久自然造成頸項不良的表觀，而烙下重重的頸紋。

頸紋粗動作不細膩

人的四肢關節及肌肉的動作反應，要靠頸部肌肉群來引導，頸紋粗的人，動作相對不夠細膩，頸部肌肉群也較容易鬆弛，日久會影響及肢體姿勢，容易彎腰駝背、頸項歪斜。

頸紋粗糙者，除了吃喝動作會牽動到二腹肌之外（圖二十），平日多欠缺運動及活動，甚至不太愛開口說話或唱歌，以至於二腹肌常靜止類似冬眠狀態，其周圍的組織包括頸部，因此接收不到養分的滋養，其表面肌膚就好比是缺水的田，乾旱的肌膚自然會堆砌出層層皺紋。

同時，生活中難免發生小緊張或小壓力，因爲二腹肌缺乏動態，一點一滴累積日久，將形成一股大壓力，讓人更緊張更焦躁。所以，頸紋粗糙的人，雖然平時是粗枝大葉的樣子，但可能出現偶發性的情緒失控。

奧運的體操選手，特別是年輕輩的女性新手，常有個共通的動作，她們在競賽表演結束下場時，有伸舌或吐舌的動作，這有很好的緩和緊張作用，因爲舌骨肌群中的二腹肌，可因伸舌而令全身肌肉放鬆、舒緩緊張情緒。就像平常，我們也會不自主地吐口大氣，這已牽動二腹肌，就是另一種代償式的放鬆。

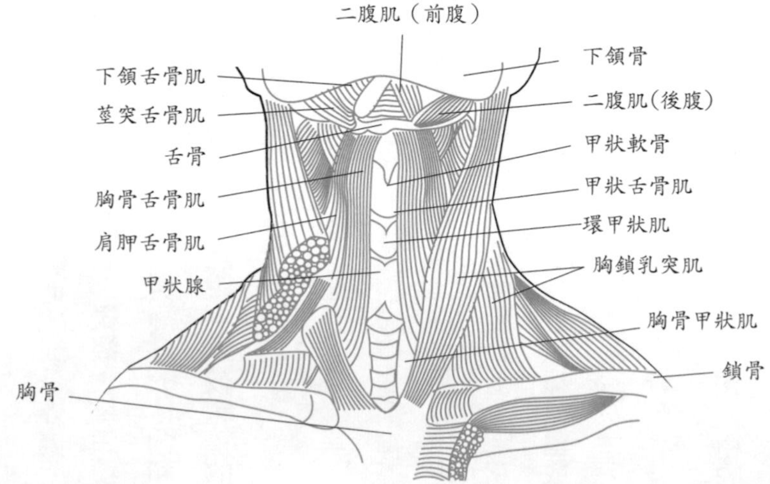

圖二十 四肢關節活動要靠頸部肌肉群引導，缺乏運動活動者，肌肉群常處冬眠狀態，頸部表面就會出現層層皺紋。

左側右側有差異

如果頸子右側及左側的表觀落差很大，在人格特質上也會有不小的自我衝突；頸子右側膚質及紋路很粗糙，左側正常，這樣的男人，多有生不逢時，懷才不遇之憾，但心情還算坦蕩，情緒管理得當的話，不至於憤世嫉俗，還會是不拘小節的好丈夫，雖然有時大剌剌的，但還算體貼。相反地，左側粗糙的丈夫，多不大用心，又缺乏信心，較容易疑神疑鬼，或做表面文章，無法深得女人心。

同樣地，女人右頸側紋粗糙，多粗心不細緻，但不難相處，只是個人生活習慣較潦草，較無條理。左側頸紋粗糙的女性則常想太多做太少，多埋怨少美言，所以生活較不開心，且不放心。

多活動除頸粗紋

活動量愈少，如果只因吃喝才動作的人，頸部肌肉群隨之愈僵滯不結實，淋巴組織的防禦能力也會慢慢降低，日久必然小病變大病。

天容穴（圖二十一）是頸部穴群中，望診、觸診、施治最便捷的穴區，因為淋巴系、靜脈、動脈等組織在此穴區聚集，此區的組織活動量是頸部最大也最重要者，上自腦部的病症、呼吸道的障礙，下至腹腔組織的變異，都能從天容穴區針灸、敷熨、按摩推拿來施治，天容穴區還可用以急救休克、昏迷、急中風。

是以，頸紋粗糙的人，多多按摩天容穴區，配合調整生活態度，多運動、活動、接觸勵志課程或學習團體，持之以恆，必能改善。

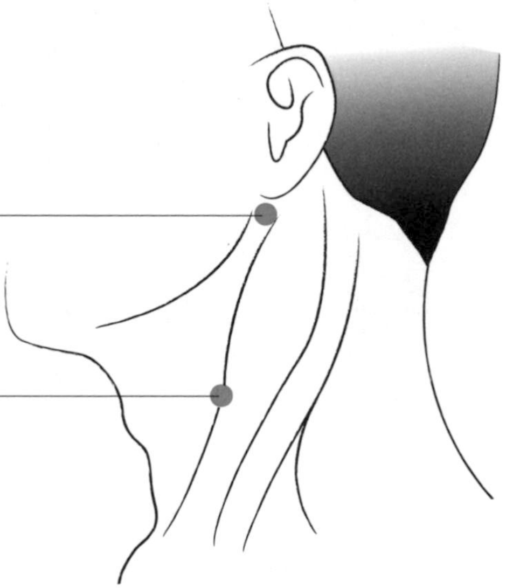

圖二十一 天容穴是頸部穴群中，望診、觸診、施治最便捷的穴區，多多按摩還可改善頸紋粗糙。

頸紋紛雜，考驗忠貞度

頸紋紛雜情感善變

頸紋紛雜、眼高手低、不務實際，幾乎是一體多面，其在情感及人際上的處理也有此傾向。這樣的男女，忠貞度待觀察，女人或水性楊花，性好劈腿，或遊戲人間，處處留情卻人人假意；男人則交遊廣泛，時好拈花惹草，甚至心懷不軌，玩弄情感。總之，頸紋紛沓雜亂者，不論是男是女，不管紋細而雜亂或紋粗而雜亂，或許是一時的好情侶，但未必是終生的好伴侶。

觀察人最直接的是從眼神，誠如孟子所說：「眸子不能掩其惡。」其次是臉色表情，最難以觀察的就是頸紋了，因爲不容易一目瞭然。然而頸紋是經過較長歲月的累積，所反應的也是長期以來的身心習氣與質性，如能掌握到觀察頸紋的要領，回頭就能看到心，也就可以辨別這個人的正邪。

掌握脖子的吸睛點

男看女，女看男，切入點不同，要尋找不同的吸睛點，才不至看走眼。看男人要從喉節水平線之上著眼；喉結水平線上出現紛亂無序的頸紋，這樣的男人心思複雜如海底針，很難與之交心，而且行爲表現也常不按牌理出牌，是較難掌控與理解的個體。

乍看紛亂，細看還覺得順眼不反感，或者亂中仍有序，表示還是有細膩的一面，而且懂得把弄女人的身心靈。反之，初看雖亂，但是愈看愈亂，愈沒有美感，這樣的男人是有心但不夠用心，而且不持續，屬於較隨性、較沒定性的。

女人喉結不明顯，男人看女人則看頸子中間點水平線以下的部位，如果浮現亂紋，心思固然細，但也相對沒有頭緒，愈亂愈是無厘頭，有理講不清，十分難纏。對情感方面的表達也較極端，不是激情飢渴，就是荒廢情愛甚久，甚至是採冷處理。

左右頸紋有別

還可進一步觀察頸紋，男男女女請就對方的頸紋再比較一番，右側比左側雜亂的人，行動較誇張，較難信守愛的諾言，忠貞度有待考驗；處事態度多是虎頭蛇尾，與人交流也常喜新厭舊，容易被認爲輕浮不實在。

左側比右側複雜紛亂的人，表面上一切如常，但是很難溝通，不易深交，不是想太多就是疑心，經常把周圍的親朋好友搞得無所適從，套句俗話：「這人難搞」！其實根結就因自我要求不夠，自信不足。

攬鏡自照，一旦發現自己的頸紋已透出此訊息，再自省自己的行爲是否有此傾向。如何自審？請記錄每天的生活細節、思考主題、交友活動等事項，只要七天，幾乎不難歸納出自己的生活是簡單無趣，茫然沒有主軸，感覺上忙碌不已，但心靈空虛，即使擁有三、五男友或女友，當愛情戲落幕之際，是否仍能回味無窮，再三咀嚼每一交流的細節？相信答案是否定的！

與家人、同事、同學的相處，也如輕風拂過，不著痕跡，即使是一等親如父母、手足、配偶也都有隔閡，與難以跨越的情感距離。

那麼，如何調整呢？首先是下定決心，將自己的思考與行爲都導向另一模式，落實自我管理，將較多的心思放在閱讀、學習，多接觸有益的知識，一則培養個人學養，一則定心定性，勇於面對個人的不足之處，多結交直友、諒友、多聞友，少一點風花雪月，點滴的累積都能充實生活，提升生命。

洗臉、洗澡時，多按摩頸部諸穴，廉泉、人迎、扶突、天窗、天容、天牖、天柱，促進氣血循環，提供更多的血氧到腦部，有助提神醒腦，使思緒清晰，進而能增進信心，頸子的亂紋也會愈來愈平撫。

頸子凹凸不平，際遇多坎坷

不順遂的頸象

泰緬邊界有金三角，是毒品的罪惡淵藪，人的頸項是由六組三角區構成：下頷下三角、頸動脈三角、肌肉三角、肩胛鎖骨三角、頸前三角與頸後三角，如果人的身心正常運作，這些三角地帶健康地各司其職，則頸項優美。相反地，如果不善於經營健康，或是自毀健康，則頸子表面也會因這些三角地帶的功能失調，變得凹凸不整，從這裡已在訴說著脖子的主人際遇多坎坷。

重要的頸部肌群

可憐之人必有可恨之處，坎坷之人亦必有難言之隱。肌肉三角在胸鎖乳突肌與肩胛舌骨肌上腹之間（圖二十二），這之間最重要的肌肉是舌骨下肌群，其主要機能是負責人在吞嚥的時候將舌骨往下拉引，讓吞嚥動作順利完

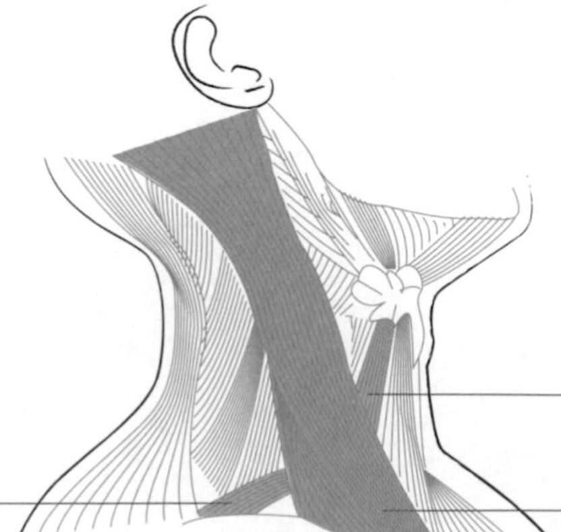

圖二十二｜胸鎖乳突肌與肩胛舌骨肌上腹之間的肌肉三角地帶健康，則頸項優美。

成，同時亦影響聲帶功能及發聲動作。如果此肌肉群疏於運動，有朝一日連話都懶得說了！

長期咀嚼檳榔，雖大量運動到這些肌肉群，但因爲檳榔所含致癌物質已先行侵襲了頸部肌肉細胞及淋巴組織等，所以其頸部表皮亦隨之變得不平滑。

咀嚼口香糖雖無致癌之虞，也運動活化了肌肉三角區一帶的相關肌肉群，但不得不留意過度咀嚼口香糖有破壞牙齒琺瑯質之潛在危險，及造成牙關過勞。因爲經脈循環及臟腑對應關係，牙關過勞將間接影響腰腎之健康，出現腰痠、膝蓋無力之現象，嚴重者更影響性能力，使性愛歡愉減分，當然也會浮現在頸部，頸子之膚表質地及色澤都顯得較不健康。

改善肌肉三角

頸表凹凸不平只限於肌肉三角區，雖是健康運轉稍有瑕疵，但端看個人如何扭轉，如能努力不懈，規律運動，調整生活作息，則肌肉三角區表觀將會日益改善。但如輕忽不在意，其狀況可能日益走下坡，若連肩胛鎖骨三角區也出現凹凸不平，右側較嚴重者，反映日常生活身心過勞、精神壓力大卻未適度紓解；左側較不佳者，多併見心神恍惚，注意力無法集中，情緒管理不良等狀況；兩側皆凹凸不平者，不是身心俱疲、焦慮不安，就是極度懶散，連健康都懶於經營。

養生操改善肌群

胸鎖乳突肌負責頭頸顧盼動作，肩胛舌骨肌負責呼吐（氣）及吞嚥動作，此兩組肌肉群如果彼此協調度不佳，不但影響呼吐及吞嚥功能，亦關係到鎖骨下動脈與頸臂神經叢的循環與傳導，影響雙手抬舉、掌握、環抱等動作，該肌肉群的表面也會出現疙瘩，破壞頸觀。

只要簡單的兩個動作即能改善胸鎖乳突肌與肩胛舌骨肌的協調度：

動作一：開胸利膈（仿「易筋經——韋陀獻杵第二式」）

步驟一：兩腳站開與肩同寬或稍寬，抬頭挺胸縮肛，腳趾扣地。

步驟二：兩手向身體兩側張開，雙肘伸直，手腕翹起，五指撐開，掌心向外。

步驟三：嘴巴張大到極限，以鼻吸氣，口吐氣，吸吐頻率緩慢勻和，吸吐九回，緩緩放下雙手並合上嘴巴。

效果：

增進胸鎖乳突肌與肩胛舌骨肌的肌力，改善其協調度；並藉由口吐氣，將腸胃廢氣排出體外，促進腸胃排毒及環保，改善便祕、脹氣，消除口臭，減少食道胃酸逆流之機率。

動作二：雙手探星

步驟一：兩腳站開與肩同寬或稍寬，抬頭挺胸縮肛，腳跟抬起。

步驟二：雙手十指撐開舉高，雙肘伸直，盡量靠近雙耳。

步驟三：咬緊牙關，舌尖頂住上顎，以鼻子呼吸。吸吐頻率愈緩慢效果愈佳，吸吐九回，緩緩收回雙手，並鬆開牙關。

效果：

增進以上兩組肌肉功能及協調度，並促進唾液分泌，生津止渴，提高碳水化合物消化效率，減少內臟脂肪堆積，助益橫膈膜吸氣功能，並擴充肺泡之容氧量，改善肺呼吸功能。

提示：可從動作一銜接動作二，調整嘴巴及腳部的動作，持續操作，效果更彰顯。

以上兩式，至少每天晨醒空腹時及睡前，分別操作一次，午餐前及晚餐前亦可操作，只要一段時間，頸部三角地帶的肌肉群都會活絡起來，相關機能與功能一一甦醒，對腦幹（中腦、橋腦、延腦）的呼吸中樞尤其有益，並牽動相關靜脈與淋巴回流心臟的順暢度，頸部表面肌膚自會隨之變得光滑細緻。

動作一 開胸利膈

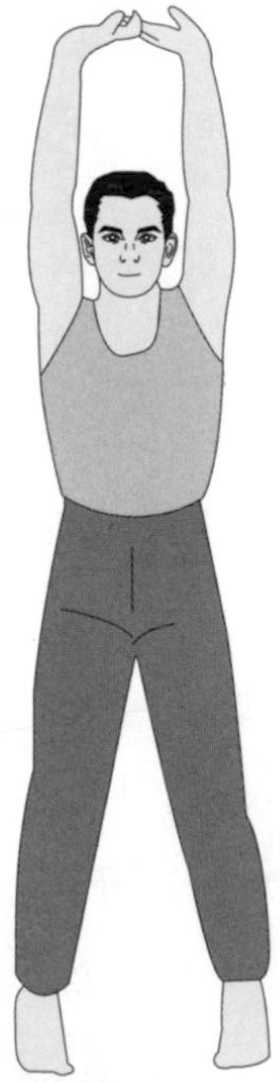

動作二 雙手探星

頸子平滑少紋，有情趣心想事成

最佳頸項

頸子平滑少皺紋，先天優、後天良。個人有其堅持不懈、努力不殆之特質，行事作風多數是「準備好了！」戮力以赴，所以常可水到渠成，心想事成，生活情趣當然也是正面效應，給外人命好、運更好的觀感，實質上是一有堅持、有理想，肯拚命的人。能擁有此優質的頸項，可是鳳毛麟角，人中奇葩。畢竟人都有惰性因子，即使是自我要求甚高，難免也有某方面之盲點。

我們常讚嘆某某人是天才，但也笑他（她）是生活白痴，雖說治學嚴謹、才高八斗，但對生活起居、飲食調配卻一籌莫展，或是極重視生活養生，卻又疏於腦力激盪。在現實生活中，要擁有平滑無紋的美頸，除了新生嬰兒或小幼童，身心還沒遭受污染，否則經過時間流轉，隨著年齡增長，在脖子上遲早都會烙下痕跡；但此痕跡是整齊抑是紊亂？是多如叢草，還是細緻有序？就憑個人努力的程度了。

追求好頸項

所以，要努力追求高標的身心水平，如能擁有平滑無紋的美頸就是一項成功指標。人從呱呱落地那一刻起，即逐步邁向老化之路，只是因先天與後天條件不同，影響速度之快慢而已。平滑無紋的美頸展現出其主人的身心狀態是處於最佳化。頸子平滑與否，就局部之肌肉群而言，斜角肌群是關鍵角色。

斜角肌（圖二十三）分布於頸子之兩側，每側三塊，按位置排列有前、中、後斜角肌，分別起自第三至第七頸椎之橫突，肌肉纖維斜向外下方，終止於第一、第二肋骨上，頸椎部分牽動頭頸的仰俯顧盼，肋骨部分輔助強化吸氣的動作。

斜角肌一旦因外傷、勞損，或是發生肥厚和纖維化現象，會導致肩頸僵硬痠疼，頸項無法側彎，患側的手臂也會出現疼痛麻痹現象，尤其是手臂下垂時不適感更強烈。日久，將造成頸歪背佝胸縮的不良姿勢，頸子的肌膚再也漂亮不起來！

美頸女君子好逑

女子頸項平滑，表示其斜角肌群功能優肌力強，少數是天生麗質，絕大多數是個人的生活習性十分規律，所展現的是職場上工作能力亮眼，社交場合很搶眼，是異性的理想追求對象。

若是連頸紋都很少，更是優質，能扮演好各種角色，女強人、愛的伴侶、情人、家人都能稱職；顧盼仰俯之間拿捏適當，人情世故恰得其分，體貼識人心，剛柔並濟，也善於用人長處，確實是沒有頸項平滑的笨女人，或是懶

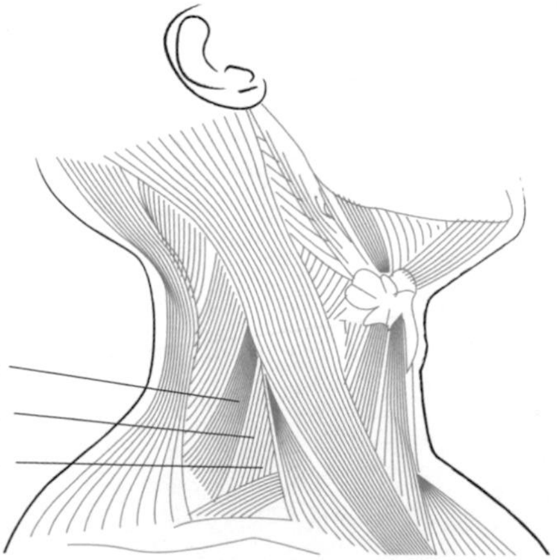

圖二十三 斜角肌分布於頸子兩側，如外傷、勞損，或纖維化，會使肩頸僵硬痠疼。

女人！男人對此優異的異性不敢不敬，即是在床第之間，表面上是男性主導，實質上還是她在誘導。

強化斜角肌　頸子平滑少紋，絕不是斜角肌群可獨力營造的，必然需要頸側的胸鎖乳突肌，以及頸前的頸闊肌等，群起協力，共襄盛舉。所以單一性的優質無法造就完美頸象，但單一性劣質卻會破壞整體頸子的美感與健康；爲保持頸項健康，首先要維護這些肌肉群的功能正常，平時即可從以下穴道來著手。

氣戶穴與俞府穴是兩大要穴（圖二十四）。

俞府穴正當鎖骨下緣，身體正面正中線旁開兩寸（三個指頭橫幅寬度）的位置，屬於腎經脈，是一運輸通轉的關口，腎經脈的氣血即是由此穴區回歸體內。

氣戶穴在鎖骨中點下緣，距前正中線四寸，也就是俞府穴再往外兩寸的位置，正當乳頭上方，屬於胃經脈，是胃經脈氣血與外界交換的門戶。疏通氣戶穴，氣血循環通暢，生命就有氣機；如果氣戶穴閉合，氣機被收納，人也

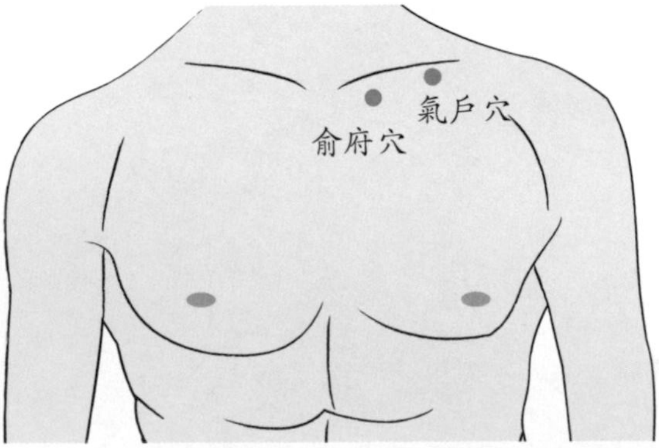

圖二十四｜按摩氣戶與俞府，端正頸椎，美化頸項，補強呼吸換氣的交替作用。

就苟延殘喘。

按摩氣戶穴與俞府穴：

步驟一：坐正或站著兩腳分立與肩同寬，全身放輕鬆。

步驟二：兩手輕輕握拳，以大拇指由俞府穴開始往外點按至氣戶穴，要按至穴區有輕度疼痛感，以個人能承受之力道爲止。

步驟三：嘴巴微微張開，自然呼吸，以鼻吸氣，口吐氣，呼吸頻率緩慢匀和。

效果：

按摩氣戶穴與俞府穴，每天至少晨起及睡前各按五分鐘，其他時間可自由加碼，泡澡、泡溫泉時，更是按摩好時機，藉由熱氣更刺激氣血循環。可以強化斜角肌群、胸鎖乳突肌及頸闊肌之功能與肌力。

除了端正頸椎，美化頸項，並補強呼氣與吸氣的交替作用，擴大橫膈膜的運動幅度，使胸肺吸納更大量的氧氣，吐出更多的廢氣。同時，按摩俞府穴，還可緩解咳嗽、氣喘、胸痛、胸悶，按摩氣戶穴則可緩和咳嗽、氣逆，又能通乳腺，消腫乳腺炎，紓解哺乳婦脹奶之不適。

CHAPTER 2

口唇勾勒 飲食男女身心玄機

認識唇形，洞察人心現人性

看透紅唇識人心

一般而言，嘴唇即指「紅唇」的部分。唇本身角化較弱，且缺乏色素，由於唇內組織——高乳頭呈現高密度發達狀，紅唇的皮表才得以呈現紅色，透露血液循環狀況，也因此讓女性朋友可以在唇上大作文章。

唇不只是吃、喝、咬、說的工具，同時是情緒、體況的顯示器，為何前往醫院門診，醫生建議不要塗口紅，以唇的本色呈現，就是為了觀察望診，確實掌握唇所呈現的身心資訊。

年輕女性，唇內組織——「高乳頭」活潑，使雙唇顯得紅潤剔透，年華老去或是病痛纏身，則「高乳頭」也使不上力，以至雙唇變得枯黯、乾澀、脫屑，即使用力塗口紅，也吃不進組織裡，還是看得出斑剝、色不勻的痕跡。所以，從「高乳頭」所表現的透徹度、活潑度，即可反應出健康情形，而且不一定與年齡成正比。

唇形見心情質性

嘴唇的形、質變化多端，不一而足，大致有：正與歪、大與小、緊實與鬆垮、亮澤與焦枯、上翹與下墜、厚實與單薄，這些成形大體上與先天遺傳關係密切，但情緒變化、生活環境、意志強弱、飲食習慣及言語行為……，都是會改變先天的唇形（圖二十五）。

唇正：所謂榮辱者唇之所繫，唇正心正，所以其為人招牌是「言忠信，行篤敬」，凡事按部就班，不投機取巧，有正義感，但偶有矯枉過正之嫌，如果個性較嚴謹的人，甚至會吹毛求疵，是完

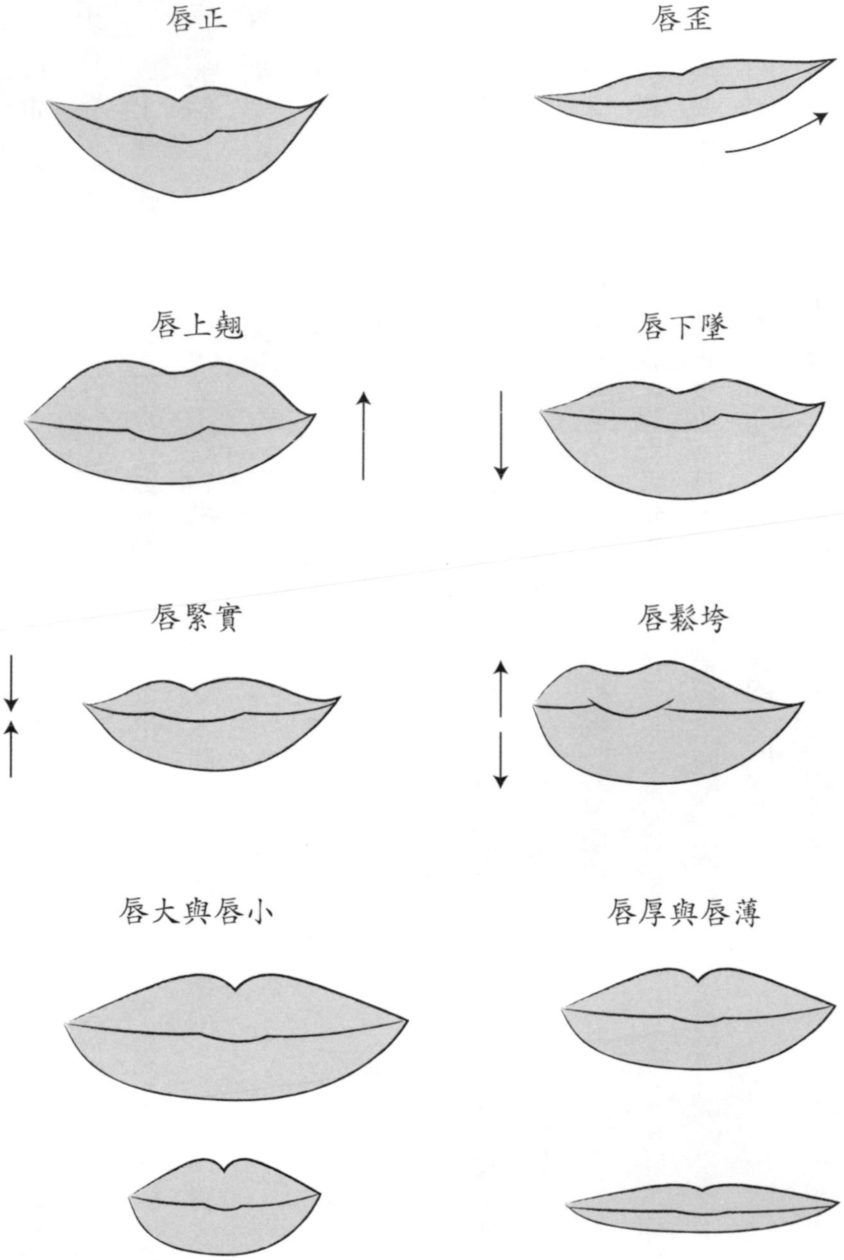
唇正
唇歪
唇上翹
唇下墜
唇緊實
唇鬆垮
唇大與唇小
唇厚與唇薄

圖二十五 唇形圖

美主義奉行者。

唇歪：唇形歪，除非是病理性所造成的，否則就像歪頭斜眼的人，如果自律不足容易淪於心術不正，雖是腦筋動得快，但好找捷徑，不踏實磊落。其言行也有輕然允諾，未必誠信的傾向。

唇上翹：雖然較樂天，但也相對容易賭氣，鬧彆扭，好耍小脾氣，但來得快去得也快，懂得其特性的話，只要順著毛摸，並不難相處。翹唇的人，　肋下常有悶痛不暢感，這與脾、胃、大腸等經脈循環不暢有關。

唇下墜：從其外觀看來好似人人欠他五佰萬，其實自己苦的很，既不善表達，又心力不逮，很難結交到知心友。心事無人知，又很容易被誤解是擺臭臉，苦樂只能自己吞，常出現胸悶胃堵、消化不良、肩頸痠痛等毛病，因為其腸、胃、脾、膽各經脈都不舒暢，只能自己苦中作樂。

唇緊實：腸胃健康、口風緊，是處理人事檔案與商業機密的好人選，人緣普遍和樂，不樹立敵人，也不輕言放棄；但如果是刻意的縮嘴皺唇，則是緊張焦慮的反應，身心時刻處於不安全的狀態，日久很容易造成腦神經衰弱，腸胃亦一併出現障礙，容易便秘或腹瀉。

唇鬆垮：首先表現的就是腸胃系統也鬆鬆垮垮，一方面是機能性的器官虛弱，另一方面則是功能性的表現不彰，不是消化吸收不良，就是便秘或經常腹瀉。因為機能或功能失調，常會不自覺的雙唇開開閉不全，也是較不知控制自己言談頻率與內容的族群。

唇大與唇小：上下唇都大，腸胃吸收納食、消化排泄都順暢，但要大而妥適，如果大而色不佳、質不好，則腸胃功能亦堪憂。相對地，上下都偏小的人，吐納較小，可能吃得少，排得不多，相應在氣度上也是有此異曲之妙，顯得不夠大氣。上唇大、下唇小，或下唇大、上唇小，其比例如果不是特別不相襯，並無大礙，但落差太大，唇色又不佳，上唇反映大腸，下唇反映胃，雙唇一併觀察脾，都是反映消化器官的狀況，此刻就要注意個人在這方面的健康了！

唇厚與唇薄：基本上唇厚薄除了觀察消化排泄狀況之外，如果唇色佳，唇質無變化，都是健康的；較能反應性格方面的是唇厚者多熱心熱情，唇薄者較寡情薄義而自我感覺良好，當然這都不是絕對的，人心人性會受教育、環境與時空變化之影響而袪惡向善，或是趨惡逐良。

唇亮澤與焦枯：這多與飲食習慣息息相關，飲食不當、暴飲暴食或偏食，造成腸胃負擔時，唇色即亮燈號，焦枯者表示腸胃也焦枯，營養失調；唇色亮澤表示飲食健康，身心也健康；當然其他病變如血液方面、肝膽方面、呼吸道方面或心血管方面的疾病，也會使唇色異常，但很大的比例是肇因於腸胃寒濕或熱燥、排泄不順。

綜觀唇的表現，在中國醫學上認為主要是腸胃納食、消化、吸收、排泄的傳化過程反應；換言之，個人的飲食習慣，包括質與量，是影響唇變化的最大因素，在食品精緻化的世代，讓我們遺失了許多珍稀的營養要素，為了腸胃健康，返樸歸真的飲食方向是值得推廣與落實的。

唇厚形順，大小通吃，情多不計較

唇厚形順好逗陣

唇厚且唇形和順的人，嘴唇周圍的肌肉群功能正常，肌力好，吃喝順暢，咀嚼無礙，消化、排泄都能順利運作。在人情世故面的經營也相對有心，情義夠，不太計較，心想事成，在男歡女愛之際更是如此貼心而熱情，可說是能大小通吃。

唇厚形畸虛有其表

唇厚像非洲土著，但是唇肉不豐碩，唇線條不和順，容易陷於自相矛盾的境地，可以說是自信心不足，舉棋不定，喜歡比較，但又願賭不服輸，常有大方誇口於前，卻小裡小氣收尾於後，變得尾大不掉、不乾不脆，與此唇形的人來往，要保持適當距離，不宜給予太多建議，以防彼此交惡。

唇厚薄關乎腸胃功能

唇之厚薄與腸胃的先天體質以及後天的營養輸送及氣血循環息息相關，而唇形的順曲就與臉部的表情肌和咀嚼肌相呼應，人會喜上眉梢或愁眉苦臉是表情肌的表現，咬牙切齒或咬緊牙關，揚唇燦笑或抿嘴暗泣，都是咀嚼肌的展現。如果表情肌鬆垮無力，則掉眉墜頰，唇角也隨之無法張揚；若是咀嚼肌乏力無勁，則唇形無法撐張順滑，唇線會扭曲，嘴角會下墜或左右上下不齊整。

表情＋咀嚼

表情肌與咀嚼肌之作用協調，肌力互動無間，則其唇會表現得厚實和順，一般都是上唇較下唇小、薄，兩唇一樣厚實的人，其上唇方肌有特好的肌動力。上唇方肌主要有顴小肌、提上唇肌及提上唇鼻翼肌三組肌肉，它們都終止於上唇，在這肌肉交錯區，最重要的穴道要屬兩條鼻唇溝（即法令紋）中間的水溝穴，就是人中穴；再者，人中穴旁開五分的禾髎穴，及上唇尖的兌端穴（圖二十六）。人中穴與兌端穴屬於任脈，禾髎穴屬於大腸經脈。

古代武林高手練功達最高境界就是任、督二脈打通了！就現代醫學角度而言，就是流布於背面與正面的經脈、神經、血管相互都能暢通無滯礙，表現出身心協調、頭腦清楚，專心一志。其中，流布於面、頸、胸、腹正中線的任脈，既關乎口唇、舌頭的健康，更維繫著胃消化與腹部生殖系統的功能。

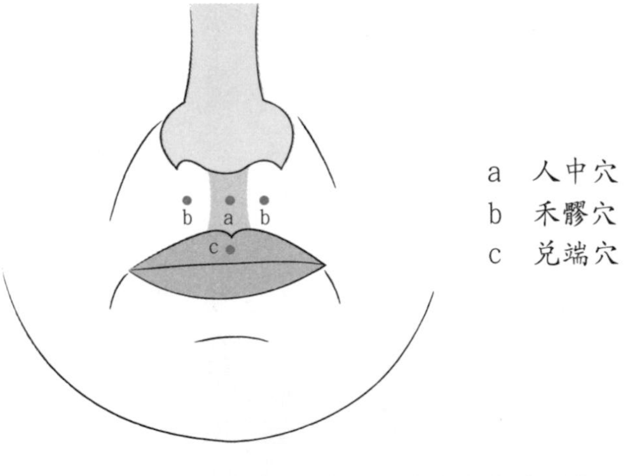

圖二十六 法令紋（鼻唇溝）中間的人中穴、人中穴旁的禾髎穴、上唇尖的兌端穴，都攸關表情肌與咀嚼肌的協調作用。

女人的外陰唇、陰蒂、陰道、子宮頸、子宮體及卵巢一系列生殖系統的動靜狀態，從唇上的人中區即可見一斑：上唇乾癟，唇線隱而不見，再加上人中區平坦又僵硬木然，唇色發黯或蒼白，顯示其生殖系統容易出現障礙。

如果從發育期（青春期）就是如此的少女，其性器官發育會比此區域靈活有力的同儕來得慢，其初經年齡較晚，且生理期容易經痛。成年女性則反應出性功能較遲鈍，不容易有性高潮，受孕生產也相對困難。中年以後要注意子宮卵巢的保養，較容易受感染，罹患肌瘤、癌症機率較高。

類似的人中及唇形表現在男人身上，則容易有脹氣、遺尿、遺精等性功能失調現象，年輕一族的少壯男，較易出現精蟲稀少，不易受孕，步入中年之後則難勃起，又併見腰腎無力，膝腳軟弱，神志容易渙散，因在床笫間受挫，個性上顯得沒自信、陰沉不開朗。

通常，唇形不順人中又僵硬的人，無論性別，都較「龜毛」，不善與人溝通，性格較彆扭，不夠率真坦白，喜歡計較。行事作風善變，因意志力較薄弱，無耐性，對較細工的工作無法順利自如。

另一種方式的人格表現，則像濫好人，個性軟弱，外力怎麼搓怎麼推都無法塑造成形，即所謂的「麻糬個性」，不易成形更不易定形。所以同一唇樣，個性可是兩極化，相同的是，對生活及生命的經營都較被動不積極。

重塑美唇形有方法

唇形美醜可以借助外力來去醜塑美，所謂外力，下下策才是人工醫美整形；最有效、且能持久的不二法門，則是運動。有規律、適量的運動，持續一季即能看見成果。操作易筋經「打躬式」（圖二十七）能強壯臉部肌肉群，促進口內腺體分泌，進而塑化唇形美化唇色。

打躬式口訣：

兩手齊持腦，垂腰至膝間，
頭惟探胯下，口更齧牙關，
掩耳教聰塞，調元氣自閑，
舌尖還抵顎，力在肘雙彎。

動作要領：

步驟一：兩腳站開比肩稍寬；兩手張開，手扶住後腦。彎腰垂頭至兩膝蓋間。

步驟二：頭從胯下探視身後，咬緊牙關不放鬆。

步驟三：手掌掩住耳朵讓雙耳聽不到外來的雜音，呼吸緩而勻，氣要吸到肚臍下的丹田區。

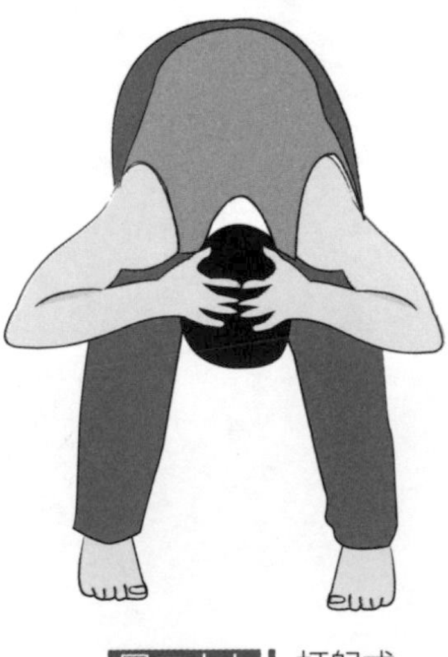

圖二十七 打躬式

步驟四：舌尖向前抵住上顎，不只是手腕用力，以來自肘彎的力量掩住耳。

功效：

持續操作打躬式，能強化脊椎功能，有矯脊效果；促進津液分泌，強化唇舌動力；刺激臉部肌肉群，活絡人中區，塑造唇形；刺激聽神經，強化耳力，清神醒腦，寧靜心思，集中意志。

唇色紅潤，身心協調貴人多

消化第一關

嘴巴是消化器官的第一道關卡，嘴唇是此關卡的閘口，食飲入關之後，經過一系列的消化吸收過程，所殘留的廢物終將變成有形的糞便從肛門排出體外，所以肛門是最後終結的一關。

唇色美惡即反應消化流程是否順暢，唇色紅潤者消化好，排泄順暢，代謝循環正常運作。且無便一身輕，人多顯得輕爽愉悅，體態輕鬆，在社交場合人緣不錯，自然多遇貴人。唇紅齒又白的人，為何較受歡迎，因為不「積屎氣」，表情和順，與人之距離自然拉近。

唇與腸胃

經脈循環所經的部位，走過必留下痕跡，尤其有異狀時，所經過沿線的組織或器官都會有所反應。大腸經脈左右兩線循行到上唇上方，交會於人中穴區；胃經脈則經過下唇下方，在下巴的承漿穴區交會；是以，上唇反應大腸經脈，下唇對應胃經脈（圖二十八）。大腸經脈與胃經脈又是與消化排泄關係最密切的兩組經脈，上下唇色即是觀察消化排泄機轉的重要據點，更是我們日常自我審視腸胃健康的警示燈號。

前面提及雙唇紅潤的人排泄順暢，身心協調；反之，唇色黯又混濁，消化排泄狀況也較多，有人出現經常性腹瀉，有的則長期受便祕之苦，也有人時而腹瀉時而便祕，嚴重者將演變成腸躁症，這是輕忽不得的，長期排泄不正常，是誘發腸癌的遠因之一。

此外，胃癌患者的下唇唇色幽黯，也是常有的臨床反應。國人罹患腸癌、胃癌之比例日益升高，平日要注意消化排泄現象，集合各種資訊來評估個人的健康，觀察自己及家人的唇色變化，這也是一重要的健康瞭望台。

女人與口紅

女人愛口紅，口紅使唇色更鮮明，發揮美顏效果，吸引更多的目光。有人塗口紅會使整個容顏立體化，好比畫龍點睛；有人則適得其反，顯得嘴巴很突兀，與整張臉格格不入，關鍵即在於心與形是否協調。

身心協調、表裡一致的女人，其唇色即呈現自然美，有光澤有潤度，即使是上了年紀的熟齡女性，亦不失唇色。相形之下，身心不協和，裡外交相加的婦女，即使塗上厚厚唇膏，依舊有剝落的感覺，好似嘴唇都不易上色，很難塗得均勻。的確是，不論是健康的不協調，或是精神上的不協調，在唇上也是會有抗拒的訊息傳出。

巧笑倩兮

女人笑開來的表情，其巧妙存乎心思細膩與否，善於掌握人性的女人，懂得收放，懂得體貼，更懂得

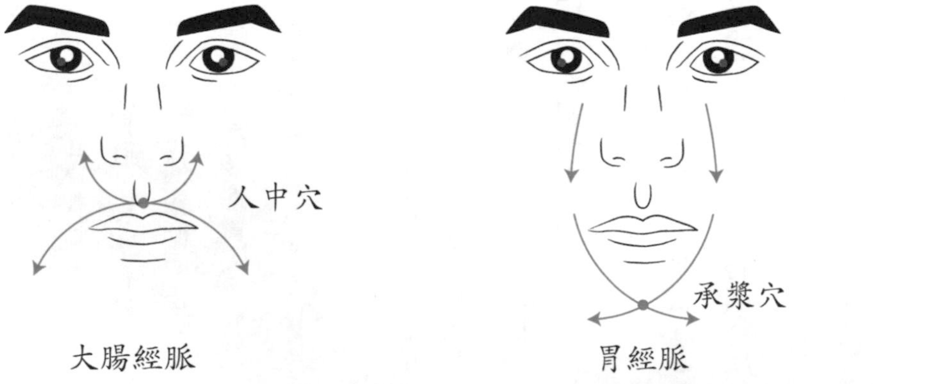

圖二十八 大腸經脈左右兩線交會於人中穴區；胃經脈則左右兩線環唇後於下巴的承漿穴區交會。上唇反應大腸經脈，下唇對應胃經脈。

求愛，要心情真愉悅才能笑得開心，雙唇才能綻放欣喜傳達性訊息，更能勾住男人的心，其間，唇色紅潤常是關鍵角色。女人的美唇，如何賞識？比較早晨醒來，與晚上睡前，如果唇色一樣美潤，表示潛力無窮，經得起考驗。

如果晨醒時唇色十分誘人，當然是睡眠品質好，身心獲得充分的休息。到了睡前的唇色卻遜色很多，常是白天過勞過累所致，到了晚上，體力精力都將耗盡；或是生活習慣不佳，好吃懶動，讓筋骨肌肉處於慵懶停滯狀態，循環代謝也積極不起來，到了晚上唇色自然也黯濁下來，長期下來，不是虎頭蛇尾，就是見異思遷，對事業、對生命的經營會出現較多的盲點，經不起時間的考驗。

轉化唇色

審視回顧一下自己是白天壓力太大、操勞過度，還是無所事事，窮極無聊？如果是前者造成唇色不佳，則要重視身心的調劑，休閒、運動都可消除疲勞，改善唇色。如果是筋骨關節疏於活動，則要讓自己動起來，刺激身心，促進代謝與循環，自然能使唇色好轉。

女性月經來的前三至五天，因內分泌的關係，有的人唇色顯得特別美潤，通常這也是性慾較易被挑起的期間，但如過於放縱隨性，也是最容易被感染的時候。

男人唇色美，多屬性情中人，也表示腸胃健康，雖然與性能力強弱不是直接相關，但是擁有美唇的青少年，也是血氣方剛的表徵之一，相當容易性衝動。

總而言之，無論男女，無論老少，唇色潤澤有血色，都是健康的表徵。多擁有正向的念頭，也比較容易與人交流，人際關係自然勝過雙唇無血色的人。

唇色火紅浪蕩，腸胃卻火燥

美人唇

嘴唇的上皮細薄，覆蓋著無數小乳頭，其間有無數的微血管，當微血管充血，血色透過口唇黏膜，即顯出紅潤態樣。同樣屬於黏膜組織的生殖道，如女性的陰唇及男人的睪丸，其皮表也比身體其他皮表皮膚薄，都是很敏感的部位，且容易出汗。

嘴唇豐厚，充血量足，唇色紅的女性，其陰唇也一樣較容易充血，相對敏感，接受性訊息快，能享受性愛的幸福。

但是唇色過度，火紅變得深紅，如果是暫時性呈現，可能是發燒，可能是腸胃發炎，宿醉也會使唇色加深。假使長期如此，多屬腸胃火燥之現象，併見有便秘、口臭、體味重、心情煩躁、睡眠品質低落等狀況。

嘴唇的意象

性想像空間大的男人，看女人橫向的雙唇很容易聯想到直向的陰唇，兩個部位的顏色雖然不盡相同，但因組織之同質性，會令之畫上等號，所以有的男人愛法式69之吻，也不足為奇。

就像瑪麗蓮夢露的豐厚紅唇，在她過世已五十年後的今天，仍被喻為是性感女神之唇。女人的紅唇與性感的連結，不只是外觀的聯想，更是內在身心的連結。

唇與脾胃表裡相應

《黃帝內經靈樞．本藏篇》提及：「揭唇者，脾高。」「脾高，則眇引季　而痛。」臟腑的位置正常，則功能運轉正常，人就處於健康狀態。古人在臨床上以唇的外觀來觀測脾的解剖位置，從而評估其病理反應。

望診時，診斷脾臟體位的差異性，從其嘴唇揭起外翻的情形，知曉其脾臟位置偏高，胸 下方空軟的部位因此會牽引胸 造成疼痛；所以嘴唇向外翻揭的人，容易胸肋痛、胃脹、胸悶。

脾胃互為表裡，兩者的生理病理現象會互為影響。在診察及養生上，我們都合之「脾胃」一併調理。

法令紋與腸胃

飲食習慣不良，時常暴飲暴食，日久，上唇多會往外翻揭，同時，從唇角向上延伸到鼻翼旁，會刻下深淺不一的溝痕，稱為鼻唇溝，即法令紋。上段法令紋的走向有一段與胃經脈重疊，飲食習慣愈不規律，脾胃功能愈不健全的人，法令紋會更明顯，而且紋路不一致，其間會有微小的細紋交錯著。

法令紋通常隨著年齡愈刻愈深，然而脾胃健康，脾經脈、胃經脈氣血循環好的人，法令紋齊整，弧度順柔。

從唇角往下也會浮現紋路，為頰頤溝，亦可稱之為下法令紋，而此紋路則有一段與大腸經脈重疊，這紋路順或亂，亦與大腸經脈循環及排泄狀況表裡相關。如果腸胃消化排泄功能正常運作，從鼻翼兩側到唇角會刻下一道八字形的上法令紋；再往下延伸，從嘴角又有一道八字形下法令紋，上下成一形正好將嘴巴與面頰作一隔離。有人則上下會連結成一線，有人則會分成上下兩個八字型線（圖二十九）。腸胃熱燥的人，除了上、下唇紅赤，法令紋紋路紊亂，在法令紋周圍也較容易過敏或長痘疹，也會有脫屑、搔癢的現象。

高潮式唇紅

火紅的唇色，出現在性高潮時，就不是腸胃火燥之象。唇色紅形豐盈剔透，被視為是性感象徵，是傳達性訊息最直接的媒介。女人高潮來及高潮之後的唇色是最誘惑的，《素女經》性五徵的第一徵兆，女人的性愛反應就是臉紅，臉紅之同時，雙唇也一併充血紅潤。女人的唇尖幾乎與陰蒂成連帶反應，當唇紅唇尖揭起之時，也是陰唇陰蒂開始有反應之際，如果男人能觀察入微，掌握契機，即能登峰造極。

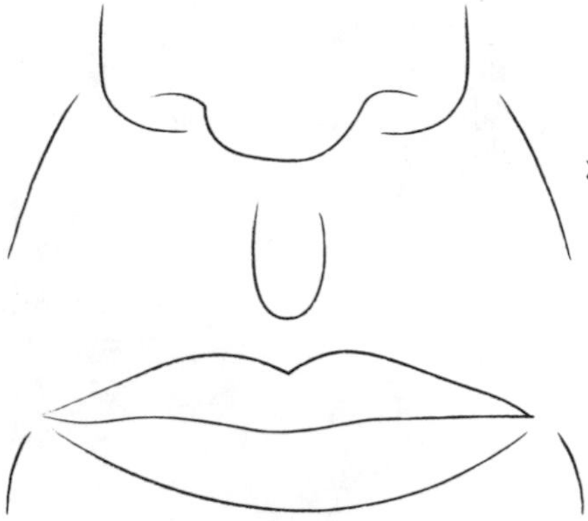

圖二十九 法令紋、頰頤溝與胃經脈、大腸經脈有重疊，紋路順或亂，反應脾胃功能與大腸經脈循環及排泄狀況。

瀉唇火有方

唇火紅既是腸胃熱燥之象，平日即可喝飲「黃蓮解毒湯」來瀉腸胃之火，取黃連、黃芩、黃柏、梔子各一錢，加八百cc水煮開，轉小火續煮十分鐘，當茶酌飲，可清腸胃火，消唇四周之痘疹並止癢，使唇色趨於正常之粉紅；大約喝二至三天，只要唇色恢復正常，唇體沒有腫脹感，即可停止，不宜多喝，過量反而會造成腸胃負擔。

唇色青白，氣血不足，心力不逮

唇齒相惜

唇舌相依，唇齒互靠，在舌頭的組織中，淋巴體的流動分布狀況，與唇形及唇色關係十分密切。舌頭的淋巴液以分布在舌尖部位的最重要，它們流入舌骨上淋巴結及舌上其他主要淋巴結；舌外側、舌底和舌中的淋巴液則流入下頷下淋巴結及頸深上淋巴結；至於舌後端的則流入頸淺結及咽後結。

所以唇色的呈現，所關聯到的是舌頭、下巴、頸子的組織狀況及該當部位的氣血循環。因為供應唇與舌營養的脈管，主要還是來自於頸外動脈。所以唇色青白，上揭部位的氣血循環及淋巴流布也會一併虛弱，其表觀就會貧乏失色，甚至乾枯脫屑、灰黯無澤。因氣血不暢，心力自然不逮，時而感覺心有餘而力不足。

舌品嘗人生

在我們的一生中，舌頭始終扮演著淺層的嘗試兼深邃的品味雙重角色，在嘗與品之際最重要的動作就是吞嚥，進食要吞嚥，緊張時會吞嚥口水來緩和，性念頭來了也會舌咽蠢動……，這些動作都與舌頭的機能息息相關。

舌頭負責開張與關閉口腔內的消化管道，也負責閉闔鼻腔及咽喉等機關，有時候，吞口水都會嗆到，或者以為吃得太快、喝得太急才會嗆到，或是心不在焉才會嗆到，其實是因為頸外動脈之血行，胃、大腸經脈之氣血循環，以及其周圍之肌肉群，只要某一環節機能降低，都會減損舌頭的活動能力，無法全然的控制鼻咽及喉道的開關，以致於食物會跑進氣管，或是卡住喉道，甚至逆入鼻腔，造成一陣突如其來的急咳。

經常性唇色青白，反應腸胃偏寒性，有的人是體質所使然，有的則是過食冰冷寒涼，而且已持續一段時間，會併見有舌苔白而濕膩之現象。這時候免疫力會降低，別忘了腸道器官不但是消化系統，而且是人體最大的免疫系統。唇色青白的人，腸道易受飲食影響造成排泄異常。

改善腸道

腸道可以說是影響身體的免疫力高低的關鍵性器官，要提高免疫功能，吃出好腸道是首要條件，均衡的飲食不但健胃整腸，可調理腸系功能，還可消除體內自由基，延緩老化速度，更可使「腸齡」年輕化，降低腸道增生息肉及細胞癌化的機率。

身體所必須的六大營養成分要均衡攝取，許多人有多肉少蔬之飲食習慣，多攝食含纖維質的蔬菜水果，有助腸系功能升級，消除便祕，同時避免碳酸飲料、冰品，對生冷質性之食材，如瓜類水果、水梨⋯，蔬果如大白菜、絲瓜、冬瓜、蘿蔔等都不宜多食。脂肪是會降低身體抵抗力的食物成分，而且是影響心血管健康的因子，更不宜多吃。

多喝七氣茶

如果腸道改善了，口唇色澤自會漸趨紅潤。再者，可喝「養生七氣茶」來調補腸胃，取薑半夏、厚樸、紫蘇葉、茯苓、生薑、紅棗各一錢，加八百cc水煮開，轉小火續煮十分鐘，去渣後溫熱服飲，像漱口一樣在口中漱至後腦及牙關有痠痛感再嚥下，喝了覺得順口，可一口氣喝三～五口，喝不下則漱完口即可吐掉，亦有一定之效果。漱口的目的，是為讓藥氣刺激舌咽周圍的脈管及肌肉，加強並加速吸收效果，同時強化這些組織的動能。

氣滯血瘀

脣色青白，而舌面紫黯，甚至發黑，不但是氣血不足，還同時有部分器官出現氣滯血瘀之狀況。所謂氣滯血瘀，簡單說就是氣血不暢，併見有傍晚時分雙腳水腫、言語不順遂、舌頭容易打結而口齒不太清晰，累了就健忘錯語，比如看著橘子心裡想的也是橘子，但說出來是蘋果，此時就需要多吃能行氣兼活血的飲食，例如大蒜、生薑、洋　、青　、韭菜、蒜苗等食材，既能暖身養腸胃，更能活化血液循環，促進體氣通暢。

另可酌飲「天活四物茶」，取天麻、羌活、當歸、川芎、熟地、赤芍各〇・五錢，加八百cc水煮開，轉小火續煮十分鐘，濾渣，加一匙龍眼蜜或柑橘蜜喝飲，可行氣去瘀，調理氣血之不足。

健康舌動作多

脣舌相舔或雙脣互抿是很平常的動作，脣舌動作愈多的人，舌頭淋巴液與靜脈回流的速度及量都會增加，動脈血才能隨之循環運輸到脣舌。

脣舌還關係到言語歌唱的能力，愈不愛開口說話，悶出病的機會愈大，何況口脣青白的人既有氣滯血瘀之症，相對於脣紅潤的人，更容易產生情緒抑鬱。

時下的宅男宅女，只跟電腦、手機交流，不與人互動，日久不但因熬夜傷身，久視螢幕傷眼，更因久不開口而傷言語表達能力及人際ＥＱ，如此一來飲食睡眠無規律，免疫功能失調，是以愈來愈多的紅斑性狼瘡、過敏症、血管炎、厚皮症等等病例發生，不可不慎。

唇色不勻，腸胃失調，舉棋不定

唇色不勻，躊躇不前

雙唇的顏色不均勻，是腸胃失調、營養失衡、氣血不暢的表徵。上唇觀大腸下唇觀胃，雙唇唇色即反應大腸排泄與胃消化之連動關係。上下唇顏色明顯有差異，或是單唇的顏色如唇緣發白或發黑，而唇肉又有紅有黯有白參差著，這是消化與排泄無法順暢，常見的是消化不良，胃常悶悶的，而排泄又不暢，不是便秘就是腹瀉，也常有腸氣腹脹多放屁的現象。

唇色不勻襯的人，個性上也較遲鈍，即使表面上很乾脆，也會有某方面的固執或不通氣，給人不好溝通，不太講理的觀感。如果是決策層的主管，會有舉棋不定，朝令夕改或猶豫不決的情況，其團隊的策動力及執行力會因此受阻。

下唇突顯性強勢

多數人的下唇比上唇突顯，這與胃經脈及大腸經脈的天生生理循環有關。胃經脈循行與頸部舌骨肌群及頸動脈息息相關，大腸經脈則與胸鎖乳突肌及鎖骨下動脈關係密切；亦即舌骨肌群的活動量比胸鎖乳突肌大，頸動脈流量比鎖骨下動脈活絡。女人的性慾就呈現在與下唇表裡相應的舌骨肌群和頸動脈之間，性能力則表徵在與上唇相依呼應的胸鎖乳突機及鎖骨下動脈。

唇反應性高潮

女人高潮來時，上唇向上翻，下唇變得飽滿，頸動脈、鎖骨下動脈的循環都加速，胸鎖乳突肌與舌骨肌群也齊力發動，是以有吞口水、伸頸、晃頭等動作伴隨，甚至呻吟、叫床都是這些肌肉群的功能發揮。女人平時如果唇色已不均勻，實質上是相對無法享受性高潮，當高潮來時，唇舌、頸項之間，上下脫節無法連線，難以充分放鬆地感應性愛愉悅。

如果女人平時講話或笑的時候，上唇即會掀開到看得見上牙齦，這是她的胸鎖乳突肌與鎖骨下動脈十分活絡、奔放流暢。相反的，上唇顯得肉質僵木，連人中區都平淡無動感，如果上唇顏色又紅黑參雜不勻，或常脫屑或唇裂滲血，性事對她而言是件苦差事，感應慢又容易疼痛，且不容易獲得高潮，常是應付了事。首先，應多鍛鍊腰及下肢的動力是改善上策。游泳、快走、慢跑、瑜伽、舞蹈都能驅動下肢肌肉群的肌力，消滅堆砌在腹、腰及腿部的贅肉，並強健腿腳的肌力。

ㄎㄚ、ㄊㄚ、ㄏㄚ

再者，可以簡單的三個發音練習來強化胸鎖乳突肌、舌骨下肌群，連帶活絡頸動脈及鎖骨下動脈。ㄎㄚ、ㄊㄚ、ㄏㄚ三個音，從「ㄎㄚ」開始，持續發約十五～二十秒，換發「ㄊㄚ」音十五～二十秒，最後「ㄊㄚ」音十五～二十秒，有空檔即可勤為練習，發音時掌握幾項要領：

一、發音頻率要平均，不要忽快忽慢，速度也不宜太慢，否則訓練效果不彰。

二、開始時從每個音十五秒起步，可慢慢加長時間至三十秒、一分鐘，每天至少練習三次。

三、自行記錄發音次數，同一時間數內，發音次數有無增加，愈練會愈熟稔，速度會加速，次數應增加。

四、開始練習時，可能出現無法同時呼吸的窘境，不用堅持一定要持續三十秒或一分鐘，以自己個人的體況為衡量，只要一次比一次順暢即是進步。

練習發此三音的效果是在強化影響舌唇的相關肌肉群及血液循環，同時能牽引及丹田，增進呼吸效能，提高心肺的蓄氣量，經過一段時間，唇色都會漸入佳境。

除了加強下肢運動，操練咽喉發音之外，再搭配服飲「桃紅四物茶」加強活血化瘀、改善血液循環、美化唇色等作用。取桃仁、紅花、當歸、熟地、赤芍、川芎各〇・五錢，桃仁敲碎，加八百cc水，大火煮開轉小火續煮十分鐘，去渣，於晚餐後酌飲。如果有經痛現象的婦女，喝飲此茶還能調經止痛，並改善便祕。

男人性致勃勃時，上下唇不是緊抿，就是張口如呆。平時唇色泛紅泛紫的男人常是猴急不安，甚至性飢渴；若是黑黯紅赤夾雜，多屬性事不順，或是「性」趣低，跑步或著重在下盤下肢的練功，可強化腳底層以腓骨長肌與脛骨後肌為主的肌肉群，並帶動會陰區的球海綿體肌，提升性能力。

男女本性

「食」、「色」乃人之本性，都由腦下垂體與下視丘所控制，勤奮活動四肢，強健肢節骨骼肌，即可增進基礎代謝率，進而刺激內臟的平滑肌，對人體之新陳代謝有返老還童之功；同時服飲「四獸茶」，取黨參、茯苓、白朮、甘草、陳皮、半夏、烏梅、草　、生薑、紅棗各〇・五錢，加一千cc水煮開，轉小火續煮二十分鐘，去渣當茶酌飲，可以活絡腦下垂體，使性能力退化的男人有不錯的回春效果。

唇色枯黯疙瘩多，為人處事不爽快

嘴唇與肛門 是消化系統的起點與終點，一樣有環狀肌肉圍繞著，嘴唇是口輪匝肌，肛門是內括約肌、外括約肌。嘴唇與肛門的距離是很遠，消化流程起自於口腔，經過食道、胃、十二指腸、空腸、迴腸、盲腸、升結腸、橫結腸、降結腸、直腸，到肛門為止，這中間任何一個環節的生理機轉發生問題，在口唇或肛門都可能出現警訊，當然也有機會從口唇一併反應，例如上吐下瀉或是便祕口臭重，就是最常見的症狀。換句話說，口唇口輪匝肌的色澤質地，與肛門內外括約肌接受排便的反射動作是否鬆緊自如，上下是有關連性的。

上唇對應大腸 大腸經脈起於手食指，循行到最後上了臉部，再進入下牙齦，再從下牙齦繞出，環著上唇，左右兩經脈在人中穴（即水溝穴）交會，左大腸經脈終止於右側鼻翼旁的迎香穴，右大腸則終止於左迎香穴。（圖三十）因此上唇的顏色、唇質，與大腸經脈的主要生理機轉——排泄功能表裡呼應。

上唇唇色發黑，多皺，或有明顯的顆粒陳列，表示排泄的問題也多。比較兩手的食指，觀察哪一側比較僵硬，或是皮膚比較粗糙，有的甚至會長疹或腫脹；再進一步比較兩指指甲旁（靠大拇指側）的商陽穴區（圖三十一），右側色澤較黯沉，按之痛感較強烈者，多有便秘現象；左側較差者則是腹瀉多。兩手都不佳的，時而便祕時而腹瀉，表示排泄習慣不良，大腸功能低落。

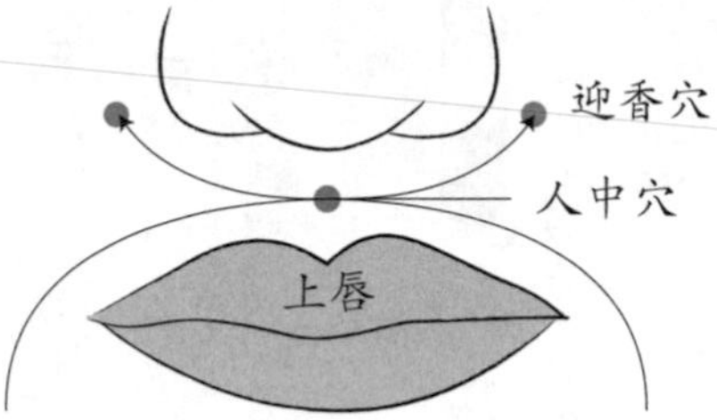

圖三十　左右大腸經脈交會在人中穴，終止於鼻翼旁的迎香穴，上唇顏色、唇質，與大腸排泄功能表裡呼應。

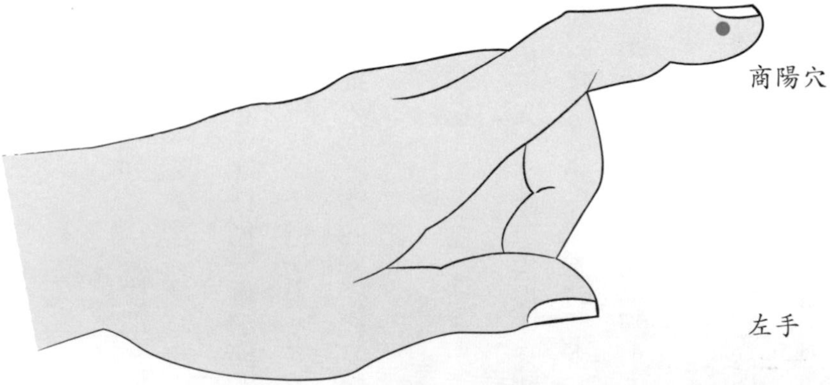

圖三十一　食指商陽穴區色澤較黯沉，按之痛感強烈者，多有便秘或腹瀉現象。

人體糞便中四分之三是水分，四分之一是固體，在大腸中經過蠕動，出現便意、排便反射動作、括約肌鬆弛等四大生理機轉，運作正常者，消化吸收後所殘留的毒素和廢物即能順利排出。如果某一環節，例如是大腸蠕動速度太慢，使腸內的糞便停留時間較長，則糞便中的水分會被腸子再吸收，造成便祕，連其中的毒素也一併被吸收，長期積累下來，不但腹脹、亂排氣、有口臭、舌苔厚，大腸經脈的起終點也出現相對病徵感應。食指長疹發癢，上唇色黑唇緣有顆粒，鼻翼周圍及上唇附近冒痘子，這都是排泄不暢的併發現象。

飲食調整

便秘是時下都會人常有的通病，造成我們不同程度的情緒困擾，嚴重者足以影響到生活品質，所以說能暢快排便是一種福氣。反觀排泄不暢，滿肚子大便的人，精神都爽快不起來，為人處事怎能得心應手呢？便秘的原因多，例如壓力大、運動不足、飲食不當、生活習慣不良，都是容易影響個人排便的因素；若想改善便秘，首先是要建立良好的排便習慣，早晨是黃金時段，晨起即喝下一杯白開水，刺激結腸反射。再者，要注意飲食種類和品質，多進食高纖維蔬果穀糧，取容易消化殘渣較少的種類，補充適量的脂肪，也可潤滑腸道，更要多喝水。

按摩及運動補強

在運動方面，可著重在腹部肌肉之伸展，如游泳、滾輪、瑜珈、地板操等。在按摩方面，多揉按食指，刺激商陽穴區，以活絡大腸經脈循環。亦可按摩腹部，以雙手疊放在肚臍上，順時針方向環狀按摩，範圍由肚臍緩緩擴張到整個腹面，每天晨起按個五分鐘，可促進便意，改善便秘困擾。

上唇枯黯多疙瘩的女人，脾氣多乖執，常走極端，不是火爆剛烈、性慾需求高，就是孤僻難處、性冷感；男人則多性衝動，但後做力不足，所以常是乘興而進、敗興而終。終歸還是因為占腹部最大容積的腸系運轉不利，影響及相鄰器官的運作，以及情緒上的協調。

下唇對應胃

胃經脈起始於眼鼻之際，終止於腳第二趾趾甲旁之厲兌穴（圖三十二）。從眼鼻之際下行入上牙齦，再出來繞行嘴唇入下唇下緣，兩側經脈在唇下凹陷處承漿穴相交，再沿著下巴返

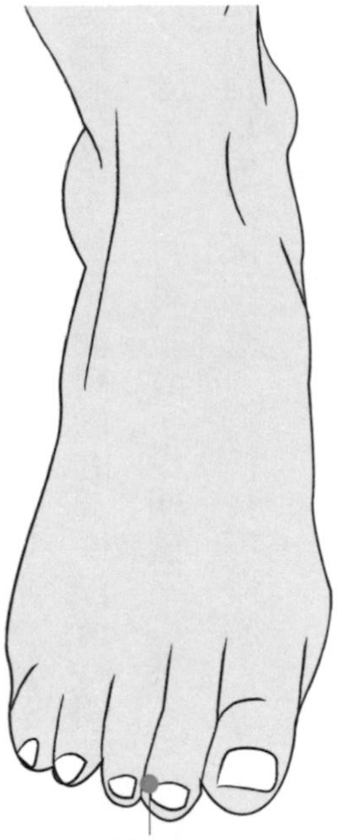

圖三十二 從遠端抓捏胃經脈終點厲兌穴區，可改善下唇唇色不佳。

回臉頰，因此，與胃經脈相關之生理機轉，如食慾、消化功能都會表現在下唇。下唇色比上唇枯黯，胃口一定不好；如果是疙瘩多，則容易胃脹、胃悶。長期不改善的話，容易演變成慢性胃炎，或是出現神經性胃炎；長時間伴有緊張焦慮情緒者，還容易併見胃食道胃酸逆流，有這些症狀的族群，睡眠品質也不見得好，性快樂指數也不可能升高。外在方面，會有負面傾向的思緒，不開心、想得多、心神不安寧，所以做事不痛快，為人不乾脆。

按摩養胃氣

下唇色不佳，可從遠端調節起，抓捏胃經脈終點厲兌穴所在的第二腳趾，以大拇指和食指合力由趾跟往趾端抓按，要讓腳趾有痛感，效果很好。還可再補強服用「三黃瀉心茶」，以大黃〇・五錢、黃連一錢、黃芩二錢，加八百cc水煮開，轉小火再煮十分鐘，當茶喝飲，一則瀉心胃之火，二則寧心靜氣，可改善胃經脈循環，開胃口、消脹氣，調整消化問題，也可美化下唇，歡愉心情。

唇皺摺多，心思細想太多

男女唇動感不同

男人的臉皮比女人厚，因為男女臉部真皮的結締組織層有很大的差異。男人除了有刺刺的鬍鬚外，男性荷爾蒙分泌旺盛與否也影響皮膚的厚薄。男人的臉皮厚且固定，上唇部分尤其明顯，這也限制了其嘴唇的運動動能；男人說話或發笑的時候，顯得較穩重，因此上牙齒及牙齦裸露得較少。

反之，女人的上唇在開懷大笑，嘴唇激烈運動時，上顎的牙齦都看得到，加上女性下巴肌肉薄且柔軟，言談哭笑之間，下巴會明顯地向下移動，顯得更生動活潑，令人為之動容。

男分女歸

相形之下男人好似不動聲色，所凸顯的是陽剛之氣。在父系社會中，男人就是標榜有肩膀、有擔當，責任之擔負也令其嘴唇的皺摺比女人來得多來得深。女人有男人的支撐，即足以歡愉人生，所以女性唇的皺摺也相對較少。

只是，這種情勢已漸漸隨著社會變遷而改觀，女性獨立的事實日益茁壯，社會上女實業家、女強人比比皆是，其所承擔的各種壓力，也是有史以來最沉重的一個世代。女性要緊抿雙唇，咬緊牙關的場合太多了，為了一較長短、為了求生存，女性的唇形唇質因為內外在條件的遞變，皺摺已漸明顯，當然也反應出其心思夠細膩、夠敏銳，有立足的能力。

唇與腸胃

上唇反應大腸與排泄，下唇反應胃與消化，上唇皺摺多，排泄問題大，通常連色澤也一併不佳。如果色好而皺摺多，就女性而言，有男子氣概，敢做敢當、敢愛敢恨；外在上是女強人，但內心依舊是小鳥依人，或有強棒的性能力，但所求不多，性慾不高。

如果唇色好，活動力又強，既使有皺摺，但瑕不掩瑜，如《素女經》所言五欲之二「陰欲得之，則鼻口兩張」，上唇容易翻張，有能力翻張的人，性欲較強，較容易有高潮的享受。

下唇皺摺比上唇多的女人，想得多，做得卻不多。胃口不錯，但食量不大；如果色澤好，性慾好但性能力有限，屬於性愛快餐族。男人的話，更是如此！有此唇樣的人，不論性別都要勤加運動，參加社交活動，多安排浪漫聚會，可讓雙唇的皺摺不再增加，且色澤好轉，心思會更細膩，又不至於胡思亂想，鑽牛角尖。

生命的禮讚

嘴唇的皺摺是生命的痕跡，雙唇有皺摺，但排列齊整，且唇色美潤的人，有「言忠信」的特質。嚴以律己，自我要求高，但寬以待人，有信用，走到那兒都吃得開，比較願意敞開心胸。

雙唇皺摺多，但紊亂不齊，且色澤黯濁者，缺乏鬥志，又不善與人交際，常要求別人，但無相對之承諾與誠信，色澤愈糟，紋愈亂的人，愈不認親，甚至連至親都未必親近。如果這樣唇樣的人位居要職，通常不會體恤下屬；即使是大富人家，也為富不仁，遇到這樣的人，建議保持安全距離，除非自己有能耐渡化對方。

觀察自己，如果唇色、唇紋日益走下坡，應多參與公益活動，多施善舉，改變心情。多創造參與社團活動的機會，如公益活動、合唱團、土風舞、宗教團契等，其對身心潛移默化的力量十分鉅大。

唇平無摺，一片鬆垮雜亂

唇平無奇

嘴唇的上皮組織又細又薄且未角質化，其上密布著無數的乳頭，它們是結締組織，有膠原纖維和彈力纖維相互交織著，加上乳頭有無數的微血管穿梭其間，使得嘴唇的黏膜可以飽滿如櫻桃，有變化多端的誘惑力。

因為是柔嫩的組織，正常情況下，雙唇應該羅列著細緻的紋路，如果唇平無摺，以上的組織功能也將是平淡無奇，未發揮應有的生理作用；同樣的，在生活上、工作上，也難免是鬆弛不緊湊、事倍功半。

嘴唇在張闔反覆活動中，都會鑄下皺摺紋路，不像眼尾只要笑眼不要魚尾紋，如果唇平幾乎無紋不豐盈，是其結締組織失去彈性，微血管充血不足，通常出現在食量小、營養不均衡的人身上。

相較於唇飽滿有自然紋痕的人，唇平無紋的人顯得閉塞拘謹，愛在心裡口難開，內心較空泛不踏實，自我保護色彩鮮明，也顯出喜歡計較，不善給予的心態。

上唇平多保守

在生理健康上，上唇反應大腸看排泄，下唇屬胃觀察消化；在另一層面，上下唇則一併反映個人的器度，也反應其肚量（食飲的容納量）。比較雙唇，上唇平下唇皺摺多者，雖愛吃、好吃，但吃不多、食量小，個性多保守小心翼翼，較被動、心眼多，易鑽牛角尖，會因自信不足而多愁善感，擔心個人能力低、魅力差，但又唯恐週遭否定自己，脾氣起伏較大，情緒管理有待加強。這樣的女性有一個共通動作，就是有事沒事會不自覺地自咬下唇，尤其當心裡有事或在沉思的時候，咬唇頻率會更高。如果男人發現你的對象有此動作時，就要多用一點心，多一點關愛，以免積累到臨界點時，情緒會失控。

如果這樣的唇出現在男人身上，則此男人多眼高手低難成大器，卻又經常口若懸河。愛上他就要多包容、多給予，少責難、少嫌棄，同時要擦亮眼睛，不要被其口才給蒙蔽了真相。

下唇豐碩多熱情

上唇皺摺多，下唇雖較平但唇質豐盈，像黑人的唇，無異透露無比的熱情。有此唇的女人，感情豐富，懂得營造情趣氛圍，享受情愛浪漫。

在結構上，下唇飽滿與否與下巴的突出角度及年齡相關。荳蔻年華階段，女孩的雙唇常是垂涎欲滴，綻放著陣陣襲來的誘惑。同時，下唇豐厚，也反應其食慾較好，食量較大，較不挑食；在個性上也較善於交遊，朋友較多，不計較、不比較，必然多助多緣。

改善唇平有方法

年輕族群的雙唇，一般比熟齡年長者來得豐潤有色澤，隨著年齡，肌膚日益老化，雙唇也不例外，唇色會變暗，皺摺會更深刻，但如果乾癟的緊皺在一起，紊亂無序，縱橫交錯，表示其彈力纖維已脆弱鬆動，容易斷裂，導致雙唇縮皺。

如何減緩彈力纖維的流失？首先要從整體體能來強化，透過適度的運動來促進氣血循環，減慢老化速度；其次，配合飲食調節，增加攝取含有膠原蛋白成分的食物，例如：黑木耳、白木耳、珊瑚草、海草類、秋葵、山藥……，都是富含膠質的食物，亦可攝取豬皮、豬腳、蹄筋、海參、魚類、雞腳等動物性食物，但因膽固醇高、體胖的人要控制攝取量。

再者，多食用富含維他命C的蔬果，能促進體內膠原蛋白的合成；以及多補充有抗氧化效果的柑橘類、莓果類、穀糧類、堅果類、綠色蔬菜、黃紅色蔬菜，都能提高皮膚的張力強度，其效果不僅止於豐美雙唇，而是及於全身的肌膚。

運動飲食美化雙唇 建議透過運動和飲食來美化雙唇，雙管齊下，膠原蛋白從食物中即可攝取到，何況人體還有自行合成的能力，無須花大錢購買吃的、喝的或擦的相關產品。

再者，也無須塗抹更厚的唇膏來妝點，在此提醒：口紅是「經皮毒」的主要媒介之一，所謂經皮毒是指化學毒物經過皮膚進入體內，引起細胞病變，嚴重者會導致癌症。因為經皮毒部分積留在皮下組織，其他的會透過皮下組織的血液、淋巴進入人體循環，不像經過口腔進入體內的毒素，大部分可被肝臟分解掉，而經皮毒則是相反，大部分會殘留在體內。所以想要美化雙唇，應以自然的方式塑造自然的美。

唇薄寡情義，腸胃吸收弱

氣血不足唇薄弱

《黃帝內經靈樞．逆順肥瘦篇》提及「皮薄色少，肉廉廉然，薄唇輕言，其血清氣滑，易脫於氣，易損於血。」我們的軀體，因為吸收天地大自然之氣不足，攝取營養不夠或不均勻，以至於造成形體瘦弱，其現象是皮膚單薄、氣色不佳、肌肉瘦弱，唇薄則說話氣力聲輕如蚊，多因腸胃吸收力弱，氣血失調，以至體弱氣不足。

我們常以一個人唇的厚薄來評估其情義之濃寡，一般認為唇薄寡情義，這樣的說法只能說是對了一半，其根結在於唇薄的人，相較於唇厚者，其氣血較不足，然為了生存、為了競爭，其言行舉止較精敏，求好心切，所以予人好勝、好言利益之觀感，更甚者被認為是輕言、寡信、薄情。

唇薄嘴角緊守口風

即使嘴唇較薄弱，但是嘴角上揚有力，又能緊閉的人，口風較緊，也就是顴大肌與提嘴角肌較有動感及力道，上唇方肌相對比較麻木。臉部的穴位與這些肌肉群關聯最緊密的要屬小腸經脈的顴髎穴，與胃經脈的巨髎穴和地倉穴（圖三十三）。地倉猶言大地的穀倉，是掌理胃進食納穀的重要穴道，反應著胃腑及胃經脈的整體運轉功能。

唇薄，但閉著雙唇時，兩邊嘴角都明顯有漏洞，反應腸胃吸收不好，其顴髎與地倉兩穴區一帶的膚質膚色都較不理想，色澤蒼白或黯濁，有較多的細紋，或肉質較鬆弛。如果是男人，自顧都不暇，何有餘力照顧他人？所以給人活在自己的世界，甚至是情薄義寡的印象。在床笫間的表現也是差強人意，前戲調情的功力只在及格邊緣，做愛過程亦不易讓對方滿足慾求，無法掌握對方的感覺與反應。

薄唇嘴角緊的女性，或許近功利、不顧情義，但其顴大肌、提嘴角肌的肌力較強，腰方肌、髂腰肌等腹肌群也相對有力，所以有像水蛇般的小蠻腰，雙方一旦進入狀況，情投意合，即能和鳴共進，享樂無盡。

唇薄反應壓力指數

不論性別，唇薄的人，在其成長過程中，多數容易緊張，紓解壓力的能力較弱，有的常常哭，有的是很少暢笑，成長後要改變心性固然不容易，但還是要強迫自我教育及訓練，學習主動發出關懷週遭人、事、物的信息。多刺激臉部及雙唇的肌肉群，按摩、臉部運動，甚至多笑、多扮鬼臉，都能促使氣血流暢，代謝加速。

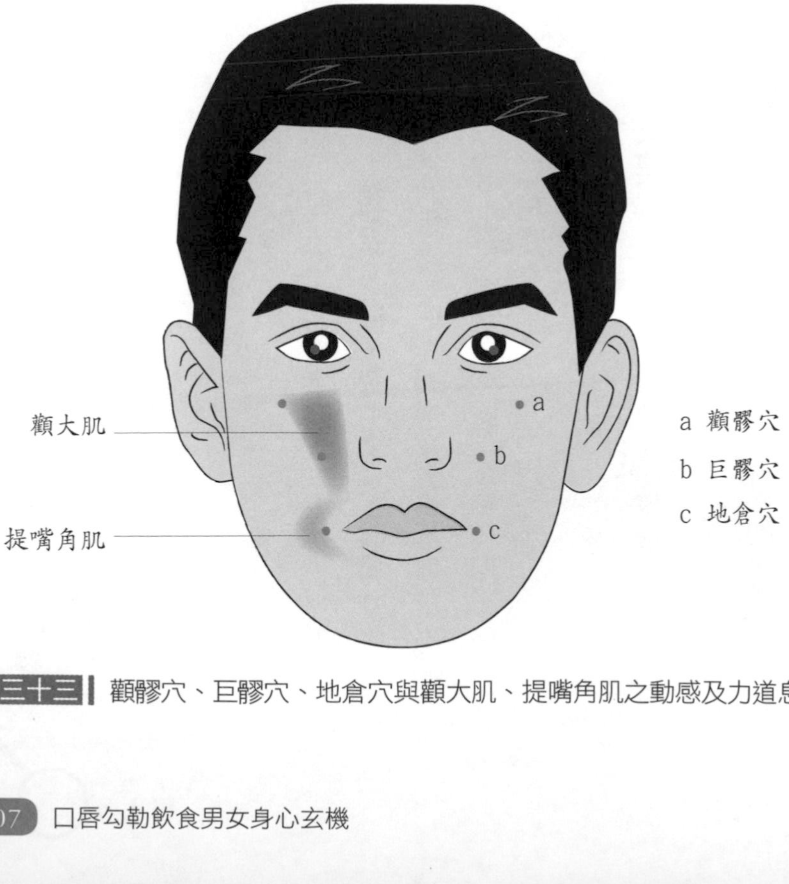

圖三十三 顴髎穴、巨髎穴、地倉穴與顴大肌、提嘴角肌之動感及力道息息相關。

即使唇薄是無以改變的形體，但當色澤變好，氣色變佳，嘴角愈緊密，唇緣愈能明顯浮現，表示心態有在調整，心情漸放鬆，生活會變得更有樂趣，生命色彩漸漸繽紛起來。重點是要自我要求，常要咬緊牙關，無論精神層面或是生理層面都一致，勞筋骨、苦心志，才能脫胎換骨，思考邏輯要調整，避免動輒認為「只要我喜歡……」、「我這個人就是……」、「我高興就好……」，類似的想法和做法，只會讓自己再陷入孤僻、自我，沒有朋友的境地。

美化唇色互補唇薄

唇薄、唇色不理想，嘴角有漏洞，整形醫美或許會被納入優先考慮，但會失去臉形的自然立體美，人工化的表情顯得僵硬不自在。所以，除了要吃得了苦，下得了改變的決心，可以啃啃雞爪、雞翅、鴨翅，多吃帶骨魚或魚頭，或帶軟骨的排骨，一方面補充膠原蛋白質，增強細胞結構及結締組織，改善循環及代謝；另一方面，能增進牙關咬合，調整臉部及嘴周圍肌肉群，以及刺激附近脈管；同時揉按腰背部的腎俞穴、志室穴（圖三十四），效果加倍。

按摩要領：

步驟一：雙手插腰，虎口向下，大拇指置於身前，其他四指在腰後，合攏按住脊椎第二腰椎旁開一・五寸處的腎俞穴區。

步驟二：兩手四指相對齊力抓按或轉圈，轉八次為一節，至少是六至八節，有空即可多按按抓抓。

步驟三：按了腎俞，再往外一・五寸（即脊旁三寸）繼續按志室穴區，一樣八次為一節，每次按六至八節。

效果：

刺激腰方肌及腰大肌，及其附近之脈管，紓解腰部痠疼等不適感，可儲備體力，促進腎臟及腸系循環，同時也帶動下肢循環，改善腸系排泄及吸收作用，令人放鬆進而美化唇色。同時按摩腎俞和志室兩穴區，也可強化性功能，增進幸福指數。

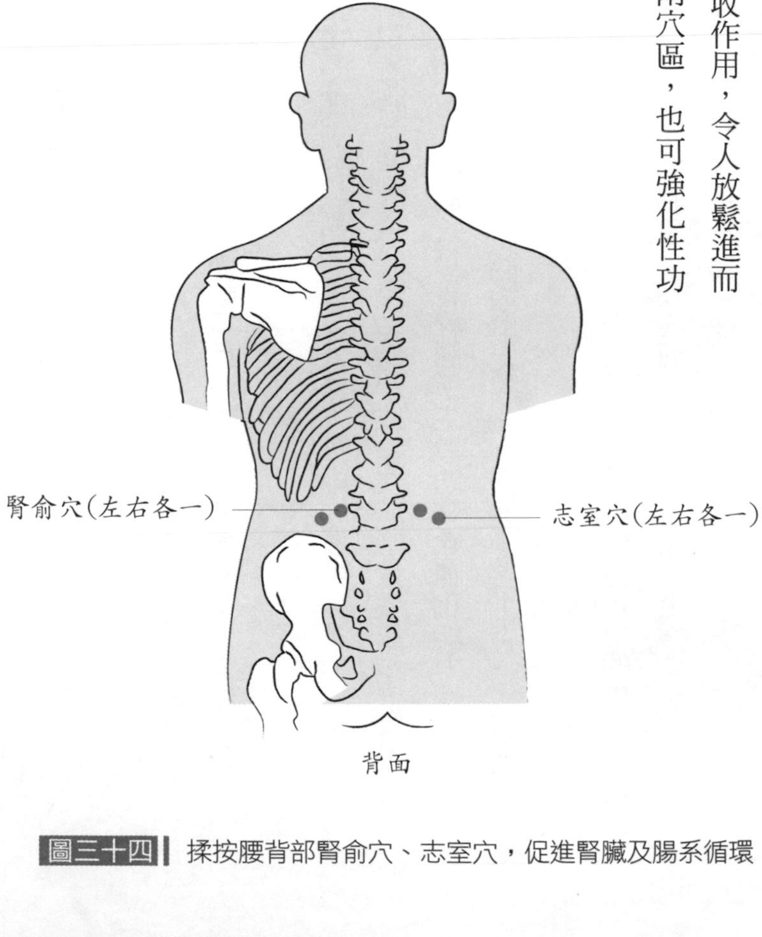

圖三十四 揉按腰背部腎俞穴、志室穴，促進腎臟及腸系循環，紓解腰痠背疼。

唇下大上小，自不量力蛇吞象

下唇大胃容量大

一般情況，個人嘴唇的大小為眼睛的一・五倍到二倍大，或是鼻翼寬度的一倍到二倍之間；東方女性的唇寬平均約六公分，西方的則較寬而薄，黑人就多數又大又厚，種族的差異，需分而論之。

東方女性的上唇，最寬的部位為唇山部，約一到一・二公分，正中的唇尖線長約〇・五到〇・八公分，下唇最寬部幾乎都在中間部位，約一到一・三公分之間，大部分的人是下唇比上唇大些。

如果下唇比上唇大很多，比例不是很勻襯的話，是胃經脈所主導的納食消化能力優過大腸的排泄功能，吃得多卻排得不盡理想，常是吃撐了，胃腹脹悶之際，才後悔吃多了！但舊戲碼不斷重演，老是犯同樣的毛病。

不但飲食上節制力不夠，為人處事方面也常有自不量力的情形，拍胸脯打包票的事常會跳票，因為對自我能力經常衡量失準，能力不足卻又蛇吞象，好誇海口，這種現象，上唇愈小下唇愈大的人，落差愈明顯。

階段性發展

上下唇差異在某些情況下會發展的更明顯。部分人士平日唇下大上小的差異存在，但不甚明顯，一旦壓力大，很忙很累時，狀況會一一出現，首先會從飲食失調開始，不是飢餓過頭，就是暴飲暴食，一方面是忙到做不好時間管理，一方面則是以吃來代償壓力，如此一來唇上小下大的情形更加嚴重，下唇變得腫脹火紅；如果一時無法改善食飲狀況，則容易胃食道胃酸逆流的現象，尤其是有慢性腸胃炎症的人，就更不樂觀了！

下唇腫大，累壞了！

日以繼夜工作的族群，如電子新貴、中小企業經營者，或是足不出戶的宅男宅女族，只見他們紅腫的下唇，原因幾乎是唯一的：「累壞了！」要減少工作量，縮短工時，或是離開電腦，幾乎是不可能的！如要求他們規律運動、安排度假，更不可能！較有效的方法是以「補腦湯」來紓壓及調養。

補腦湯藥苦醒神

可酌服補腦湯來改善腸胃不和，準備天麻、半夏、人參（或黨參）、黃柏、黃連、黃芩、生薑、炙甘草、紅棗各二錢，加一千cc水煮開，轉小火煮至約剩六百cc，當茶酌飲。組成中的三黃——黃柏、黃連、黃芩都屬於苦味藥，但是腦、心愈透支，體力愈疲累的人，這味苦藥喝來卻有回甘的甜味。

反而是「英英美代子」，閒來無事的人，會覺得苦到無以下口。良藥苦口並非絕對定律，只要對症下藥，苦藥也變甘露。

藥效如藥名，補腦湯從疏導腸胃不和著手，改善食穀不消化、排泄不通暢、腹脹腸鳴之現象，進而消弭心下痞滿、胸悶乾嘔，並促使發汗，調節情緒，清醒腦智，紓解心煩氣躁。

女人下唇大而紅潤有性趣

女人的下唇大顯得性感，如果柔潤又有亮澤，是性慾強的表徵，但如上下唇不成比例，上唇太小，則是空有性慾而少有性能力，只是讓男人覺得垂涎欲滴，最壞的情況甚至讓男人有入寶山卻空手而回的缺憾。

雙唇比例正常，酒酣耳熱之際，在朦朧燈光照映下，女人的下唇顯得變厚，變飽滿了，表示酒氣已挑起情慾，其徵兆比男性更坦誠地寫實在臉上；因為在這方面，男性性徵的表達，不似女性複雜多變而明顯，女性再變化多端，口唇的反應是遮掩不了的。

下唇大而色差如何因應

男女上唇小下唇大很多，如果色澤正常，只要多留意飲食管理並無大礙，但色澤不佳的，如是腫脹如火，甚至脫皮屑者，絕大多數不但壓力大還加上飲食失調，一定要讓腦、心、腸、胃有休息的空間，獲得紓解。

如果是腫大卻色黑如墨，要留意是否有慢性腸胃潰瘍，如果連上唇也一併黑黯，可能是長期便秘，應注意排便的狀況。其罹患腸胃病變的機率比一般人高，同時也要留意脾臟的安危。

改善下唇腫大有方法

下唇腫大的人，省思個人的飲食習慣，先改變暴飲暴食或是偏食的習慣，避免放縱自己的口腹之慾，同時多按壓左右手肘彎橫紋深處的曲池穴（圖三十五），此穴屬於大腸經脈，體況在正常情況下，此穴區按了會痠痠麻麻的，如果痠麻度愈強烈，表示大腸經脈氣血循環愈吃力，也反映出大腸排泄不甚理想，當然下唇也會頻有表徵呈現出來。

再者經常拍打小腿脛骨外側，膝蓋下的足三里，及上巨虛、下巨虛三大穴區（分別是膝蓋外側下三寸、六寸、九寸的位置，三寸的衡量法是四根手指頭橫向幅度的長）。此三穴（圖三十六）屬於胃經脈，並牽引及膽經脈，都是影響消化機能的重要穴位，經常敲敲打打，自能改善腸胃功能，也能展現美好唇色。

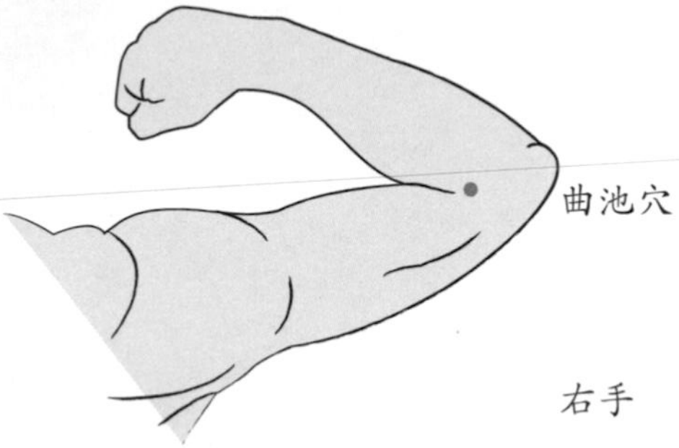

圖三十五 多按壓左右手肘彎橫紋深處的曲池穴，促進大腸經脈氣血循環，改善排泄。

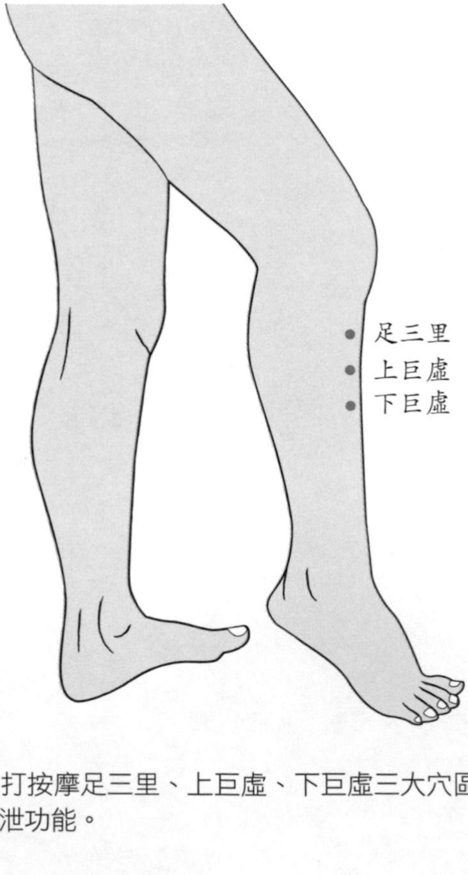

圖三十六 經常敲打按摩足三里、上巨虛、下巨虛三大穴區，改善腸胃消化吸收及排泄功能。

唇上大下小，入不敷出，拙於情緒管理

上唇大入不敷出

唇的比例，一般是上唇稍小於下唇。下唇大小正常，上唇很明顯比下唇來得大，且堅實動感足，顯示其排泄功能好，體內少積宿便，因為無便一身輕，日子過得既輕鬆，罹患腸系病變的機率亦相對減少。

但上唇大過下唇，卻紅腫如香腸，如果是近日才發生的，表示最近的飲食失調，吃了過多油膩酥炸或燒烤食物，造成腸系負擔過重，一時無法正常吸收排泄。

如果上唇紅腫是經常性的，是大腸熱燥、溼氣重，常有上唇向上嘟揭而不自覺的動作，所反應的是腸躁便秘，或是腸濕滑腹瀉，老是有排不乾淨的便意，容易腸氣腹脹、好放屁，屁味臭重。

上唇大注意情緒管理

這是長期暴飲暴食，食不定量，或是偏好燒烤油炸物，或喜歡油膩重口味的結果。其體能會較弱，或耐力不足容易疲累，雖說吃得多，吃得豐富，但能轉化為能量以支應體能的卻有限，反而容易堆積脂肪，造成腸胃污染。

除了體力差體能不足外，無論男女，要注意個人的情趣管理，雖不缺飲食，但體力不逮，即使性趣勃勃，卻也後繼乏力；雖不是經濟上入不敷出，體能上卻困頓不濟。

其個性也較龜毛，不乾不脆，較難溝通，外在上看似熱情豪邁，骨子裡卻躊躇卻步，常自我矛盾，情緒起伏較大，時而躁進焦慮，時而又悶不吭聲，不喜與人交遊，也容易得罪人，情緒管理的

能力有待加強。

上唇大，女人大

上唇大過下唇，但色澤佳，形體順，這樣的女人有其獨到的一面，心思縝密，能幹有實力，絕不是花瓶擺飾。但是性感不敵吹毛求疵，是性趣高挑剔也多，十足自信，但被她看上的男人，當然是有相對的能幹實力。可惜的是，唇上大下小的女人，較容易流於固執己見，執著於自己的判斷，而矇蔽了客觀觀察，是以公主與王子未必都能過得幸福美滿。

大男人，上唇大

換成上唇大的男人，其特質與上唇大的女人有幾分相似。男人唇上大下小，自我要求高，自給的壓力大，但常忘記環顧週遭，忽略了別人的想法及看法，自顧自地衝！衝！衝！結果常是一回頭，周圍都不見一個支持者。

維持上唇大的優勢有方法

嘴唇的靜脈回流到頸部，再回流到心臟，其從頸部回流心臟的動力，主要是來自胸部運動吸氣時的吸力，此吸力的動能主要來源是橫膈膜。

腹式呼吸（即丹田呼吸）最能滿足橫膈膜的基本需求，平常橫膈膜的血流量是四肢關節肌肉的四倍，激烈運動時則可達二十倍以上。是以唇上大下小的男女，都要強迫自己做有氧性運動，且要規律、量要大，效果才能顯現，才能活化全身氣血循環，增加血液中含氧量，維持雙唇正常運作，讓上唇大者所擁有的身心優勢維持一定的水平，不流於唇形紅腫或變得個性不和諧，使雙唇落差不要再持續擴大。

靜坐也是良方 要進一步淨化身心，靜坐也是修練良方。席地而坐或坐在椅子上，視個人所能，腿單盤或雙盤。腰背挺直，端正脊椎，全身放輕鬆，兩眼微閉，不胡思亂想，不天馬行空，保持沉靜，自然勻緩地吸氣吐氣，約坐十分鐘，即可緩緩起身活動。

盤腿動作運動到腹股溝區的肌肉、韌帶及經脈，可改善脾胃消化吸收功能，促進腸系蠕動及排泄，對排泄不暢、腹脹胸悶、腸胃失調，以及脾氣不和之現象皆有所調節。

高抬貴手男女都愉悅 上唇大又紅燥，不但脾氣來得快，心性急，且多挑剔，這無疑都是大腸濕熱或燥的表徵，帶來肩頸緊張、肩背酸痛、頸項顧盼不利，若能多多「高抬貴手」一定能改善：

步驟一：站立或坐穩，雙手抬高，肘臂盡力伸直，有向天無限延伸的感覺。

步驟二：雙手貼近耳朵，十指撐直，雙掌相對，自然呼吸。

步驟三：至少維持姿勢五分鐘，讓上舉的肩臂有痠中帶麻、指端及手掌都有發麻的感覺，再緩緩放下雙手。

步驟四：肩關節向前、向後各轉動數次，讓肩頸恢復正常再活動。

這抬手動作可強化頸部、胸部的肌肉群及神經、脈管，促進氣血流暢及靜脈回流，有效維護唇周圍的能量，活絡氣血，帶動經脈，循經上唇及下唇的大腸經脈及胃經脈亦一併被刺激到，對調節腸胃功能達到一定的效果。

當然也要調節飲食習慣，避免偏食，肉蔬要均衡，並改變口味，少食醃燻燒烤、重味多脂的食物，同時要定食定量、不吃宵夜，讓腸胃適度的休息，上唇紅腫的現象自然會消退，性情也會隨之和順不挑剔。

另外，搭配進食酸辣湯、醋拌青菜、水果醋等，多一些酸味，能中和體內酸鹼值，有助身心愉悅，卸下無形的壓力。

緊抿雙唇，緊張焦慮，壓抑情緒

緊抿雙唇日子難過

經常抿著雙唇的人，其第五對、第七對腦神經（三叉神經及顏面神經）常處於戰備狀態，所以表情不得輕鬆，嚴肅又緊張。甚至連第九、第十及第十二對腦神經（舌咽神經、迷走神經及舌下神經）也加入大會戰，使得咀嚼、吞嚥、言語、發聲都受影響。因為這些神經全來自腦幹，腦幹又控制著人體很多的活動，包括呼吸運動及心臟血管循環都在其管控之中。

雙唇是消化器官的第一道門禁，雙唇抿緊即反應著當下腦神經及其相關器官之運作狀況，不論男女老少，都有緊張、焦慮、躁擾、沉重的反應，顯得手足無措。同時，口腔周圍肌肉群也因此緊繃僵硬，連帶口腔內唾液分泌亦受影響，併見胸悶腹脹、睡不安穩，出現頭暈頭痛、胃痛、胃口差、口乾舌燥等現象。

唇緊閉舌骨肌群功能降低

唇經常緊抿不放鬆，口水分泌減少，同時舌骨肌群功能也大降，無法正常控制吞嚥動作，小則講話不清，唱歌不響，大則吞嚥不順，連喝水都會嗆到，嚴重者則吞口水都會嗆喉。

頰頤溝愈深唇抿得愈緊

頰頤溝是由嘴角向下延伸的紋路，常與鼻翼旁的法令紋（即鼻唇溝）形成兩個八字形上下堆疊。如果說鼻唇溝是生命歷練的軌跡，則頰頤溝就是情緒起落的烙痕。

頰頤溝常出現在喜歡抿嘴的人臉上，因為女人抿嘴機率勝出男性甚多，所以在女人的唇角邊更容易看到此細紋。如果嘴角邊頤唇溝愈深刻愈紛亂者，表示心愈不安、躁擾，還帶一點神經質，疑心病較重，且又相對壓抑，是一種情緒上的自虐行為。

左側頰頤溝明顯者，多數內心掙扎又壓抑；右側的則是生活打拚的烙印。頰頤溝一般較少出現在中年之前，樂觀、歡愉、懂得抒發壓力與情緒的人，臉部包括顳、頰、腮、頤等部位，也都較不容易烙下痕跡。

女人抿嘴生悶氣

女人緊抿雙唇最常見的是生悶氣、心裡不爽又不明講的時候，壓抑憤怒或掩飾情緒，嘴巴不說但表情不會說謊話，雙唇一抿其實已將怒氣寫在其間，只要有讓情緒適度起伏就足矣，千萬不宜動輒抿嘴生悶氣，經常如此真會悶出病來！也會讓表情活像撲克臉，時常拒人於千里之外，日久周圍朋友都會一一散去。

常抿嘴腸胃不輕鬆

男女老少只要有習慣性的抿嘴動作，腸胃都不會輕鬆，腦思也不會清晰，要不就是忙碌不堪，要不就閒得發慌。這種現象的表現很兩極，有的人是因為忙碌不堪，身心壓力沉重有的則是看似閒蕩無所事事，潛意識裡又有反逆之情緒。

因忙碌不堪而抿嘴者，表情嚴肅，常有心胃火旺之現象，適合服飲「消火茶」，取黃連、黃芩、梔子、黃柏、酸棗仁、山茱萸各一錢，加八百cc水煮成約五百cc當茶酌飲，每日喝這樣的量即足夠，約半個月即能感覺到抿嘴機率變少，腸胃運作隨之輕鬆順暢，原有的胸悶、腹脹、睡不好、頭不適等症狀都會逐漸減輕。保養調理二至四週為一療程，如果情況未見改善，停服一週左右，再進行第二次療程，依序來調理，約三個月至半年即有明顯效果，但不宜不間歇地天天服飲，反會造成腸胃負擔。

如果不是忙碌人士但又經常抿嘴，是體弱氣虛、心肺氣流交換不流暢，適合以養氣茶來調理，取黨參、炙黃耆、枸杞、當歸各一錢，加八百cc水煮成五百cc當茶飲，如果自覺嘴愈抿愈緊，或頻率升高，可將炙黃耆加量到二至四錢來強化提氣效果。

自覺到工作熱情愈來愈消減，工作績效愈來愈低落，或是眼看週遭愈看愈不順眼，此情況下喝飲養氣茶，效果甚佳，每天喝一份，能及時有效增加體力，振作精神，改善經常抿嘴之狀況。

如果是從事變化小，又長時間侷限在一定空間的工作，如從事司機工作者，每天帶一壺養氣茶，隨時補充，維持體力，提振精神，調節焦慮的效果明顯。

自我提醒是第一改善方

除了依個人狀況搭配消火茶或養氣茶來調理，此外，不論是累到抿嘴，或是虛到抿嘴，都不要忘記自我提醒，一旦發現自己又抿起嘴了，即刻要放鬆，對著鏡子綻放笑容，並調節成腹式呼吸（即丹田呼吸），讓橫膈膜充分活動，大量吸取氧氣。

或是雙手十指交叉，抬舉到頭頂上，掌心向上，盡力伸直手肘，讓肩膀、手臂及胸腹兩側的肌肉隨之向上拉引，這些動作都能刺激腦神經，達到抒發情緒、消弭緊張的效果，也能降低抿嘴的頻率。

按摩肩膀亦是良法

按摩敲打肩井穴（圖三十七），可以讓肩胛舌骨肌放鬆，進而活絡舌骨肌群，放鬆雙唇，促進唾液分泌。肩井穴位於肩膀的最高處，亦即女性背皮包時皮包帶扣肩的部位，平日看電視或乘坐大眾交通工具之空檔，即可自行抓捏或輕敲，只要常常刺激該穴區，就能改善抿嘴的習慣。

但是避免敲打按抓孕婦的肩井穴，尤其是初孕害喜階段，或是體弱的孕婦，恐因刺激了肩井穴所屬之膽經脈，並牽引其附近的膀胱經脈、小腸經脈等會循環經過腹部之經脈，導致子宮收縮而動胎氣或流產，不可不慎。

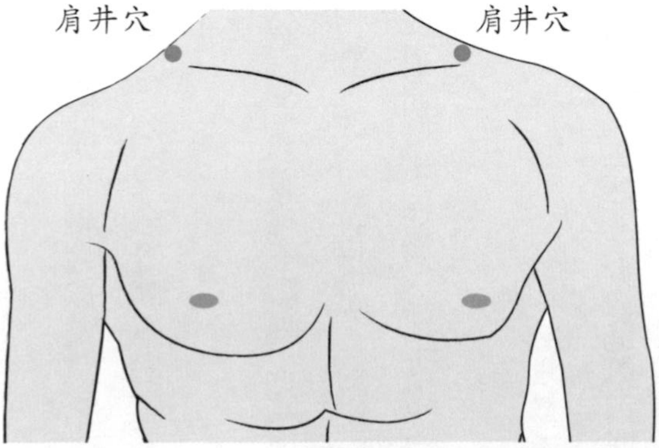

圖三十七 常常刺激肩井穴區，能改善抿嘴習慣，但是孕婦不適宜。

闊嘴吃四方，大而不當淪為大嘴巴

闊嘴吃四方 嘴巴大食量也大，可以大口大口地吃；如加上唇質堅實有彈性，唇色潤澤，不但有口福通吃四海，更能靠言談結交朋友，因為說話算話，敢說敢做，屬於海派性格。

女人如擁有結實的大嘴巴，是男人的後盾，不少成功男人背後的女性推手，不論是媽媽，或是太太，以至於女兒，擁有豐碩大嘴的比例不低，因此能吃苦耐勞，吞忍辛酸，成功造就男人。

但是，並非大嘴巴都是吉人相。

嘴大而不當成大嘴巴 上、下唇分別觀察大腸及胃的健康反應，雙唇則受脾所統管。脾主意志，與人的心理狀態及意識型態相呼應，是觀察及比較意識清晰或渾噩、智慧聰穎或愚魯的重要部位。

嘴大但唇質鬆垮，嘴角也鬆墜不緊密，可就成了「大嘴巴」！好講話，話多，若加上意智不清楚，會變得好論人長短，不論男女，都會是群體中的廣播人。因為這類型的嘴相，其主人多數腦子混沌不清，思考欠周延，又不善察觀顏色，不懂得看場合看對象，說該說的話。難免因話不得體引發爭議或尷尬，被指責為兩光人，情何以堪？其實其言語所招致的責難，應可歸咎於腸胃功能之失調。

嘴角鬆話匣子合不上

嘴角鬆墜者常無法控制自己的話匣子，俗話說：「不講話，沒人當你是啞巴！」但是叫他們三緘其口，是有困難的。嘴角鬆懈，多肇因於飲食習慣不良，特別是偏食者，因腸胃機能失調，提供給腦部的營養不均衡，以致思緒無法集中，思考跳脫常軌，無法自主地控制言語，比起小嘴巴的人而言，可說是口無遮攔。

唇質攸關生命品質

唇的質地與色澤活生生的反映生命現況，為何同是擁有大嘴形，但質地有差異即會引至大相逕庭的表現？關鍵就在於腸胃消化吸收功能是否健全，是否能盡職地提供充裕而均衡的養料給腦部，讓腦子正常運作。因此，在整體循環轉化過程中，有一種物質是不可或缺的關鍵，那就是口水（即唾液）。唾液才是嘴唇如何展現生命品質的媒介軸心。

幼童消化吸收系統還在成長發育過程中，或是人老體衰時，都有流口水的現象；常有的情況是當需要口水來協助咀嚼吞嚥時，分泌不足，睡眠中或平時，卻又滴流不止。

一個人每天約分泌一千五百毫升的唾液，分別來自口腔內不同的腺體，其中最大的主腺體是腮腺，位於耳前和下頷骨左右雙側，通常它們愈發達，分泌的腺體就愈多。唾液含有酵素、礦物質和醣蛋白。可以清潔牙齒，保護口腔內組織，維持黏膜的滋潤度，幫助說話能口齒清晰、發音正常；並且具有緩衝作用，調節口腔內的微生物，含有溶菌　和抗細菌物質，以及其他　類，可充當第一線消毒工作。

所以嘴大但嘴角鬆弛的人，可以透過舌頭口腭部的運動，促進唾液分泌來增進消化，調理改善腸胃功能，當然最重要的是嘴巴的主人要選擇適當均衡的食物，雙管齊下，才能有效改善營養狀態，進而使腦子清醒，有能力自控言語中樞，在適當時機發言，講對的話。

改造嘴角鬆緊度有方法

如前所言，嘴角鬆弛與腸胃機能失調，相關經脈傳導不暢，以及周圍肌群肌力不足有關，這猶如鎖鏈，一環扣一環，某一環節出差錯，都可能導致整體的健康瑕疵，可以從強化口部保健著手。

以「舌尖力頂上腭」（即上牙床背面上方），及「咬緊牙關」，兩個動作來促進口水分泌，晨醒來、三餐後、睡前，每天五次，每個動作各數一百下（約九十秒），頂上顎先或咬緊牙關先，次序上無所謂，以個人感覺順暢為要。

這兩個動作不但能促進唾液分泌，幫助消化，並強化了口腔周圍的咬肌、口輪匝肌、提嘴角肌等肌肉群，不消三個月，即可感受到明顯的效益，攬鏡自照，一定可以發現嘴唇動感增加，嘴角不再鬆垮乏力，同時也能改進腦子的運轉速度，人都會變得機靈起來。

再者，嘴大嘴角墜，唇腫脹、唇色又絳紅的人，可取天花粉、黃連粉各〇・一錢，加二大匙蓮藕粉，以蜂蜜、薑汁調味來充當茶飲，可消散腸胃濕熱，清腸解毒，消除口臭，孩童也可食用，量不要多，但不適合唇色白的人食用。

仰月口VS覆盆口，您快樂嗎？

仰月與覆盆

都不是一日造就而成的，仰月口是指兩個嘴角一致上揚如下弦月，在現代競爭激烈、壓力十足的社會，男性要擁有仰月口（圖三十九），是難上加難。

換成是覆盆口（亦有稱為覆船口），則比比皆是。嘴角上揚，是臉部靜脈回流心臟，及動脈經過頸部上行頭部，雙向都暢行無阻，以致臉部的表情肌、咀嚼肌都輕鬆愉快，再加上個人行事風格屬於樂觀進取，不計較、好給予、能深刻體會施比受更有福的人，才能讓兩個嘴角自然而然，非刻意偽裝的向上揚起，大致上，家境、學養、際遇、情性都一帆風順的人，擁有仰月口的機率較高，而命運多舛、懷才不遇、家庭不和諧的人而言，後者表現出覆盆口的機率則大多了。

覆盆口（圖四十）的男性，通常較勞碌，工作績效也常是事倍功半，較難獲得獨擁的成就；如果加上唇色又黯又濁，更說明其個人不善於經營生活，即使收入豐厚，並不懂得藉以提升生活品質，安排休閒活動，更不善於施捨，可能因不善管理錢財，而入不敷出；也不乏年輕奮鬥，收入頗豐，但不知聚財儲蓄，而晚景堪憂的案例。

覆盆口有生機

男人覆盆口，但唇紅齒列齊整，雖不善表達，不愛交際應酬，但頗懂得調整個人的生活步調，適時適度加注情趣，且有一定的積蓄，與唇黑的覆盆口相比較，更懂得養精蓄銳，以備走更遠的路。關鍵在於勇於打開心門，樂於結善緣，則路會越走越寬，覆盆之嘴角也會漸漸向上揚起。

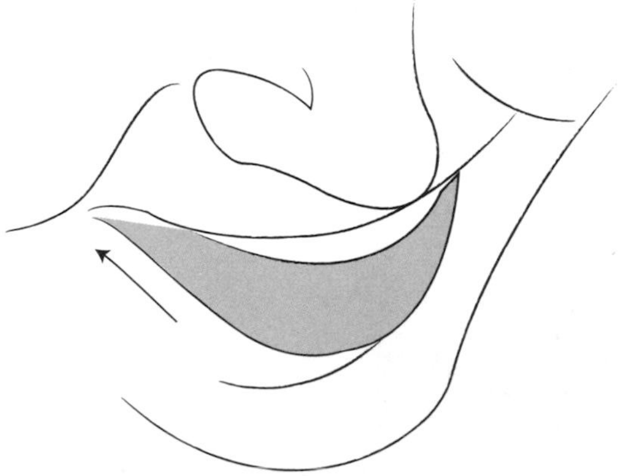

仰月口

圖三十九 仰月口嘴角上揚，臉部靜脈、動脈雙向都暢行，行事風格樂觀進取。

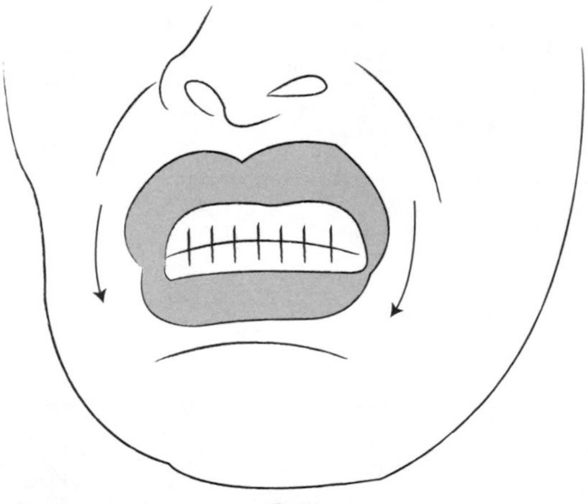

覆盆口

圖四十 覆盆口通常較勞碌，事倍功半，難獲得獨自擁有的成就。

仰月口有危機

男人仰月口多有言語的天賦，善於運用話術，不是名嘴，就是公關人物，多有舌燦蓮花之境地。但仰月口男人切忌說了忘，信口開河，尤其是嘴上揚但唇色不鮮亮之條件下，表示身心已緊繃到臨界點。

尤其又是滿口黃牙，顯示腎氣也在逐漸耗損中；或是唇角邊出現紊亂的細紋，就是所謂的「頰頤溝」不整齊；或是嘴角出現了漏洞合不緊，是心力交瘁、腸胃疲弱之反應，適合休息、沉澱片刻再出發，若是硬撐下去，恐將適得其反。

仰月口的男性，主、客觀條件都優於一般人，再加上明眸皓齒者，只要慎選朋友，心存善念，娶賢慧妻，更能平步青雲，登人生高峰。

吹火口不同於仰月口

嘴像是要吹柴火的模樣，雖也是唇上揚，但更是揭唇，因為吹氣時揚揭的主要是唇體，不全是嘴角。古言：「口如吹火，到老獨坐」，吹火之口，其人心多有不滿足，好爭長短，根結是心思糾結不開，放不下又想不開，不易結交知心友，又吝於釋放善意，予人好計較又吝嗇之觀感，是以孤寒到老，吹火口的境遇大不同於仰月口。

吹火嘴的男人，如果連五官都皺縮在一起，顯得緊張焦急，絲毫不開朗，加上頰肌、口輪匝肌同時受顏面神經控制，一緊張或一生氣，或心事上來，很容易因顏面神經的反射，使口輪匝肌強烈地收縮，形成「氣呼呼」、「噘嘴」、「嘟嘴」的臭臉相，或不屑相，時間一久，更難與人和樂以共，顯得自私不合群，如此何來快樂之有？

女人嘟嘴積屎樣

相較於男人仰月口或覆盆口，在舊世代女性不拋頭露臉，不走入公眾，當時男人選女人，外貌考量勝出一切，所以櫻桃小嘴是古代美女的表徵，即是天生嘴大的女性，也會用化妝，將口紅塗在唇緣內，顯得唇形較收緊，反射出父系社會希望女性保守、柔順、內向、不張揚的期許及約束。

其實與男性相同，女人也有仰月口、覆盆口，在心性與健康面的表現也是大同小異。如今社會風氣開放，已不興盛櫻桃小嘴，君不聞「闊嘴吃四方」，嘴大既有吃的福分，更含隱有雅量的譬喻；加上性別平權的發揚，展現紅唇，散發熱情，顯露女性性感，才是真實的表現。

倒是經常嘟起嘴的女人，顯得不友善，拒人於千里之外，其實她的腸胃是不健康的，才會顯出「積屎嘴」。積屎，一語雙關，既是腸中留有宿便，排泄不淨，另則形容其自抬氣勢，自以為高人一等。通常是腦心不協調，腸胃功能不順暢，或是生活本質有障礙或自相矛盾，造成臉頰肌肉僵硬，雙唇周圍肌群隨之緊張，而嘟成小嘴，乍看是楚楚動人，深入看其實是消化排泄不良，神志緊張兮兮，缺乏安全感，身心不自主地處於備戰狀態。

不論是仰月口、覆盆口或是積屎口，都建議多多參與社團活動，走入群眾，多聽聽真實的聲音，才能隨和而不隨便，輕鬆而不鬆懈，當你放心接受群眾，口唇表徵也會愈趨自然真實。

嘴角對口角，揚墜看心性

唇生不正言詞難信

無論男女，從嘴角可以觀察其情義濃淡，也可知其性情。人的大腦左右二分，各司思考與行動，當左右腦協調度不一致時，會使雙唇不齊整，形成歪嘴，左右嘴角也隨之高低不平衡（圖四十一）。

解剖學上，上下唇之間的空間稱之為口裂，也就是我們飲食、發聲的出入口。口裂的兩端為「嘴角」，日本人稱之為「口角」，口角在中國人的辭意上有鬥嘴爭吵的含意，呼應在左右嘴角不齊者的身上，還真是貼切！

嘴角不齊易生口角

男人右嘴角下墜，內心多不平衡，行為舉止多壓抑，不善於表達，與人溝通時有障礙，很容易爭得面紅耳赤，但也未必會不歡而散或起而動武，尤其是左嘴角比右嘴角上揚幅度大的男人，在個性上還不至於蠻幹到底，因為較令他難堪的是怨自己辭不達意，無法充分自我表達，並非好鬥善辯。

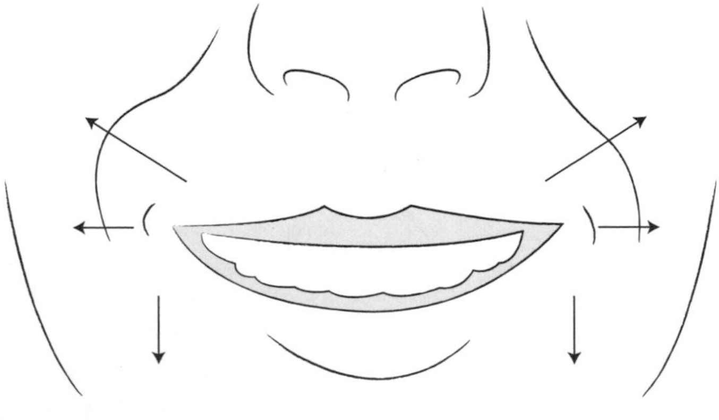

圖四十一｜觀察嘴角的上下、齊一、歪斜，人的心性無可逃遁。

左嘴角下墜，右嘴角持平的男人，多因逞一時之快而與人爭論，但為何而爭？也不知所云！常是沒什麼主見又無定論，吵吵鬧鬧，悻悻然而已。

至於左墜右揚的男人，多是能言善道，較具城府，多口蜜腹劍，不是語不驚人誓不休，就是得理不饒人，非爭出高低不罷口。這樣的男人常是群體中的起鬨帶頭人，但也是腳底抹最多油，遇事溜得最迅速的人，與之結交，泛泛則已，不宜掏心掏肺。

換句話說，嘴的兩唇峰與下唇正中線，會呈現一Y字形，端正的嘴，Y字端正；否則，上唇歪則「V」形不正，下唇歪則「|」線不直（圖四十二）。

嘴角發達語快反應快

女人嘴角的揚墜，大體上的個性反應，類似於男人，只是在父系社會中，女人好鬥嘴，好生口角的格局，多限於在小群體範圍。但在女性意識抬頭的世代，有愈來愈多的婦女朋友已是民眾的代議士，端詳其嘴角，幾乎都有一共通點，其嘴角左右都是上揚的，而

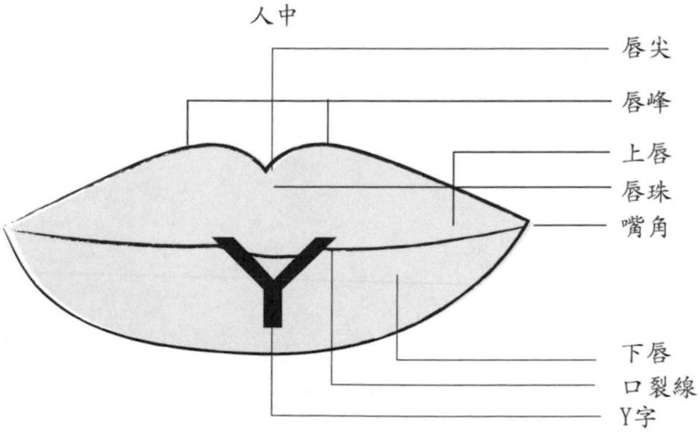

圖四十二 兩唇峰與下唇正中線，會呈現一Y字形，端正的嘴，Y字也端正。

且動感十足，帶動著雙唇，顯示出其嘴巴靈活有勁，也反應出其腦筋動得很快，思緒敏銳，反應快捷。

如果只是右側上揚，愈揚愈愛鬥嘴，也容易與人口角生衝突，但也不至於過火收拾不了殘局，畢竟還多是啟牙鬥鬥而已；但左側上揚，則是伶牙俐嘴，常語驚四座，又好挑撥，屬於廣播電台型的，少與之言人長短，以免生口舌是非。

嘴角緊密口風緊

男男女女，若有心事想傾吐，又不欲公告周知，想選擇交心又口風緊的對象，首先看看其嘴角是否有漏洞。嘴角緊閉無縫的人，心事不外露，亦能守密不道人長短，不聊人八卦，言談語論多守分際，該說不該說，分寸拿捏得宜。

相對的，閉起嘴來嘴角有漏洞的人，容易洩口風，常因想說話、喜歡說話，而找一堆話題來說，說多了，東家長西家短，聊是非說八卦，難免會遭受「禍從口出」之苦。

口風不緊注意腸胃循環

嘴角無法緊密，最主要的原因不外是生理面或心理面因素，有人是因無法吃苦耐勞，咬緊牙關，或是懶於勞動筋骨，以致於嘴唇四周的口輪匝肌也隨著肢體臟腑的懶散而鬆墜乏力，使嘴巴像是密封圈已老化無彈性的密封罐，嘴角無力閉緊。

再者，嘴角鬆弛無力，甚至常糜爛發炎，必然腸胃消化排泄不良，又飲食失調，缺乏維他命B群之攝取，時覺脹氣，常放屁，又胸悶胃堵，吃飽或餓時都無法舒暢，連帶地也造成心神不集中，情緒穩定度不足，言語少經思索，話匣一開才驚覺常講錯話，說些不該說的，給人口風不緊，好傳話的觀感，其實根結是腦、心、腸之間傳導失調，上自講話不經大腦，下至容易便秘或腹瀉，都是上下一併的症狀反應。

飲食運動改變嘴角緊密度

操作「易筋經──韋陀獻杵第二式」（圖四十三）是訓練口輪匝肌最好的方法，既直接運動增強其肌力，使肌群變得有彈力，同時促進腸胃循環代謝。

韋陀獻杵第二式口訣：

足趾抓地，兩手平開；心平氣靜，目瞪口呆。

動作要領：

步驟一：兩腳站穩與肩同寬，呈內八字

圖四十三 韋陀獻杵第二式

或平行，十趾尖平均用力抓緊地面。

步驟二：兩手向身體兩旁平直伸展，五指張開，手腕翹起，掌心向外，雙肘伸直到極限。

步驟三：保持平靜，呼吸自然和順，不胡思亂想。

步驟四：雙眼睜瞪，縮下巴，嘴巴張大到極限，以鼻吸氣、口吐氣。

以上動作持續二分鐘以上，操作時間可以日益延長，一次動作至少能維持五分鐘，效果更彰顯，操作結束時，緩緩放下雙手，同時閉口，吞吞口水，讓關節恢復靈活再活動。

效果：

強化消化器官，靈活口輪匝肌、眼輪匝肌及眼、唇周圍肌肉群，使眼神清亮，口唇密合，並促進排泄、改善脹氣、消除口臭，同時安定精神，舒緩肩頸痠痛，並調節內分泌，維護心血管健康。

嘴角常破，內外交相戰

口角炎常因營養失衡　嘴唇的皮表結構很薄，是人體水分蒸發最迅速的部位；嘴角又是嘴巴頻繁張合運動的鄰接點，更容易乾裂發炎。探究口角炎的原因，主要有因季節性、缺乏維他命B群、黴菌感染、牙齒咬合不佳……，都可能是口角炎的誘因，而其根結不外乎是個人飲食習慣有問題，造成營養失衡、抵抗力低落，只要疲累、睡眠不足、熬夜、菸酒過量，即可能引起嘴破，如果破口在嘴角，就是口角炎。

嘴角常破身心俱疲　嘴角常破的人，多數是身心俱疲，內外交相加。臨床上，口腔疾病常與舌頭病變一併發生，如惡性貧血患者舌頭呈牛肉色紅，舌乳頭萎縮；缺乏維他命的人，舌頭也會萎縮變平，如缺乏核黃素（維他命B2），則雙唇與嘴角都會出現裂口。

又如白血病的症狀之一，即是牙齦出血及口腔潰瘍，現今也有越來越多病例顯示，口腔和舌頭的疼痛、潰瘍是服用抗生素及抗癌藥物的副作用。

常舔唇心火大　因為嘴唇水分蒸發快速，我們會以舌舔唇想增加唇的水分，然而適得其反，越舔反而使唇上的角質層和油脂更容易消失，致使唇質更乾，更容易龜裂破皮，習慣性高頻率以舌舔唇的人，心火旺盛，壓力大、情緒起伏、睡眠不好、心神不寧、食慾不佳，導致抵抗力降低，嘴角發炎之機率就愈高，發炎時間就愈拖愈長。

嗜食油炸麻辣胃火大

有人嗜好高刺激性的食物，如麻辣火鍋，或是高熱量如燒烤及油炸物，或是熱性補品如羊肉爐等，這都會造成腸胃負擔，致使胃火升旺，胃氣不足，引起口臭、嘴破、嘴角發炎。或是飲食不潔傷到腸胃，也會有同樣的發炎症狀，總之，放縱飲食，逞口腹之慾是要付出健康的代價。

缺乏維他命B2也是誘因

缺乏維他命B群，尤其是B2核黃素，也是致使嘴角發炎的原因，外食族群普遍多食肉少蔬果，容易導致維他命B群缺乏性的口角炎，平時即應適量均衡的攝取富含維生素B群，特別是含B2的食物，例如：胚芽米、糙米、五穀雜糧、全麥、牛奶、瘦肉、起司，以及菠菜、芥藍等綠色蔬菜和新鮮水果。

清潔口腔口唇防預口角炎

飲食不潔，或未保持口唇的清潔衛生，也會誘發口腔破、嘴角發炎。尤其是進食後，要注意潔淨口唇，避免殘留油脂、食物屑或水果甜汁於唇上及口角邊，很容易孳生細菌，引起感染。如果是牙齒咬合問題或其他缺失，造成口破、嘴角裂，及時找專業牙醫修復或矯正，就能改善症狀。

除心胃火癒口角炎

酸、苦、甘、辛、鹹五味分屬肝、心、脾、肺、腎五臟，看看嗜好什麼口味就可以了解自己臟腑的偏好。如心火大，心神不寧的人，吃苦瓜會覺得回甘無窮。肝魂不守的人，醋類菜肴能令他肝鬱消除。肺、肝（魂魄）俱疲者，酸辣湯是其最愛的湯品。腎志挫折者，吃吃鹹鴨蛋會倍覺輕鬆。脾意智透支，用腦過度的人，甜食能令他鎮靜、醒腦有精神。

所以，瞭解到引發嘴破的主因是飲食失衡、營養失調，以及身心俱疲，是以日常即要重視營養均衡，飲食求清淡，多攝取富含B群食物及新鮮蔬果。同時為了提升免疫力，要培養運動習慣，鍛鍊身體，增強體能，並及時排解壓力、保持心情愉悅，這是遠離嘴破嘴角炎的治本之道。

地倉穴的警訊

嘴角兩側有一地倉穴，屬於胃經脈，如果嘴角常破，地倉穴區色澤異於周圍皮膚，或有明顯脫屑或浮腫現象者，胃經脈循環必定不順暢，若是併見手足冰冷者，是胃中寒氣重，適合以「養胃茶」來調理胃氣，取陳皮、半夏、黨參、白朮、茯苓、炙甘草、生薑、紅棗、砂仁各〇・五錢，加八百cc水煮成四百cc，當茶酌飲，如果胸悶胃脹時多喝一點，平日則於三餐飯後酌飲五十～一百cc，其餘則分次服用，可促進消化，祛胃中寒氣。或是熱敷肚臍上四寸（手五指橫向幅度的寬度）的中脘穴，與膝蓋下三寸的足三里穴區，都可祛寒暖身，保健地倉穴區，防護嘴角及口腔健康（圖四十四）。同時，避免食用冰冷寒涼的食物或飲品。

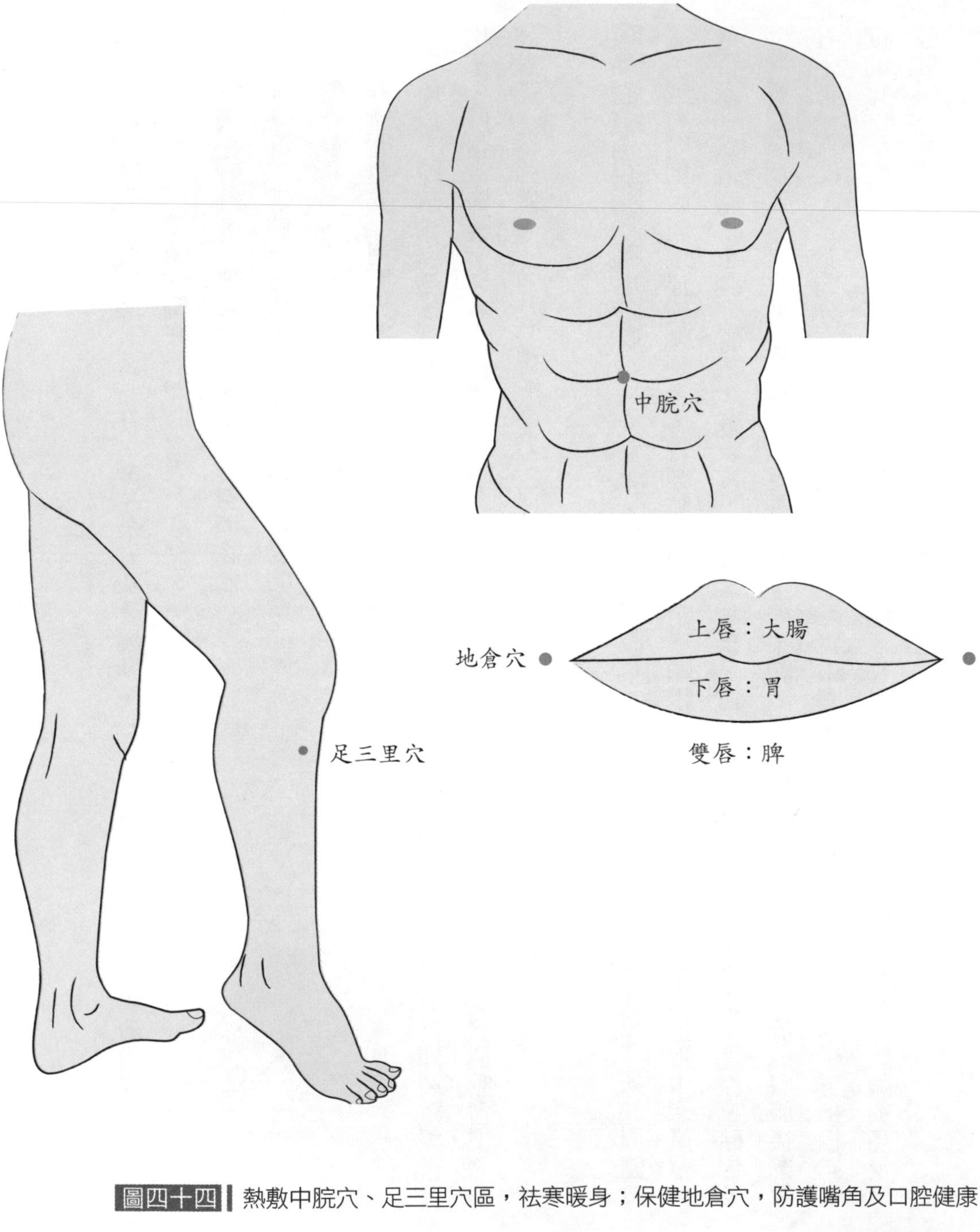

圖四十四｜熱敷中脘穴、足三里穴區，祛寒暖身；保健地倉穴，防護嘴角及口腔健康。

如果是心火旺、胃氣盛的人，手腳的掌心時有燥熱感，會口臭、口乾舌燥，酌飲清胃茶，取黃連、黃芩、半夏、黨參、梔子、黃柏、生薑、紅棗、炙甘草、茯苓各〇・五錢，加八百cc水煮成四百cc，三餐後酌飲五十～一百cc，其餘亦是分次服用，能清瀉心胃之火，除口臭，滋潤口舌，並通暢排泄，改善便秘，防治口瘡嘴角炎。同樣要避免食用冰冷寒涼的食物或飲品，否則令虛火更上旺。

長期不癒合迅速就醫

如果經過飲食調整，身心調適，口破、嘴角炎之情形仍經常發生，且一旦發炎，療程拖很長仍遲遲不復元，應迅速就醫，診斷是否黴菌感染，或是更嚴重的癌變徵兆，即早就醫對症治療，以免失去治病先機。

維他命B2，又稱核黃素，被比喻為是皮膚的維他命。是水溶性維生素，容易被消化吸收，不會積蓄在體內，所以時常要以食物來補充。一旦缺乏會引起口腔、唇、皮膚、生殖器的炎症和機能障礙。建議不吃瘦肉及乳製品的人要多攝取，容易精神緊張者也要增加攝取量。

效用：幫助消除口腔內、嘴唇、舌頭發炎；促使皮膚、毛髮、指甲健康的成長；維護視力，舒緩眼睛疲勞，預防及輔助治療白內障；促進成長、促進細胞再生。

富含維他命B2的食物如牛奶、乳酪、肝臟、魚類、蛋類及綠葉蔬菜等。

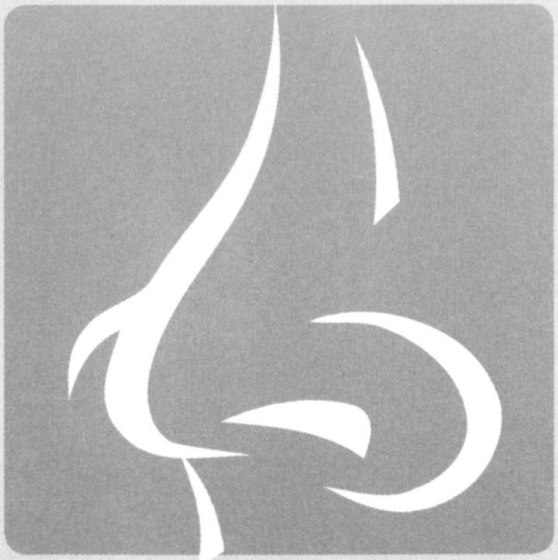

CHAPTER 3

鼻子釋放性訊息

天生我鼻自成形，高低寬窄各有志

鼻大富貴大

鼻骨的高低及鼻幅的寬窄，塑成了鼻形的粗胚，再加上個人的經營與雕琢，幾乎決定了個性上的優柔剛烈，以及事業上、學業上的優勝劣敗。

我們常說男人鼻高猶似金字塔，是高貴的象徵；鼻形美如希臘雕像，是俊男美女一族；鼻子豐隆大如獅子鼻，財豐物裕，這都是好鼻相。但也有鼻形如鷹勾，陰鷙猛狠；鼻塌扁如平台，不走運少風光，形容負面的鼻樣，真是如此嗎？現實社會中，有太多的可能，但也有更多的不可思議，天生鼻形固然已成型在先，但後天的努力，造就好鼻色、好鼻肌，才能持續擁有財富與健康。

一般而言，鼻子大概定型於四十歲之後，所以也說四十歲之後的面相是要自行負責的，「面由心生」，經歷青少年、壯年時期之努力打拚，步入中年，事業、家庭都已具一定的成熟與穩定，此而後，鼻形的變化已少，會改變的是鼻子肌肉的肉質和色澤。

鼻骨高低呼應氣勢高低

《黃帝內經靈樞・五色篇》言及：「五色獨決於明堂，……明堂者鼻也，闕者眉間也，庭者顏也，蕃者頰側也，蔽者耳門也，其間欲方大，去之十步，皆見於外，如是者壽必中百歲。」又言及：「明堂骨高以起，平以直，五臟次於中央，六腑挾其兩側，首面上於闕庭，王宮在於下極，五臟安於胸中，真色以致，病色不見，明堂潤澤以清，五官惡得無辨乎。」

依此，鼻子從兩眉之間起到鼻頭，到鼻棘，從上而下，依次反映著肺、心、肝、脾、腎五臟之安危，所以明堂骨（鼻骨）筆直高挺，直達天庭（額頭中央部位）者，為人直爽豪邁，樂於施予，有膽識、魂守舍、魄力足，且臟腑安定，身心健康，是富貴雙全之人。

鼻形分類反應個性

除了前述最優質的鼻形外，常見的鼻形大致可歸納為下五大類：（圖四十五）

(一)細窄鼻：又有人稱之柳月鼻，鼻形較細小，多屬女性鼻，所呼應之肺魄、心智、肝魂、脾意智、腎志是相對細緻，有藝術、文學天賦，小心奕奕，但也浪漫無邊；如果男性擁有細窄鼻，反而顯得小家子氣，信心不足，魄力不夠，且有一絲孤僻氣質。

(二)寬平鼻：相對於細窄鼻的寬平鼻，鼻骨長得較低，顯得識能、魄力較一般，可為人屬，不宜獨當一面或為人之首，如果色澤不夠清淨明亮，更顯得魯鈍，徒有發達的四肢，卻懶得動腦，少有創意。如果色澤好，肉質堅實，是屬於埋頭苦幹型，即使事倍功半，還是落實務實，守本分者。

(三)圓形鼻：圓形鼻包括蒜頭鼻、獅子鼻、員外鼻，特色是其鼻端圓滿，鼻孔鼻翼肉厚實，鼻孔不朝天不外露；其人格特質是意志清晰明瞭，堅定不移，且聰慧、圓融知變通，如果加上光滑明亮的外表，是豐衣足食，財運亨通，也有很大比例是刻苦耐勞，白手起家，一生勤儉忠直，護守家業。

(四)鷹勾鼻：不論是上勾還是下勾，如果是鼻根處（兩眼之間）即有明顯稜角，其個性也是有稜有角，相處不易，心思細但常想得多做得少，自我意識較高張，是自我感覺良好型。如果勾處起於鼻

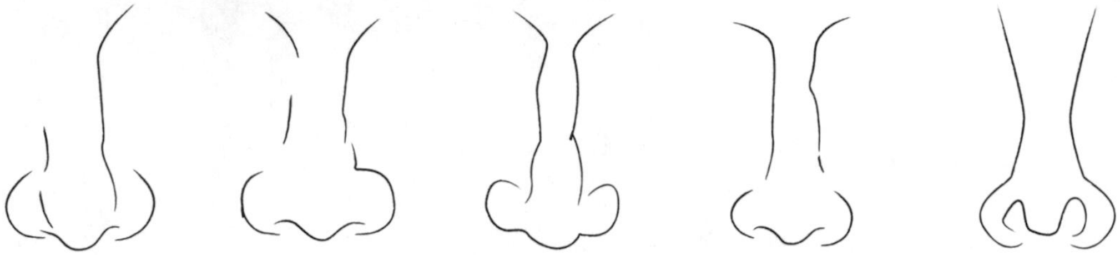

正面鼻圖

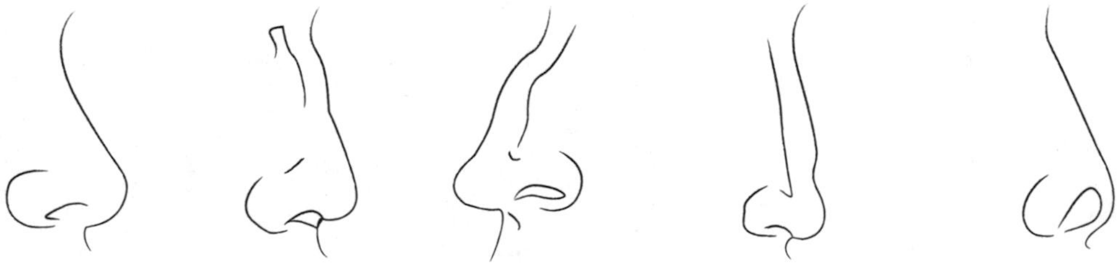

圓形鼻　寬平鼻　鷹勾鼻　細窄鼻　朝天鼻

側面鼻圖

圖四十五　常見的鼻形大致可歸為五大類，各有其質性特色。

樑中段，到鼻頭即內屈而下，情義較淡薄，重利輕義，陰鷙有心機，很有謀略，但缺乏分享之心。

(五)朝天鼻：鼻孔大而朝天，鼻孔肉薄，守不住錢財，容易漏財；膀胱乏力，易尿道感染，有頻尿、泄漏之症；性急、躁擾，但較豪爽，不拘小節，容易相處，也不記仇。

鼻形天生鼻色在我

鼻子的外形如果從命理學角度看來，類型頗為複雜，但客觀上，還是以肉質及色澤來評估其身心健康指數，比起單以形狀來評斷會更貼近事實。鼻色從鼻根起到鼻頭、鼻棘，依次反應五臟，某一段的色澤反應，如鼻根處反應肺，出現紅色為肺熱，青白色為肺寒，呼吸系統不良者從此部分即能觀察望診其病狀，肺熱者常是感冒到末期，痰濃氣濁；肺寒者常氣虛易受風寒。

依此推衍，可自診五臟之安危，色澤偏青白多屬虛、寒，偏紅者多為熱，虛寒時適合休息，補給營養，並忌食寒涼性食物；熱燥時，不宜火上加油，少吃會令身體更加燥熱的食物，並適度的排汗，調節熱燥，多喝水，但不宜以冰寒食飲來解熱，冷熱極端衝突，反更讓腸胃不適。

隆鼻改變不了事實

追求時尚美，採侵入性的途徑改造五官，一旦有了開始，終其一生或許都必須與人工美為伍，不但違反自然，亦有漸進式傷害健康之虞。隆鼻或許美化了外觀，但改變得了命運嗎？命運是操之在己，自我要求高，刻苦耐勞夠，運動量足，生活步調落實，才是改造命運的上上策略，因為這些方法的總合會徹底改善您的健康，改造您的命運，更會改變您的想法與做法。鼻相是先天的，占您生命總能量的百分之一，鼻肉質色澤的好壞，才是最終決定您健康與否及生命品質優劣的百分之九十九。

鼻翼質地顏色差，無法歡愉運也差

鼻翼周圍深淺肌群互動

鼻子與顴頰在結構上是分開的，但從臉看男人女人，一定要把兩部分湊在一起，才能見表裡真章。光鮮的鼻表和面表下，其裡層是否也健康無恙呢？

鼻子與顴頰之間，提上唇鼻翼肌有如楚漢兩國的分界線，將鼻子與顴頰明顯分開，再加上其外側的顴小肌、顴大肌，是屬於顴頰部的淺層肌群，三者協同表現「表面化」的情事。表層肌肉發達，臉部表情，尤其鼻、嘴動作多，但其深層肌群是否一樣理想，就有待進一步剖析。

鼻與顴頰之間，「裏子」良窳的反應，就靠深層的提上唇肌、提嘴角肌、頰肌與咬肌等肌肉組織。它們深淺互有交集重疊，層層包裹，相互牽絆，也從其肌肉動能反射出人的內心戲。

當人得意或失志，會從深層肌群穿越過淺層肌群表現出來，這是一般正常情況下的表現；但有的人深藏不露，有的人無動於衷，一方面是個性使然，一方面則是其深淺層肌群協調度不佳，以及深層肌群乏力可彈，所以身心兩方面都可能抑制了肌肉原來該有的活力（圖四十六）。

靜態時，表層肌與深層肌是表裡相合，不會分別行動，也不會自求表現。當淺淺微笑，或即將動怒開始準備變臉，或是剛啟口，開始咀嚼時，是由表層肌帶動裏層肌在運動，也就是說，這些動作都是比較淺面，還不夠深入的。當開懷大笑、破口大罵、高談闊論、嚎啕大哭，或是大快朵頤反覆咬食之際，就要看深層肌肉的表現了！

關係鼻唇表情的肌肉圖

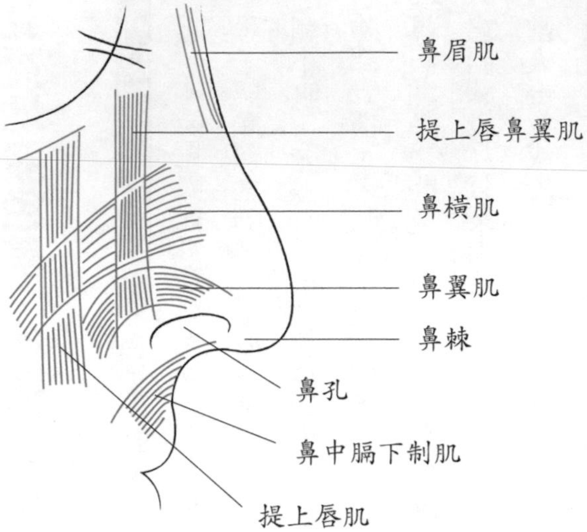

臉部深層肌肉圖

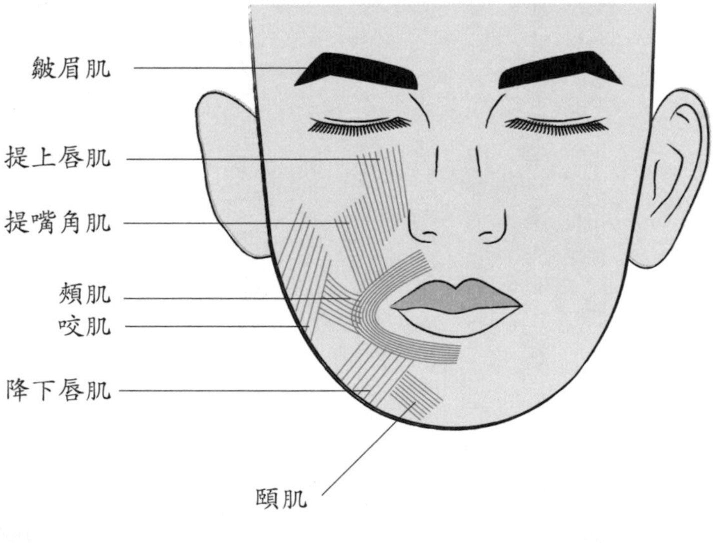

圖四十六 提上唇鼻翼肌是鼻子顴頰的分界線；鼻顴之間的淺層和深層肌肉群通力合作，才能充分表達內心。

肌群怠工，提早老化

有人說話聲如蚊，開不了口；也無法暢懷開口大笑，甚至連生氣發怒都只能壓抑在心裡，無法恣意地反射喜怒哀樂情緒的外在動作及表情，表示其相關的顴頰深層肌群已動力不足。固然有人修養好，情緒管理得當；也有人是不動聲色，深不可測，也有人是不動情感，無動於衷；但其終結都會影響及該當肌群原有的肌力表現。

所以，私底下還是要動於較大幅度的張口、動鼻及張縮鼻孔的動作，否則久不動的肌群會逐漸僵化，提早老化，失去彈性與動力。

或許暫時被封為冰山美人，或是酷帥哥，但日久都連帶影響及面部神經傳導、氣血循環及血液循行與回流，使得氣色變差，輸送到腦部的血氧及養分不足，腦子變笨，變得遲鈍，這些負面的因素將會階段式一連串地影響下去。

鼻翼記錄飲食習慣

由於提上唇鼻翼肌分布在鼻子兩側，並經過鼻翼終止於唇上，鼻子兩側同時正是胃經脈的起始段；大腸經脈在人中區交錯後，也上行到鼻翼旁終止於迎香穴（圖四十七），所以鼻翼附近正是腸、胃經脈的交織區，反應吸收、消化、排泄問題，記錄著個人的飲食歷史。

鼻翼周圍的皮表潔淨，消化排泄狀況正常；反之，泛油脂、長粉刺、發痘疹，或布滿紅紅紫紫的細血絲，皮表毛孔粗大、脫皮屑，都是胃腸吸收代謝失調的反應。有常腹脹、腸氣、便溏排不淨或便秘，便味臭、口腔味道如腐味，情緒起伏也較明顯，這常是起因於飲食管理不當，如食物種類複雜、質量失調、食不定時等不良的飲食習慣。

鼻翼潔淨的人，多數吃得清淡少油膩重味，而且定食定量。或者是有良好的運動習慣，新陳代謝好，排汗多、排泄正常者，鼻翼也會比一般人乾淨。或有人說，吃素的人也未必鼻翼都乾淨！細看其素食的內容，是否沒能控制油脂及鹹淡度？多油重口味的素食一樣會令鼻翼泛油布滿血絲。

至於嗜食油炸、燒烤、高度加工、速食，或多肉厚脂少纖維的攝食習慣，再加上菸酒的催化，日積月累，如果又疏於運動，又從事靜態性質工作者，多數腸胃蠕動減慢，代謝效率降低，其鼻翼少有潔淨的！

除了內在消化排泄不佳是禍首，外在的空氣汙染、化妝品汙染，也都會侵蝕鼻翼的皮表及更深入的皮膚組織，機車族、彩妝族，臉部清潔工作減省不得。

鼻翼色差運也差

鼻翼的顏色亦能評估其身心狀況，鼻翼一帶明顯黯濁，如蒙一層灰的人，如果連鼻尖(鼻頭)都一併色差，其身心都處於低潮期，諸事不順。鼻頭是為

大腸經脈上行到鼻翼旁終止於迎香穴

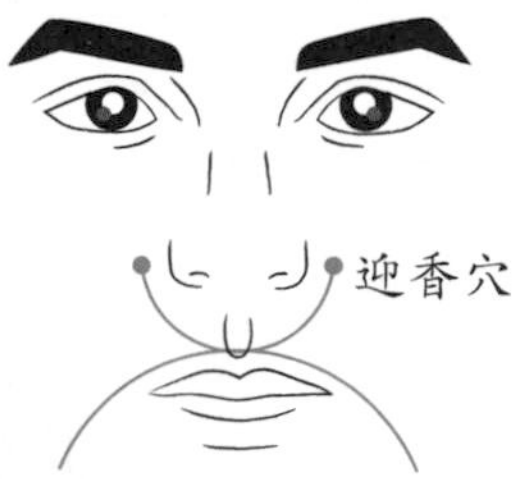

鼻子兩側是胃經脈的起始段

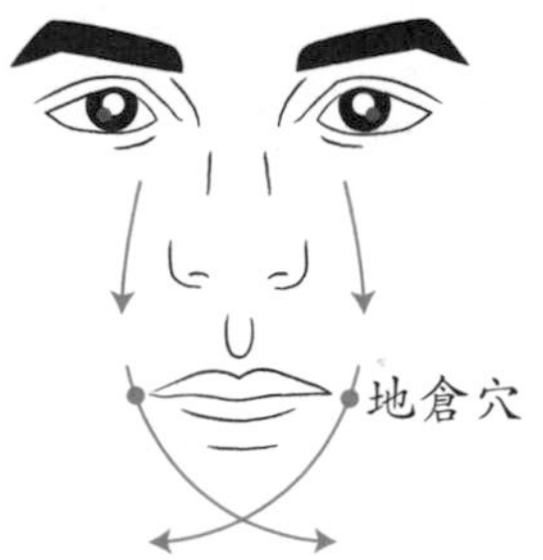

圖四十七 迎香穴附近正是大腸經脈、胃經脈交織區，反應吸收消化排泄問題，記錄個人的飲食歷史。

「面王」，是整張臉氣色的統帥，鼻翼猶如其左右護法。面王意象著意識與智慧，鼻頭色差表示意識不清、意志不堅，所以做錯決定、說錯話、交錯友之機率就多了。

而且，這部位還是財帛運用的狀況反應，鼻頭鼻翼發黑，避免貿然投資，也要克制花錢念頭，否則散了財還不開心。該部位色愈深沉，長期以來並不得志，或老是有經濟壓力，更要慎選交友，尤其避免糊塗到去當火山孝子或是賭場金主，人財兩失的風險相當的大。

鼻色的變化，猶如人心的浮沉，是可以調整的。要改善鼻頭鼻翼色差，先從飲食控制及調配做起，進而開放心情，充分表現喜悅的心情及表情動作，如果再加上肢節運動及面部鼻部按摩，好運就會來報到。

鼻表顏色變化，反應肝膽脾胃是否相照

鼻子顏色與經脈循環

鼻子膚表的色澤，主要靠動脈來滋養，鼻子一帶的動脈，有來自頸外動脈的顏面動脈，與分自頸內動脈（大部分）及頸外動脈（小部分）的眼動脈。因此，相關臟腑及其所屬絡的經脈，其功能優劣及循環是否流暢，大大影響鼻子膚色的變化。

鼻端、鼻翼和鼻中膈由顏面動脈負責，鼻端、鼻翼又分別是脾臟與脾經脈及胃腑與胃經脈在面部的反應區，所以顏面動脈之循環與脾、胃功能及胃經脈之氣血循環，在整體健康的評估上是不可分論的。

鼻根（兩眼之間）和鼻背側則由眼動脈負責。鼻背即鼻樑，以中段為主軸，是肝臟及肝經脈的反應區，其左側則是反應膽腑及膽經脈。所以眼動脈與肝膽及其經脈，在面部望診時，是呈現一體的反應。

鼻子表觀顏色與心臟

所以從鼻根開始，依序可觀察心、肝、膽、脾等臟腑及其所屬經脈，兩眼間的鼻根部位，經常呈現青筋或顏色青黯者，心有寒氣，常恐慌、心神不寧、恍神失眠，如果是嬰幼兒或孩童在該部位浮現青筋，多是受驚嚇，家庭氣氛緊張，父母親不和諧的孩童尤其明顯，如果出現紅色或枯燥脫屑，多是心火上亢，心神鼓躁，心浮氣動、睡不安穩、多夢，情緒容易激動。

養心觀念 兩眼間即下極區，也就是鼻根部，出現不良顏色或膚質變差，多按摩內關穴區及外關穴區，可以緩和心痛心煩，提高睡眠品質，並撫平情緒，袪除憂心鬱卒。內關穴在手掌側，手腕橫紋上方三個手指橫幅，兩骨凹陷的正中位置，外關穴在手背側，與內關相對，以手大拇指和食指合力夾住另一手的內關及外關（圖四十八），同時施力壓按，吸氣時施力，吐氣時放鬆，力道以稍有痛感為度，隨時都可壓按，尤其當脾氣要發作之際，或頓時覺得萬念俱灰，立刻深吸一口氣，開始壓按內、外關穴，持續十分鐘，即能使心氣緩和平順，念頭轉換。平日多按能使鼻根色澤肉質轉好，並具保養心血管，防止早衰的效果。

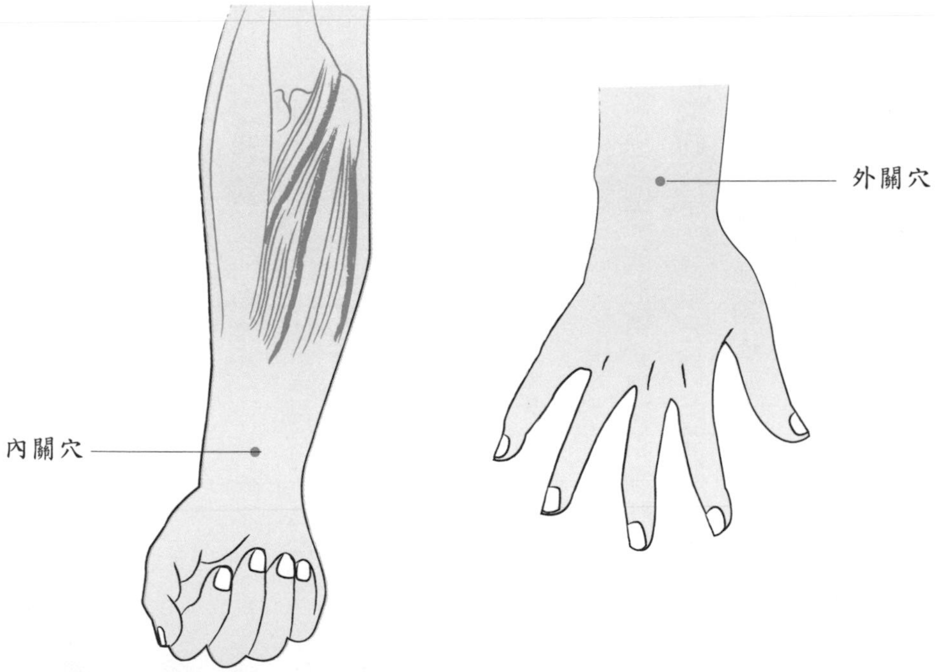

圖四十八 壓按內關及外關，能緩和心氣，轉換念頭，並保養心血管，防止早衰。

鼻子表觀與肝膽

鼻樑中段即由兩眼間直下的區域反應肝及肝經脈，該部位的左側則反應膽及膽經脈，所謂「肝膽相照」，在面部望診上，肝膽通常是並論的，因為臟與腑之間有互為表裡的關係，肝與膽之間存在著氣體交換及經絡連屬的關係，其病氣會互通。不論是直下區青黯或是直下的左側青黯，假以時日都會互相影響，整片出現不良色澤。

肝是沉默的器官，初期的病變較難出現徵兆，從鼻樑部位可窺知一二，經常熬夜、菸酒無度、長期過勞的人，鼻樑出現青黯色或褐斑的機率大大提高。相對的，如果發現自己鼻樑顏色不佳，就是肝有所警示了！連鼻樑左側也一併青黯，是肝膽及其經脈都有寒氣，併見有容易倦怠、精神不振、手腳遲鈍、食慾不佳、消化不良、肋骨下隱約脹滿或不適、婦女月經失調等現象。

如果是出現粉紅或紅赤或乾燥脫屑，則是肝火旺，併見有口臭、脾氣焦躁、容易疲累、食慾消化都變差，累的時候肋骨下偶有脹痛感，手腳變得不靈活等現象。女性也常有月經失調的狀況。

養肝膽觀念

肝膽經脈氣血不暢，拍打大腿外側風市穴區，能活絡膽經，帶動肝經脈，當疲倦感來襲，或胸肋悶脹時，敲個十分鐘即有感覺，連續敲約二十～三十分鐘，軀體肢節都會感覺輕鬆很多。假以時日能促進肝膽經脈氣血循環，提高解毒及消化功能，緩和症狀，改善顏色。

風市穴取穴方法很簡單，人立正站好，雙手自然下垂在兩腿外側，當中指指尖所觸及的大腿位置就是風市穴區（圖四十九）。坐正，腰椎打直，雙肩放輕鬆，雙手握拳，齊力有節奏地敲打風市穴區，可一路往上敲打到臀部外上方的環跳穴區，力道可稍稍加重，讓兩穴區之間有輕度的發紅，效果會更明顯。不拘時地都可敲打，即使飯後覺得飽脹，敲打了可促進膽汁分泌，加速消化，緩和飽脹感。每次敲打持續五分鐘以上效果更佳。

鼻子表觀與脾胃

鼻子底端即鼻孔兩側的肉丘為鼻翼，及鼻尖（亦稱鼻端、鼻頭）分別反應胃、脾及其經脈循環狀況。脾胃可說是人體後天之本，是納食、攝取食穀營養的首要器官，脾臟與胃腑互為陰陽表裡，病症上互相影響，彼此傳變。

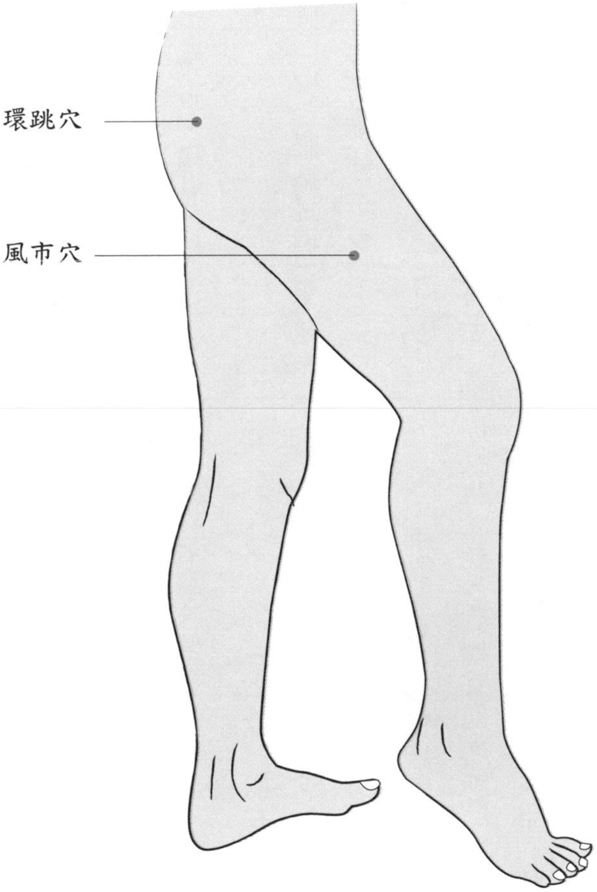

圖四十九 敲打風市穴區到臀部外上方的環跳穴區，能促進肝膽經脈氣血循環，提高解毒及消化功能。

如果鼻翼、鼻頭都青黯，表示脾胃都虛寒，消化不良、食慾差，遇寒則胃不適，有壓力則胃痛，餓了也痛，飽了也痛。

如果鼻翼、鼻頭紅赤或布有紅絲絡，脾胃濕熱，多是暴飲暴食、吃太多太雜，脾胃負擔重的反應，容易有胃脹、腹脹、腸氣、頸不適、心煩躁、排泄不順等現象。

養脾胃觀念 脾、胃、腸都是消化系統家族成員，彼此症狀會互相傳變，所以脾胃保健好，腸系消化、吸收、排泄功能也變好。

敲打或按摩足三里、上巨虛、下巨虛一帶，能促進脾、胃經脈循環，並刺激內分泌循環，不但調理腸胃，改善胃中寒或熱，促進食慾，調節消化功能，對婦女血病症狀，如月經不調、氣血虛弱、陰部痛等症狀，一併見效，以雙手握拳敲打或以手大拇指壓按。足三里在膝蓋骨縫下三寸（四個橫指幅的距離），再下三寸為上巨虛，再下三寸則是下巨虛。

換句話說，敲打或壓按小腿膝蓋下脛骨外緣六寸的部位，是保養脾胃及腸系的重要部位。不限時地進行，假以時日，不但鼻色轉好，相對應的臟腑功能也會改善。

依據《黃帝內經靈樞．五色篇》，五臟六腑及肢節，在顏面上各有其對應部位，當其對應部位的肉質或色澤出現變異，即是相關臟腑或經脈病狀的表徵，其對應關係是（圖五十）：

額頭天庭：顏面整體

兩眉之間的上方：咽喉
兩眉之間：肺臟
兩眼之間：心臟
鼻樑中段：肝臟
鼻樑中段左側：膽腑
鼻端（鼻頭）：脾臟
鼻翼：胃腑
鼻頭周圍瞼中央部位：大腸
中央部位之外：腎臟、肚臍
鼻頭上方：小腸
鼻頭下方：膀胱、生殖系統

經文：「庭者首面也。闕上者咽喉也。闕中者肺也。下極者心也。直下者肝也。肝左者膽也。下者脾也。方上者胃也。中央者大腸也。挾大腸者腎也。當腎者臍也。面王以上者小腸也。面王以下者膀胱子處也。」

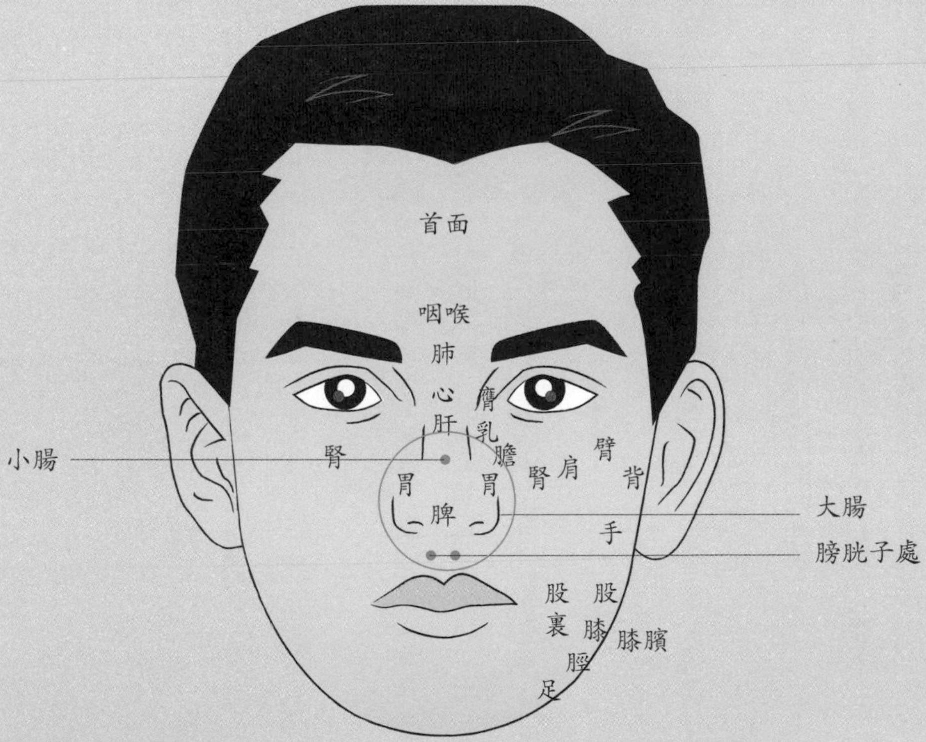

圖五十 | 五臟六腑、四肢關節在顏面上各有其外應部位，是自主管理健康的重要據點。

鼻骨高聳，人生真是彩色的嗎？

顏面的骨架

在臉部中央鼻子高聳其間，就「鼻骨」而言，它位居鼻腔上方，加上外鼻的軟骨與鼻肌等組織，形成「鼻子」。人的五官再俊美，都需有額、顳、頰、頷等腹地的襯托及穩固。鼻子是整張臉的左右分水嶺，鼻頭更是其至高點，然而「萬丈高樓平地起」，此高樓除了要有臉部各部位配合得當的根基之外，鼻子本身的結構強弱，以及與周圍的根基是否穩固結合，都攸關著生命力的強弱及執行力之虛實。

鼻骨即使高挺，但與眉稜骨（眉眼部）、顴頰（顴骨及面頰）、上頷骨及下頷骨（嘴及下巴）都好似各據一方，整體不協調，無法一體成形；或是五官分開來看，個體都很漂亮，鼻子也十分高挺，但就是無法拚出一張美麗的臉，這反應出其主人的性質與思慮也是各行其事，無組織能力，為人處事也難玲瓏周延，給人東拚西湊、少一根筋的觀感。

鼻子維繫生命氣息

鼻子是個垂直的三角錐體，好似一座金字塔（圖五十一），塔尖是鼻子的根部，又稱山根，正對額頭突起的下方，是一塊硬骨組織。金字塔的懸端（底部）是鼻頭，為軟骨組織。此骨錐狀體即鼻腔，正中有一鼻中膈將之分為左右，下行到鼻底部的開口即為鼻孔，從山根到鼻頭這一條連線即為鼻樑，亦稱鼻脊。人生命存續即靠著從鼻孔開始，進入鼻腔的這個管道來進行呼吸，供給身體細胞所需的氧氣，並移出代謝所產生的二氧化碳，維持體內循環的恆定，及協助調節體溫。

鼻子內部鼻壁的外側壁有一種勃起的組織為鼻甲，它佈滿著微血管，隨著人體的生理需求，決定此微血管血液量的多寡，例如，冷天時，鼻甲充血加溫，不讓冷空氣直撲而入；天熱時則會散熱；所以冬天遇到冷空氣，鼻甲充血不及，加溫速度不敵冷空氣，我們就很容易流鼻水、鼻塞、打噴嚏。同樣地，性衝動時，鼻甲也是出現相同的效應，會加速充血。

鼻骨高聳挺直不彎曲，鼻甲的結構及功能運轉相對健康，除能順暢呼吸，正常調節空氣之外，在性事上的調情與交歡也比較敏感。如果再加上鼻肌外觀膚色清明光亮，其人生必然多采多姿，情趣盎然。

鼻子攸關三焦原氣

整個鼻子被皮膚及皮下組織所覆蓋，是觀察肝、膽、脾、胃及大腸的消化、

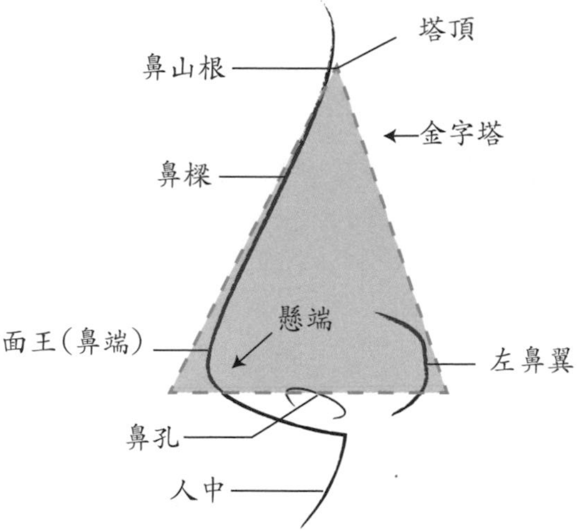

圖五十一 鼻子是個垂直三角錐體，好似一座金字塔，鼻骨高聳挺直、鼻肌膚色清亮，人生多采多姿！

吸收與排泄的重要部位，同時亦反應三焦原氣新陳代謝與循環狀況，還反射著意識與智慧的運作情形。無論男女，鼻子挺拔、外觀色澤好、鼻翼周圍肌肉有彈性的人，勤勞、反應快、好溝通，較容易相處，學業事業相對的較有具體成果。鼻骨塌扁、外觀黯濁如蒙灰，慵懶、鬱悶、脾氣躁，較無條理，不善與人溝通。在機會上，前者占優勢，行動果敢敏捷，少優柔寡斷，表面上長得美生得俊，其實多數是有備而來的。

所謂三焦原氣，廣義來說，包括上焦的呼吸系統，中焦的肝膽脾胃消化系統，及下焦的大小腸吸收、排泄及生殖系統，此三部位內臟器官的運轉動力，即泛指是三焦原氣，狹義的原氣則特指腎臟之氣。鼻子側面面積的大小，既然與生長、成長過程中的臟腑器官運作動力有莫大關聯，是以決定此面積大小的鼻樑骨就更形重要了。

延續生命的鼻橋

鼻樑的上部呈橋形，是延續生命之橋，是呼吸氣息之橋，亦是展現智慧之橋。人的肝魂、膽識及脾智識都可從鼻子讀出，愈是堅持、積極，隨著年齡成長，鼻橋也會愈形堅牢鞏固，即使鼻樑先天不是十分聳立，經過人生的淬鍊，其色澤也一定轉好。

鼻骨高聳挺直，人生是彩色的！但是要維持鼻骨外觀光鮮亮麗，生活態度是十分關鍵的。鼻骨高低、聳墜、直歪，決定於鼻腔，鼻腔的上方是頭顱腔，下方是口腔，左右是眼眶與上頷竇。人的思考、判斷、言語、行止的主控權在於頭顱腔內的腦部，吃喝、發聲、講話則靠口腔，在這兩者之間的就是鼻腔的氣息呼吸了，三者之間有其連帶關係，思考正面，達觀進取，食飲均衡不偏食，不暴飲暴食，則鼻色、鼻呼吸都是健康的。再加上有規律持恆的運動習慣，則色澤必定不差。從小如果有足夠的運動量及均衡的飲食習慣，都會使鼻相改變，即使家族有扁鼻的基因，也會有所突破。或許鼻骨無法高聳沖天，但鼻色一定光亮潤澤。

反之，高鼻子家族，如果成長壓力大，生存空間狹隘，鼻骨會烙下標記，不是鼻形長不好，就是鼻色不佳。有不少富豪的第二代，因個人的發展空間從小已被侷限住，或是被保護過度、被寵壞了，其鼻相很難超越上一代，即使鼻形維持住，鼻色也缺少光澤，鼻肌也軟弱無彈性。

養生概念 胃經脈起始於鼻骨與眼眶骨之間，終止於腳的第三趾端厲兌穴，早晚按摩眼眶周圍的睛明穴區與承泣穴區（圖五十二），必定能通暢鼻腔，美化鼻色。

步驟一、以左右兩手的中指指腹，分別按住兩眼目內眥眼眶骨上的睛明穴。

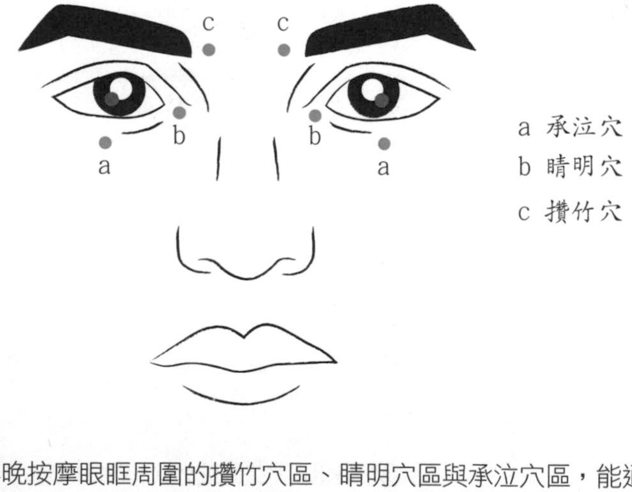

圖五十二 早晚按摩眼眶周圍的攢竹穴區、睛明穴區與承泣穴區，能通暢鼻腔，美化鼻色。

步驟二、中指持續按著睛明穴，再以兩手食指分別按住眼眶骨下方的承泣穴區。

步驟三、手指以能接受的重力按揉睛明及承泣兩穴區，心中默數九下，稍微放鬆，停頓三下，再繼續數九下，再停三下，如此反覆十次為一療程。每天可反覆按摩多個療程。

步驟四、可搭配按壓腳的厲兌穴，以雙手的拇指和食指抓厲兌穴區，或是以食指和中指齊力夾壓，壓時默數九下，放鬆三下，再反覆壓，亦以十次為一療程。

效果：

揉按睛明及承泣，可通暢鼻息，強化鼻甲運轉功能，並能消除眼睛疲勞，清神明目。從遠端按摩厲兌亦有暢通呼吸作用，強化鼻骨及鼻腔內組織健康，並有幫助睡眠之效果。

鼻骨塌扁，爭氣不足情趣淡

被侵蝕的鼻骨

筆者曾拜訪日本東京大學靈長類研究所，親眼目睹江戶時代（西元一六〇三年—一八六七年，又稱德川時代）因梅毒死亡者的頭顱骨，其頭骨、巔頂骨或鼻骨出現或多或少被蛀蝕、潰洞的痕跡。骨頭被蛀蝕絕非一朝一日之事，表示這些性愛的受害者，不論鼻骨高挺或塌扁，只要染上梅毒，梅毒菌就會日蝕月啃其頭骨、鼻骨。由此可見，疾病部位的呈現並不僅止於單一組織或器官，因為人是一個整體，任何疾病演變到最後都會是整體性疾病。

鼻骨與肝膽脾胃

鼻骨在左右眉骨縫間的下方，上面三分之二部分是硬骨，下面三分之一為軟骨，根據《黃帝內經靈樞．五色篇》的剖析：「……下極者心也，直下者肝也，肝左者膽也，下者脾也，方上者胃也，中央者大腸也，挾大腸者腎也，當腎者臍也，面王以上者小腸也。」

申言之，兩眼之間為下極區，正對鼻根部，鼻骨起點處，是反應心；直下者，即鼻骨硬骨部分，反應肝；硬骨部的左側反應膽；面王以上，當軟骨硬骨兩者間的位置，即鼻頭的上方，則反應小腸。

在人體內，臟腑與臟腑彼此間，經脈與經脈彼此間，及臟腑與經脈之間，都是相互依存，相互制約的。而且臟與腑之間有互為陰陽表裡的關係，心與小腸、肝與膽、脾與胃都互有經脈屬絡，存在著氣血交換的關係。

這種整體同步相關狀態，無論是肝膽相照，或是脾胃相依，或是心小腸互傳，如果某一環節發生狀況，其病痛會相互牽連影響，即使表現在鼻子上的反應區也都是相鄰近的。

是以，鼻骨扁塌，在先天體質上，前揭的臟腑及其所屬的經脈循環，相較於鼻骨高挺的人是較吃力的，關於膽識、肝魂、心血、小腸津液，及脾胃納穀消化等活動及功能，需加倍琢磨與儲備，否則體力必然軟弱，腦力必然不精明，消化吸收也事倍功半。

當然在體力、耐力不支援的情況下，情趣也挑逗不起來，顯得平淡不浪漫，生活方面也鮮少有創意。

硬骨塌扁要顧肝

鼻子硬骨部塌扁，肝臟結構沒問題，但機能上較不理想。此區域是肝臟及肝經脈的展示區，鼻子本體在以肺為首的呼吸系統中，是第一道關口，肺臟與肝臟隔著橫膈膜，橫膈膜則是進行吸氣動作的主要肌肉。

鼻子硬骨塌扁，鼻腔的容量相對減少，進氣量也隨之降低，橫膈膜得到的含氧血就少，在此情況下，心臟與肺臟能提供給肝的營養素自然變少。同時，大腦也要靠心、肺來供給氧氣及營養，當然也是不足夠的。

多方面的供應都不足，會引起大腦思考、判斷及執行的落差，也會引起精神、情緒與意志的變化，生活將因此少了情趣、亂了步調，生命也會規畫不周、了無新意，嚴重者將會是一團紊亂。

養生概念 充實營養，加強鍛鍊骨骼肌，可以改善新陳代謝，提高基礎代謝率，進而改善造血功能，直接促進骨髓、肝臟與脾臟的造血機制，愈年輕，機會愈大。因此調整與鼻子相關的生理活動，即使鼻骨無法短時間內即直聳衝天，然而一定能增強呼吸作用，爭取更多的氧氣來供給肝、肺、腦，加上均衡的營養補充，必定能大大改善。

再者，用「不求人」拍打「血會之俞」——膈俞（圖五十三），在背部第七胸椎旁開一・五寸的區域，拍右膈俞九下，再換手拍左膈俞九下，這為一程，至少拍九個回合，效果較明顯，能促進橫膈膜動能，擴大吸氣空間，讓肺泡獲取更多的氧氣。

接著，雙手輕輕握拳，敲打在外踝上三寸的「骨髓之會」—絕骨區（即懸鐘穴區）。（圖五十四）坐正，將雙腳置於矮凳上，兩腳平行但無需併攏，每一程敲九下，至少九個回合。如果不方便彎腰以手拳敲打，亦可坐在床上敲打；或是以大拇指按住絕骨穴，同時以中指按住對側，即內踝上三寸的三陰交穴，齊力壓按，更加值保健婦女生殖系統、調經理帶、滋陰養血，及調補男性性功能等效益。

拍打膈俞或絕骨，呼吸放慢，以丹田呼吸為佳，而且敲打及呼吸頻率要協調，不宜忽快忽慢，或忽重忽輕。

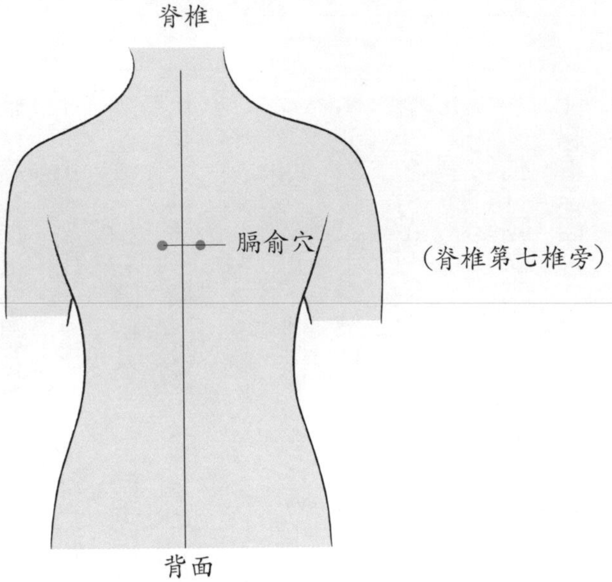

圖五十三 拍打背部「血會之俞」—膈俞，促進橫膈膜動能，擴大肺泡吸氣空間。

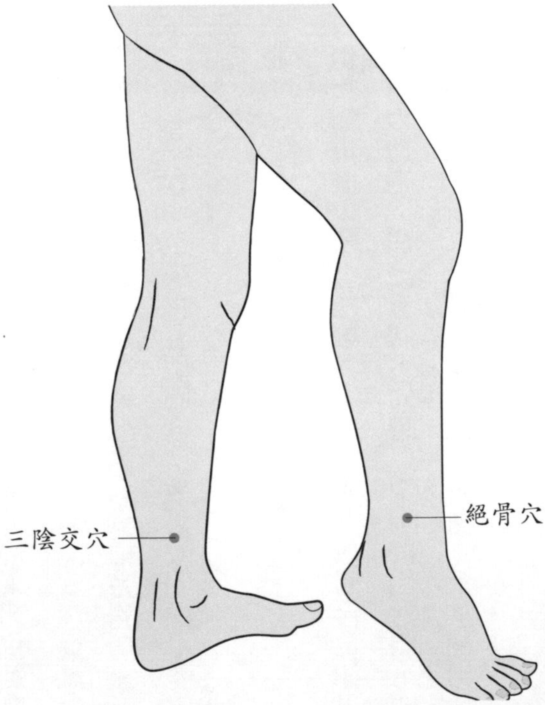

圖五十四 敲打外踝上方「骨髓之會」—絕骨區，促進骨髓造血功能。

《黃帝內經靈樞‧本神篇》：「肝藏血，血舍魂，肝氣虛則恐，實則怒，脾藏榮，榮舍意，脾氣虛則四肢不用，五臟不安，實則腹脹，經溲不利。心藏脈，脈舍神，心氣虛則悲，實則笑不休。肺藏氣，氣舍魄，肺氣虛則鼻塞不利，少氣，實則喘喝胸盈仰息。腎藏精，精舍志，腎氣虛則厥，實則脹，五臟不安。必審五臟之病形，以知其氣之虛實，謹而調之也。」換句話說，五臟各有所藏，五志各有所舍，是以臟腑活動異常，一定會相互傳導，引起精神、情緒及意志上的變化。

鼻骨歪斜，未必心術不正

很少天生歪鼻骨

鼻骨稍微偏左或偏右是正常的，很少人天生就鼻骨歪斜。骨頭會歪，可能是因為受傷，亦可能是鼻竇炎等影響，除非歪斜嚴重，通常人體有自癒機制，會慢慢矯正復位。

鼻骨微度歪斜，或是因為左右側手腳使用度大不同所造成；但也有可能是因為極度的沒自信、沒安全感，鼻骨才會走位。

根據人類學及命相學的長期統計顯示，身心不協調確實會造成鼻骨偏斜。梅毒、乳癌、肝肺部惡疾也會在鼻骨、頭骨等烙下記號。

脊椎歪鼻骨歪

大致上，頸骨、脊椎骨與鼻骨的歪斜有一定程度的關聯性，鼻骨愈歪，頸骨、脊椎骨也易偏傾，相關的臟腑器官，輕則循環代謝滯礙，重則有結構上的損害。

再者，鼻骨歪，額骨也會長成左右大小不一，頭顱骨之左側右側亦隨之受影響，右腦與左腦控制的活動功能不同，如此一來，可能出現做得少說得多，或是不多說但蠻幹苦幹等落差。

如果鼻色是亮澤的，說與做不協調，並不致於讓人覺得心術不正，或許只是說太多、想太多罷了。但如果鼻色灰黯，眼神又飄忽不定，這樣的歪鼻子，心術多不磊落，難以言表，若是眼神呆滯，則又反應遲鈍，需要有較多的鼓勵與促動。

鼻骨彎曲歪斜，呼吸氣息難以順暢，為人處事拖泥帶水，綁手綁腳，想法多封閉，心頭想不開，做事放不開；但相較於鼻骨直者坦直、帥直的個性，顯得比較貼心、善體人意。

臉部的船舵

鼻骨之於臉，猶如舵之於船，其標竿角色自不待言，但操控掌舵的還是在於個人。人體掌握鼻骨歪斜的關鍵在於頭顱內的兩個交叉系統，一個是負責「看」的視交叉，另一個是負責「做」的錐體交叉。

視交叉位於大腦最前部位，錐體交叉則在大腦最後部位，即延腦內，它們接受訊息與輸出資料之過程，凡走過必留下痕跡。所謂相由心生，在接收與輸出的傳化過程中，臉部的形體線條就逐秒逐分地被雕塑成型；兩個交叉系統交戰愈激烈，鼻骨就愈走位。

換句話說視交叉與錐體交叉，矛盾愈大者，鼻骨愈無法端正。所以「里仁為美，擇不處仁焉得智。」選擇生活環境，定調生活態度，讓視交叉接收好的訊息，也讓錐體交叉輸出有用的資料，則身心衡平，陰陽調和，氣血勻順，鼻骨自然正直而立。

腦後矯正鼻骨要穴

頭顱骨後方有枕骨，分布有枕骨大孔，連結著頸部與肢體，所以頭顱、頸椎、脊椎能自在地協調合作。後腦正中線，當頭部與頸子交接的凹陷處，有風府穴，往上三寸有強間穴。三寸是個人手指的四個橫指幅，最簡易的找穴方法，就是把手掌放置在後腦上，食指邊緣貼近正中凹陷的地方，這就是風府穴，小指邊緣就是強間穴。

人的腦幹（含中腦、橋腦、延腦）就在風府與強間之間，在風府、強間之間為腦戶穴（圖五十五），此三穴是強化頭頸連結處的靈活度，以及促進後腦神經、脈管循環的重要部位，以手指指腹反覆揉按，每次五分鐘以上，每天二至三次，可調整及強化延腦，即能促進錐體交叉的運作，對矯正鼻骨歪斜有一定的助益。

養生概念 睡前酌飲「益氣聰明茶」——黨參、炙黃耆、升麻、葛根、白芍、蔓荊子、黃柏、炙甘草各〇・五錢，加八百cc水煮成四百cc，當茶酌飲，先漱口十下再嚥下，可促進唾液分泌，及舌根、舌下神經，延腦及錐體交叉的循環，有矯正鼻骨、頸骨、脊椎骨不正的效果，前提是要確實按摩腦後風府、腦戶、強間三穴，其效益才能持續。同時，亦能改善脖子痠痛、肩頸僵痛、精神不濟、失眠、情緒不穩等現象。

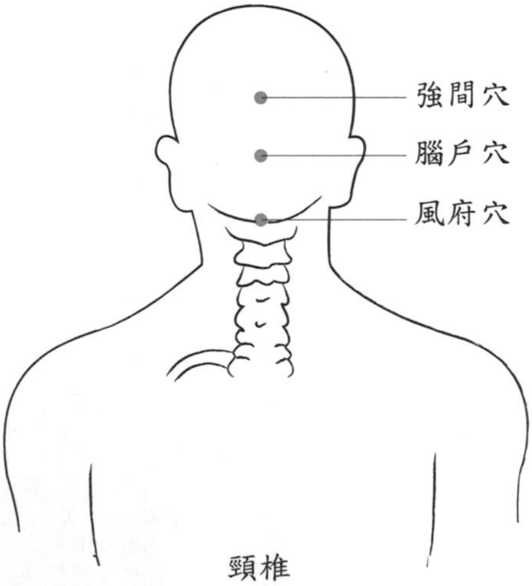

圖五十五 風府穴、腦戶穴、強間穴三區是強化頭頸連結處的靈活度，以及促進後腦神經、脈管循環的重要部位。

鼻孔圓又大，全身受益有情趣

鼻子為顏面之王

鼻子靠著鼻骨聳立在臉平面的中央地帶，將整體五官立體化，成為顏面之王，愈高聳則愈有面子。自古我們就認為鼻子能顯示財富之有無，尤其是稱之為「面王」的鼻頭，就是財帛宮之所在，是以男男女女無不希望擁有高聳如金字塔的鼻子，隆鼻、墊鼻始終是醫美界的重要賣點。

肺氣通於鼻，鼻子是肺部交換體內外氣體的空調器，又是聞香嗅臭的味覺與嗅覺器，同時還是說話及歌唱的共鳴器，這些都是鼻子本能上的運作。同時它還能協助表達反應情緒，雖然不如眼神能放電傳情，不似嘴巴能言善道、能參與性活動，但不容抹滅的，它扮演著攸關我們生命延續及生命品質的第一線角色，即使小小的鼻孔，也是足以從此觀生死。

鼻孔圓大全身受益

鼻孔又圓又大，學問可大。負責呼吸的有八個器官，第一個就是鼻孔，最後一個器官是胸膜。鼻孔大而圓，反應其他七個呼吸器官，都能發揮團隊效益，一路暢達。特別是肺臟內的三億個肺泡，更因能吸取更大量的空氣，而生意盎然。氧氣進得多，全身細胞一併受益，各項機能、組織充滿活力，精神奕奕，思緒靈活，色慾強度也非同小可。

鼻孔大小，影響呼吸量大小，也關係到鼻孔周圍的肌肉群，尤其是鼻肌。鼻肌分為鼻翼肌與鼻橫肌，小小的肌肉組織，都參與了呼吸運動，其動能之大小就看主人需不需要大量呼吸了！因為要大量吸氣吐氣時，才會動用到鼻翼肌來張開鼻孔，以及靠鼻橫肌來收縮張開的鼻孔。

張大鼻孔吸大氣

鼻翼肌負責張開鼻孔，鼻橫肌負責收縮鼻孔，這兩塊呼吸作用肌，在開與關的拮抗之間，透露著「生」的訊息，生氣、生病、生活、生息都與它們張合鼻孔息息相關。

生氣時，隨著怒氣上升，愈氣鼻孔張縮的頻率和幅度就越加速加大。感冒鼻塞，鼻孔也會張得比平常大企圖吸更多的空氣，以協調呼吸困難。《黃帝內經靈樞・五閱五使篇》提及：「肺病者，喘息鼻張」就是靠著張大鼻孔傳病訊。《史記》亦記載，太醫已宣佈虢太子死亡，但扁鵲觀察到太子的鼻孔仍張開著，這是「活訊息」，顯示肺還在作用著，生命依然存續著。

女人鼻張何徵兆

除了說感冒鼻塞張鼻孔之外，女人通常在三種情況下會「張鼻」，《素女經》論及女性五項性徵，其中性高潮來臨時的第二徵就是「鼻口兩張」，感應其性致高濃，高潮將臨。再者，生氣時、哭泣時，在情緒起伏之際，鼻孔縮張明顯。還有就是內心有所圖，或蓄勢待發擬有所作為時，好比靈犬在嗅聞獵物，正在尋找最佳的切入點。

大體上，鼻孔能張縮自如者，反應著鼻肌是健康的。女人鼻孔又大又圓，在五官中，乍看之下似乎略為唐突，只要鼻孔不是朝天外翻，再仔細看，不難發現其大圓鼻孔是含蘊著權威感，加上如果平日即會不自覺的「奮張、搧動」鼻孔，在沒有感冒、沒有動怒之情形下，更顯現有氣魄、果敢有為。反觀小鼻子小鼻孔的女人，反而難以顯現大氣度，即使在床笫間，因為鼻孔小無法大量吸氣，無法提供充裕的氧氣來助興，誘發高潮。

小鼻孔爭氣不多又小氣

不論男女，鼻孔小表示不會有太大的氣流進出，換句話說根本不太需要呼吸，這樣的人，要不是養尊處優，無須勞動即能安逸度日，要不就是懶到連呼吸動作都不落實，這樣的女人，無慾無求，生活在夢幻中，不食人間煙火；這樣的男人，不想爭氣力求上進，也相對小氣。

鼻孔大小是以整張臉及其他眼、口等器官之比例來評估，尤其是以鼻子本身之挺塌及鼻翼幅度來比較，如果整體觀顯得特別小，再加上眼睛也小，我們常將「小鼻子小眼睛」之組合，喻指人之小氣不大方，甚至帶有不屑詆貶之意，其實鼻孔或眼睛之大小，常會因病痛、不順心、運勢差、情緒低等因素而糾結不開朗，緊縮在一起造成視覺上之錯覺，這大大不同於天生的小鼻小眼。

變大鼻孔漸進式

鼻孔小是可以稍作改變的，即使不是孔洞變大，但也因鼻翼肉質變得靈活有力，而扭轉了鼻孔小的不足。要作此改變最重要的就是要增加運動量，刺激肺活量，促使鼻孔張大來吸取更多空氣，有氧舞蹈、慢跑、快走都是很好的方法。

平時多抬舉雙手，以及擴胸運動，都能刺激肺呼吸。亦可搭配服飲開孔湯，增進活力，暢通呼吸道，取黨參、白朮、茯苓、炙甘草、生薑、紅棗、炙黃耆、當歸各〇・五錢，加八百cc水煮成四百cc，分四～五次喝飲，將茶飲及運動一併進行，效果更明顯，不但能促進呼吸作用，也能醒神益腦，開闊心境。

鼻孔大小不均，日不安穩夜難眠

鼻孔與呼吸

鼻孔大小與呼吸系統的整體結構及功能息息相關。如果明顯的大小不均，則左、右胸腔有偏勝（偏盛）狀況，身心協調易出問題，日夜都難安，白天心情不定，夜裡睡不安穩。

所謂偏勝是指高於正常水平的狀況。人體應是陰陽調和，左右衡平，上下諧致，如果出現陽盛於陰，則陽邪亢盛而產生熱的病變；陰盛於陽，則陰邪亢盛產生寒的病變。同樣的，人體機能及功能之運轉，亦當衡平，否則即易生病變。

呼吸系統由外到內，鼻孔、咽、喉、氣管、支氣管、微支氣管、肺臟、胸膜等八個臟器及組織中，肺臟是最重要的器官，擁有三億個肺泡，左肺有二葉，右肺有三葉。

再者，鼻內鼻腔被鼻中膈分為二，鼻腔的功能變化，會影響及其出口——鼻孔，絕大多數人的鼻孔左右大小相去不遠，表示其肺臟、胸膜的功能健康，呼吸功能順暢，身心協調，性情、睡眠都屬正常。

鼻腔口腔一氣相通

人的呼吸作用、氣息活動，主要以鼻腔為出入管道。而鼻腔的頂部正是頭顱骨的底部，鼻腔的底部又近於口腔。鼻孔是鼻腔的門口，其大小厚薄、潔淨黯濁都會受鼻腔功能所左右，鼻腔又受頭顱腔與口腔的影響。

口腔負責收納食飲營養，鼻腔則負責空氣及廢氣出入；顱腔又管控著口腔與鼻腔，意象上，人的一口氣是存乎於頭顱、口腔之間。

人自呱呱落地，即以充滿生命力的活體持續成長著，鼻腔和鼻竇也隨著成長，過了青春期後，身體結構大致底定。過了四十歲後，頭部器官組合成的骨性結構，就會完全包圍住鼻腔與鼻竇，之後，左右鼻孔的大小幾乎就定型了。

如果在此之前，尤其是青春期，鼻孔左右大小不一的人，有較大的機會調整回來。鼻孔大小懸殊的人，顱腔內的腦部、鼻腔所連貫的肺部，以及口腔所涉及的胃腸，都可能有左右偏勝的情形，才會影響及鼻孔大小不一。

表面上，或許是一側鼻腔通道出現狀況，實質上，兩個鼻孔的氣體都是一起進入咽、喉及氣管，所以受肺部與腸胃的偏勝影響較小，最主要還是受到顱腔內腦部的左右偏勝的影響。

鼻孔右大左小與腦部作業

右鼻孔大、左鼻孔小，右腦的運作強過左腦，右側臉部的肌肉群也比左側的有力，也就是右側臉部的顴大肌、顴小肌、鼻翼肌、鼻橫肌等與鼻子相關或是鄰近的肌肉群，其作用效益大過左側的，可以發覺到右側的臉部表情比左側靈活，其肉質或膚質也較具彈性，所展現的或許予人快樂、活躍的感覺。

其實其左鼻孔小，左腦的運作較遜色，左臉部相關肌肉群肌力也較弱，在其底下所隱含的是其內心封閉、壓力大、放不開。除非改變心情，開放內心世界，嘗試多與親朋好友聊天談心，打開心門接受更多的友誼親情，讓外在表象與內心真象兩者間之落差降低。切忌長時間獨處，否則自閉、憂鬱、恐慌、失眠……等負面現象會一一如影隨形。

腳底按摩安定腦神經 再者，依據經脈循行及分布狀況，多做腳底按摩，著重在腳內踝下緣的照海穴區，以及腳第二趾外側趾甲旁的厲兌穴區（圖五十六），從遠端刺激相關經脈之氣血循環，來活化腦部功能之運作，可以改善左右偏勝或虛弱之狀況，調整左右腦的衡平度，進而安定腦神經，幫助睡眠，平衡身心。並能改善咽乾喉燥、胸悶腹脹、鼻塞不暢、臉腫手足腫等現象，對婦女生理痛亦見效。

鼻孔左大右小與腦部作業 右鼻孔小、左鼻孔大，內心充滿自信，行動上卻稍見保守；大小相差愈大，說與做的落差也愈

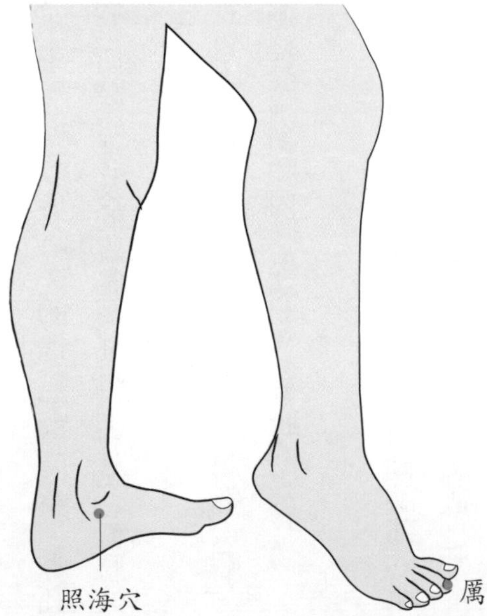

圖五十六 從遠端刺激照海穴區、厲兌穴區，促進相關經脈氣血循環，活化腦部功能運作。

大，其言行舉止畏縮不果決，即使平時表現得很有信心，在關鍵時刻卻會臨陣脫逃。只有多參與團體活動，多學習新鮮事物，以及多承擔責任，才能激發其動力，培養其責任感。

同時多按摩腦後的腦空穴區與腦戶穴區，可清神醒腦，集中意志，並刺激腦神經傳導，活絡思緒，靈活反應。同時能緩解頭痛頭重、鼻痛、流鼻血，頸項轉動困難等現象。

在人體內存在著一種自動控制能力，能維持軀體的相對平衡，例如左右對襯、陰陽和諧、氣血平衡，宜因時、因地制宜地針對個人調整系統間、組織間的機制，以維持相對平衡，是以，即使習慣手為右手的人，左手固然有些動作無法操作自如，但兩手間共同協作的機制是始終存在著。

右鼻孔大的人，右側器官的情勢會強過左側的，但我們自體的自控能力，能努力維持相對的均衡性，所以，鼻孔大小不一，稍有差異並無妨。但如差異很大，也是提示著我們，小的一側的器官組織，尤其是腦部及呼吸系統是較虛弱的。

左側反應內在，偏重心理層面，右側反應外在，偏於行動行為，大者為勝，小者為弱，鼻孔即是在提醒我們要加強心理建設，心志磨練，抑或要約制行動，還是落實行為。

鼻子短小判斷失準，但天無絕人之路

鼻子短小鼻腔小

相較於鼻子長大的人，鼻子短小者鼻腔較小，鼻骨較短，氣息較不長，包括呼吸的氣，以及性格上沉不沉著的氣。是以，鼻子短會較衝動，思考快但欠缺周延，判斷就容易失準，顯得毛躁不安，也缺乏自信，許多情況下會三思再思，出爾反爾，躑躅不前，又顯挑剔，會被歸列龜毛一族。

鼻腔從鼻子的門口——鼻前孔開始，以鼻翼和鼻軟骨腳（鼻頭部為主）為膨脹區，經過鼻道到鼻後孔，也就是鼻子的後門，止於鼻咽，鼻子短小就是這段鼻隧的距離短，有的是先天遺傳，但後天是可以補救的；在發育成長過程中，營養均衡，食物種類豐富多變化，又有大量的運動或活動，能大大刺激鼻骨發育，擴充鼻腔的長度及容量。

鼻子短小，眼睛也小，雖說「小鼻子，小眼睛」比喻小氣不大方，好貪小便宜，但其成長過程多半不快樂，其心思較細，想得多，愛鑽牛角尖，自己要放寬心來結交朋友，與家人多互動，否則很容易把自己孤立在一角，被認為難交心，不體貼。

而且，小鼻子的人，要多留意鼻呼吸道的保健，如果嗜菸族、常吸二手菸，或長期待在空調室的人，鼻腔內調節空氣溫濕度的機制一定要保養好，否則一旦鼻黏膜受傷，容易因溫度調節不及而流鼻水，或因長期接受冷空氣造成呼吸道過敏，也較容易流鼻血。

小鼻子未必比長鼻子不健康，但一定要它強壯起來，做有氧運動，鼻子為了配合心肺活動，會努力地吸氣吐氣，進而強化了鼻腔內鼻黏膜的強度，加強了免疫力；或者是頻練吐納，採深呼吸，即丹田式呼吸，一樣也能強化鼻功能。

鼻隧以長，以候大腸

鼻子為呼吸系統的第一道門禁，也是呼吸主器官肺臟的孔竅；大腸與肺臟又互為陰陽表裡關係，是肺之腑，所以鼻子亦是藉以觀察肺臟及大腸安危的面部望診據點（圖五十七）。

　鼻子長、挺，鼻隧隨之寬大；鼻子短小而扁塌，則鼻隧的空間自是被擠壓而變小。其觀察要領是看鼻子側面面積之大小，這關係到從孩童時期起至當下的成長過程中其消化及排泄狀況，鼻翼、鼻側面積與臉部面積之比例，只要大小相稱，其大腸功能向來正常運作。如果鼻子部分顯得太小，不成比例，則自幼始終有排泄方面之困擾。

　既然鼻小已成定局，如何扭轉乾坤呢?就從其外在的膚色、膚質來自我管理，如果都保持著明亮光

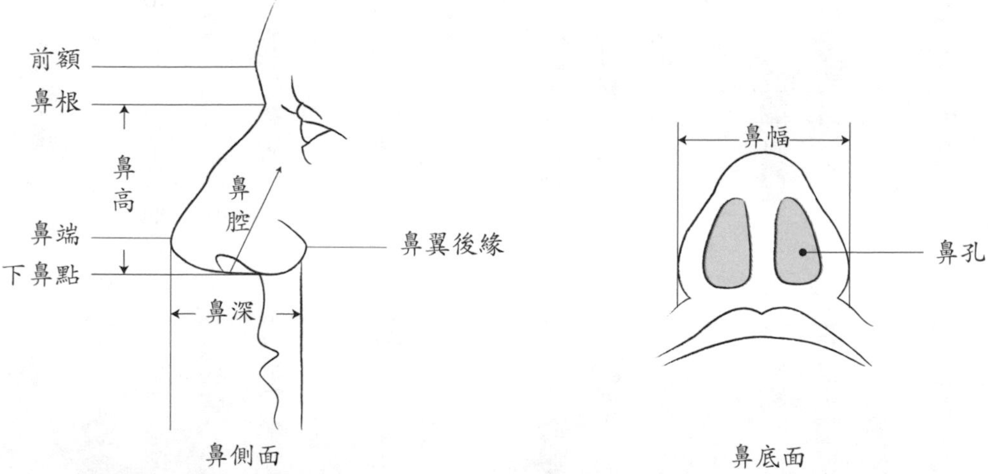

圖五十七　鼻隧以長以候大腸，從鼻腔道觀察大腸；喘息鼻張，以鼻幅測量鼻孔伸張度。

澤，鼻翼肉質有動感的狀態，表示主人的飲食習慣良好，並未糟蹋腸胃，造成腸胃負擔。

假使鼻翼及鼻側面的顏色黯濁，輕度者，是近期的消化排泄有狀況，通常只要調整飲食，多清淡少油脂少重口味，且餐餐七、八分飽，在短期內都可見改善。如顏色十分沉著，或已浮現黑斑，或是長期佈滿紫紅絲絡，甚至時常冒出痘子，這表示您的腸胃已抗議多時！不及時調整，腸系易有不良之症狀，平時或溏泄，或便祕，或變成腸躁症，這都可能是將來衍生腸系惡性病變的遠因，絕對要控制管理個人的飲食，包括食物種類、食量，以及飲食時間。

孩童通常較少見浮現絲絡，多見顏色發青、發黯或是恍白，多數是好食生冷冰品飲料；若是偏紅、暗紅，多數吃多了速食、油炸物，或是拉里拉雜的垃圾零食。

維持好鼻色，健康有保障

肺呼吸功能佳，大腸排泄狀況好，則鼻側、鼻翼的顏色不會變差，除非是外傷，平時保健肺呼吸功能及腸道排泄的不二法門，運動是不可缺的！首先，肺部方面，運動能吸取大量空氣，刺激肺泡來積蓄多量的氧氣，血氧值升高，使體內器官更具活力，延緩了老化的速度；同時能活絡腦細胞及腦神經傳導，提神醒腦、振奮精神。

大腸部分，運動除了可促進腸系蠕動，使排泄正常化，並能將體內代謝後之廢物一併排出體外。同時，運動所流的汗對身體而言，能將體內深處的疲勞物質、對人體有害的重金屬等一併排出，不同於一般勞動的流汗。

汗還能調節體溫，全身性健康地出汗，能強化現代人最欠缺的體溫調節功能與自律神經傳導功能。再者，汗從體表氣化，藉著氣化熱消耗熱量，提升代謝力，減少體脂肪，有助於消除肥胖，並令人神清氣爽、快感舒活！

吃對的食物 要保健腸胃，腸道可說是「人體的第二個腦」，胃又是「人體的後天之本」，如果保健得宜，則天生鼻短也大有轉機。吃對了食物，腸胃健康，人體的免疫系統、新陳代謝功能都隨之運作正常。

腸道是人體最大的免疫系統，有七十%的淋巴分布在其中，如果腸道不健康，身體立刻發病，何況有九十%的重病，其主因都與腸道相關。

多攝取含纖維質食物 食物中所含纖維質，雖不被人體所消化，但能吸附大量的水分，促進腸子蠕動，解除便秘，使毒素不沉積在體內；同時增加飽足感，減少進食量，控制體重，防止肥胖，並減少膽固醇的吸收，防範心血管疾病發生，又能減緩血糖上升速度，降低罹患大腸直腸癌、乳癌、心臟病、三高症候群（血糖高、血脂高、血壓高），每日多吃含天然膳食纖維食物，則腸胃少負擔，健康有保障。

認識含纖維食物 膳食纖維分水溶性和非水溶性兩大類，水溶性的主要食源有各種水果、豆類、菇類、海藻類（海菜、紫菜、海帶等）、木耳（白木耳、黑木耳）、寒天（洋菜）、瓜類、豆莢類、蒟蒻、蔬菜的莖部……等，通常都具有黏性，能被腸內細菌大量發酵，孳生益菌，促進消化吸收排泄；又能結合膽酸，促使排出體外，降低膽固醇，預防心血管病變。

非水溶性纖維的主要食源有五穀雜糧的全穀類、青菜……等，較不具黏性，但可增加糞便體積，促進腸蠕動，減少糞便停留腸道的時間，降低致癌物與腸道接觸的機會，預防癌變。

飲食有方法

營養學的建議量，是每天要攝取二十五～三十公克的纖維質，但國人普遍攝取不足，平均不到建議量的一半。由於社會生活型態的轉變，外食族的比例很高，有少蔬果多肉類的傾向，加上壓力、忙碌，所以便秘之症十分普遍，腸道病變比例也日益升高。

建議每天都要攝取前述的含膳食纖維的食物，再搭配適量不含膳食纖維的奶類、肉類、油脂類食物，既能均衡營養，又有效管理體重，在此並特別提醒，寧可捨果汁而直接吃水果，既不會攝取過量的糖分，又能進食果粒纖維，以柳橙為例，三百cc的柳橙汁，約是五～六顆柳橙，但如果直接吃水果，大約二顆即有飽足感。

再者，五穀雜糧要多攝取，如糙米養分高過白米，太精緻化的已失去許多有價值的營養成分，剩下的大部分是會致胖的碳水化合物，而且也容易使腸道提早老化。

人中長，壽命也長嗎？

人中與壽命

《麻衣神相．相人中》提及：「夫人中者，一身溝洫之相，溝洫疏通，則水流之而不壅，淺狹而不深，則水壅之而不流。夫人中之長短，可定壽命之長短，人中之廣狹，可定男女之多少，此人中所以為壽命，而男女之宮也。」

古文今解，人中及鼻子底端與嘴上唇間的溝渠，解剖學上稱之為鼻唇溝，鼻子呼吸無形之氣，口唇攝取有形之物，呼吸系統與消化系統將氧氣與養分交付予循環系統，循環系統才得輸送分布以滋養肢體與臟器，人中位居鼻唇之間，堪稱是搭架人生命力的橋樑，一般人認為人中長命長，人中短命短，現實生活中，真是如此嗎？

其實這是一種迷思的概念，依個人的遺傳及體質，人中本來就有長短、深淺的差異；先天長又深，固然優，後天的耕耘結果更是重要，相信後天努力定勝天。

人中與督脈及大腸經脈

人中區主要相關的肌肉是鼻中膈下制肌與口輪匝肌。鼻中膈下制肌又為督脈所轄管，口輪匝肌的上唇部位則有大腸經脈所流布。

督脈起於胞中（內生殖器）出會陰，向身後循著脊椎上行到頭巔頂，再下行到鼻端，過人中而入口中，止於上牙齦中點。它有督統著腦脊髓及生育的意象，攸關世代的傳承及生命的延續。

大腸經脈則從手走向頭，左右兩線在人中區交會，有排廢去蕪與積極行動之含義，二者雖非陰陽表裡之配伍，但互為拮抗，互為制衡，共同經營及管理鼻唇之間的人中區域。

人中形色的反應

人中長短深淺固然出生時已既定，但後天的經營才能見生命的真章。所謂一分靠天賦，九十九分靠後天努力，人中區的表觀，不論先天是長或短，生活積極，努力吸取氣息，打造優質生活與健康，爭取生命長度。

勤於運動，擴張肺腔蓄氧量，加上有良好的飲食習慣及生活習慣，即能提供人體所需的氧氣與養分，落實的耕耘，即使先天上人中並不長，但此時所呈現的人中肉質及色澤，何者健康？何者長壽的機率較高？顯而易見了。是以，論人中長短的意義，已不及以其質色來評估我們的健康。

一、**人中區塌平僵木**：如果連雙唇也顯得僵木無彈力感，小腹循環不良，氣虛血不足，生殖力較低，較易見生殖方面及婦科方面的病痛。男人性功能不全，心有餘而力不足，並多有排泄問題；女人則經帶不順、受孕不易、小腹常悶痛。

二、**人中膚色青黑**：腹脹循環不流暢，氣瘀血滯，女性多有生理痛之症，男性則要留意疝氣、睪丸痛等現象。女性如果從年輕到懷孕生產，以致於更年期，都未見改善，要留意生殖器官的病變，建議定期做健康檢查，尤其年過四十，更不要忽略了子宮頸抹片檢查。

三、**人中恍白**：寒性體質，小腹虛弱、容易經痛、生理期慾延不淨，不易受孕，有的為過敏性體質；如果上唇不恍白反而呈絳紅或黯紅，則大腸濕熱，使小腹冷熱交加，腹脹疼痛的機率更高。

四、**人中恍白，雙唇一併發白**：腹腔虛寒、冷滯、循環差，常是大病初癒或是驚嚇過度的反應，要適度調理及安定心神，多能在短時間內恢復。貧血的人也常常人中、雙唇一併發白，適合以飲食調整，逐步促進造血功能，自能使人中呈現正常膚色。

養生概念 人中溝上三分之一處有一水溝穴（圖五十八），發生意外，昏迷不醒，或中暑昏厥，人中是急救第一要區，急按人中穴區甦醒腦神，此刻壓按的關鍵點即是水溝穴，透過刺激屬於督脈的水溝穴區，活化督脈的氣血傳導，督脈所提挈的是可造血營血的脊髓，以及傳遞生命訊息的腦部，如果腦、脊髓能回復正常運作，則生命安危無虞。

至於從飲食上調理，均衡攝食有

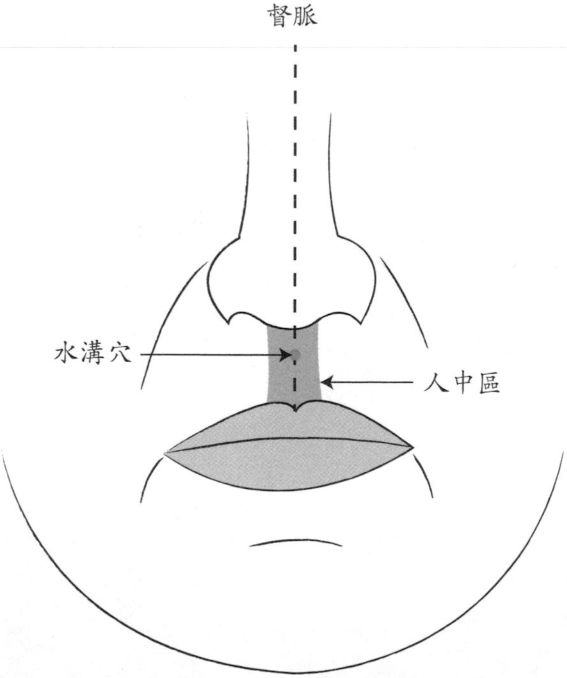

圖五十八 人中區是急救第一要區，壓按的關鍵點即是水溝穴，活化督脈的氣血傳導，甦醒腦神。

益造血活血的食物，如：龍眼肉、胡蘿蔔、葡萄乾、金針菜、菠菜、黑芝麻、五穀雜糧、乾果類⋯等，以及含有葉酸的深綠色葉菜類，蛋黃、南瓜、豆類，富含菸鹼酸的白肉（雞肉、魚類）、瘦肉、全麥等；以及富含維生素B12的牛肉、動物肝、牛奶、起司等，再加上含有維生素C的蔬菜水果，如柑橘、檸檬、草莓、櫻桃等，能促進鐵質吸收，均衡配食，都有益紅血球的形成與再生，防治貧血，並維持腦神經系統的健康，增進體力。

同時，走進陽光，到戶外接受大自然的洗禮，呼吸新鮮空氣，做做擴胸運動，慢跑、快走、游泳等運動，都能增加肺活量，提升體內血液含氧值，假以時日，人中塌平、恍白無血色的狀況都會逐漸改善。

人中長短形色，攸關健康與生活品質

人中長短寬窄深淺與健康

自古面相學中，亦有以人中之長短、寬窄、深淺評估人的吉凶及有無子孫後代。如果從醫學角度來剖析，也是有其關緣的。

人中的外觀成形與鼻腔健康息息相關，鼻腔又是人呼吸系統的最外關口，鼻腔組織健康，呼吸順暢，機會相對多，好運氣自然跟著來。而且，鼻腔呼吸活動又牽引及下焦相關組織如生殖系統、泌尿系統等之運作，與生育、傳宗接代密不可分。

一般而言，人中長且溝渠明顯，形狀又好似劍形，是健康的人中，如果配上肌肉靈活、色澤好，是屬於發憤圖強、自我要求高、自勵自發型的人，其健康、事業、家庭都好。相對的，固然形好，但肉質僵木、色黯濁，後天努力不夠，被動慵懶，其健康、事業、家庭都在及格邊緣而已，需再加把勁。

人中寬、線條明顯、肌肉靈活色澤好，ＥＱ、ＩＱ都不錯，頗有人緣，且能獨當一面，具有寬容心；但如果肉質、色澤不佳，容易變成濫好人，也當避免過勞或交往複雜性伴侶多，以防範泌尿系統、生殖器官有異恙。

人中寬但平，如果肌力、色澤好，體力不錯，但行動較無規劃，易流於事倍功半。如果連肌肉彈性、色澤都不佳，一定要三思而後行，健康方面也當防預呼吸道方面及泌尿系統、生殖系統等組織器官的感染。同時要量力而為，以免常陷於體力不濟之困境，耐力、耐性都欠磨練。

唇上有珠腦筋動得快

人中短、缺乏耐心、急躁又多疑，如果上唇又翹，多有得理不饒人，好逞口舌之能的傾向，且輕舉妄動。人中雖不長，但溝渠明顯，肌力彈性又佳，色澤不黯晦，而且上唇結節尖明顯的人，可就生命力旺盛，潛力無窮了！

上唇結節又稱唇珠（圖五十九），就是上唇中間的唇山處形似一顆珠子，古人有言：「唇上一顆珠，說話不認輸！」一方面是反應其鼻腔呼吸活動活絡，能吸取充裕空氣供應腦子，讓腦子反應快，能伶牙俐齒，之所以能說話不認輸，含蘊有堅持不懈，積極主動、不輕易妥協的個性，運用在生活與生命層面，多能創造局面。

人中短，即使有唇珠，但人中區及唇的色澤都差，即使能言善道也常流於胡說八道，腦子放空太久了！疏於動腦，懶於活動肢節，許多組織器官都處於半休息狀態，免疫力會逐漸降低，體力日益虛弱，行動也後繼無力，趕緊起而行之，強化體能，運動肢體，人中及唇的色質會轉好，健康、事業才會漸入佳境。

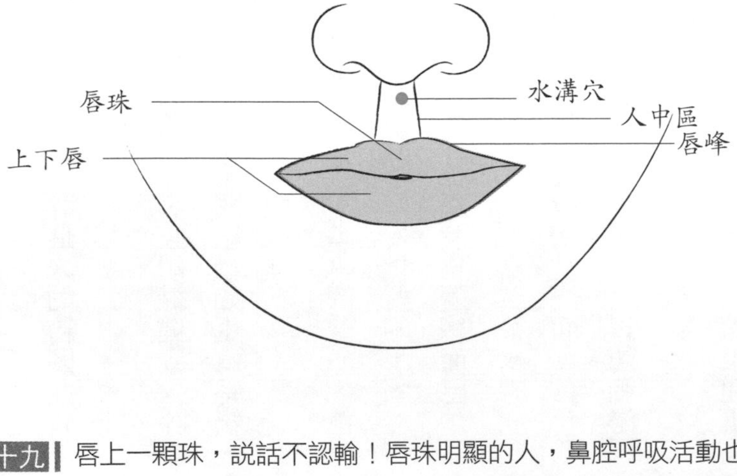

圖五十九 唇上一顆珠，說話不認輸！唇珠明顯的人，鼻腔呼吸活動也活絡。

唇珠在發育成長時期最明顯，人過了三十歲，多數人的唇珠就不再凸顯如昔，一方面是人的體能從二十五歲即開始向下調，且在生活工作壓力下，唇珠自會漸漸失色，是以步入中年唇珠依舊明顯的人，其體力與精力多數是後天鍛鍊而來。即使除非是天生麗質又不自棄；在有唇珠的優質條件下，凡事還是要「停、聽、看」，切忌莽撞行事，言語傷人，才能常保安泰。

人中區與精力生育力

男人的人中溝兩側是長鬍鬚的部位，也代表他的食祿，唇上鬍鬚從人中溝分向兩側長得密而順，行動積極，執行力強，決斷力佳，精力旺盛，成功機會大，財富累積也較迅速，有領袖氣質，也有實業家的能耐。如果該區鬍鬚雜亂，方向不一，也表示運勢較崎嶇，食祿較差。

人中區也是反應生殖能力的部位，男性人中又深又長，不但生殖力強，更是性愛高手，其人中幾乎就是他的性象徵，性感訊息的釋放區。人中淺而淡，其下焦也相對乏力虛弱，生育力弱，對性活動也不甚熱衷。

女性的人中區則與其子宮孕育能力息息相關，人中溝歪斜偏傾的女性，子宮亦有左傾或右傾現象；如果與鼻棘交縫的部位明顯凹陷者，易子宮後傾，其受胎孕育的機率比人中深而直的人低。

女性人中溝明顯，色澤又好，受孕機率高，也比較少患婦科病痛。如果人中區淺平，肉質又僵木，還浮出黑斑者，要留意生殖器官的病症，嚴重者，甚至是惡性病變的徵兆。

人中溝渠深淺，相應於下焦組織功能

人中溝渠與鼻腔

人中溝渠或深或淺，幾乎與鼻腔的功能成正比，鼻腔的功能則取決於鼻黏膜是否健康。黏膜覆蓋著人體的腔室，如消化器官、呼吸器官、生殖器官，以及泌尿系統的大部分管腔內壁等組織；儘管各器官的黏膜各有其特定功能，然最基本的都是在防止腔室內乾燥，黏膜更是人體免疫系統的第一道防線。

鼻黏膜與關元穴

鼻黏膜是一種很特殊的黏液纖毛系統，負責暖化及濕化吸入的空氣，調節吸入肺中空氣的溫溼度，並經由鼻黏膜血管的充血與收縮來調整鼻子的阻力，以防衛空氣中污染物的入侵。

鼻腔內的所有活動，都會影響人中溝渠的深淺。鼻腔內活動量愈大，人中溝渠會愈明顯，人中一帶的肌力會愈形強化。

人中溝渠除了天賦異稟之外，一般情況下要變得明顯絕非一蹴可及，都是經過長期間的大量呼吸，也就是有大量吸氣及呼氣的活動，如此才會牽動到腹部肌肉，尤其是運動到起止於恥骨與劍突之間的腹直肌。

而腹直肌上在臍下三寸的關元穴區（圖六十），正是丹田式呼吸的軸心所在。關元穴具有培元固本，補益下焦的作用，是生殖系統、泌尿系統及治療其相關疾患的第一要穴。

三焦是中醫領域特有的概念，是上焦、中焦、下焦的統稱。而下焦通常指肚臍以下的器官組織及其功能，主要是泌尿、排泄及生殖系統；是以藉由丹田呼吸，在上可強化呼吸道鼻黏膜功能，在下則保健腹腔內生殖等系統。人中的表觀與下焦組織是相呼應的。

因此，鼻腔黏膜的強化，可藉由呼吸活動，尤其是要牽動及腹部丹田關元穴的深呼吸來達成。而要長時間的活動鼻黏膜，持恆規律的運動是不可或缺的，普遍上有持續運動習慣的人，特別是做有氧性運動，如慢跑、游泳、有氧舞蹈、瑜珈，其人中溝渠較一般不運動者來得明顯而有力。

這也說明，有運動習慣的人，較少受流感等病菌之侵襲，因為運動需大量呼吸，呼吸活動強化了鼻黏膜，而黏膜是人體免疫系統的第一道防禦。

大量呼吸刻畫人中

通常，呼吸的大部分氣體是通過鼻道再經過鼻咽，只有用力吸氣時空氣才穿入，並通過鼻腔

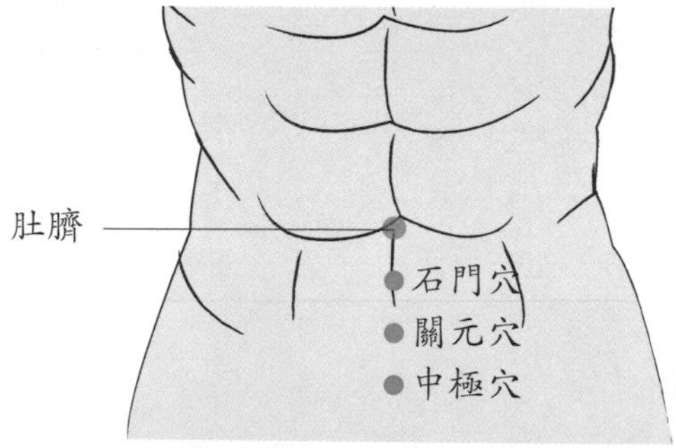

圖六十　壓按關元穴區，刺激任脈氣血循環，調節內分泌，改善生殖系統疾病。

的上部，直接和接近頂部的嗅區接觸，所以有一定活動量的人，嗅覺也會相對敏銳；為了要因應活動及運動所需之氣息，呼吸量提高，人中也會隨之加深，更具流線型。

人中淺的人，活動量不大，運動量更少，腹部呼吸較困難，下焦組織的循環較弱，腰腳也容易疲憊乏力。

靜止時，人中淺，開口講話時人中變得明顯，表示曾經有過大量的活動或運動，有不錯的根基，但近期已疏於繼續維持，這種情形，只要再活絡起來，人中溝在三個月至半年間又會再浮現。

不動時人中淺，講話變得更平，想必是累壞了！長時間的過勞、休息不夠，身心都瀕臨臨界點，應該要及時安排較長的度假，甚至考慮換職場，屆退休年齡者也該休息了，否則健康即將亮紅燈。

人中淺，色澤又黯，多數是慵懶成習，懶得思考，懶得運動，非改變生活作息不可，否則人會變得沒鬥志，生活茫然無目標，日久，將像是行屍走肉。睡前服飲腎氣茶，取熟地、山茱萸、山藥、丹皮、茯苓、澤瀉、車前子、牛七、桂尖、炮附子各〇・五錢，加一千cc水煮成五百cc，可以改善人中區的色澤，並能提振精神，消除疲勞，意志集中，同時能強化腰腎，減緩腰痠背痛，改善性功能失調之症狀，漸漸使人中的色澤好轉。

按揉關元穴，可刺激任脈氣血循環，調節內分泌，改善生殖系統疾病，如遺尿、遺精、疝氣、帶下、經痛等症狀，並能提高受孕率，提升睡眠品質，同時具消散腹部脂肪的作用，長時間按揉或熱敷，有減肥瘦身效果。

以手掌近腕的部位來壓按，順時鐘逆時鐘方向交替揉按。或是雙手交疊放在關元穴區上，小幅度、快速地上下推動，不限時間地點，隨時都可操作，力道以腹部可以承受的程度為限，不宜太重。

人中塌平長疹，生殖泌尿狀況多

人中攸關生命存續

人中區主要分布著口輪匝肌，而從上唇尖到鼻棘（兩鼻孔間的肉屏）又覆蓋有鼻中膈下制肌，督脈即終止於此；相對的，督脈起始點是在會陰部的球海綿體肌，對男性而言，它負責外生殖器的勃起、射精，及把尿排乾淨；對女性而言，負責外陰唇膨脹與陰道口收縮。雖然上下相隔甚遠，透過經脈的循環，上下反應的關連性於是產生了！

我們進一步可以了解到，督脈從兩陰之間的會陰、長強出發，一路繞行背脊、上頭部，再往下到臉部，走到唇尖兌端穴為止，最後這一小段，從鼻端的素髎穴，到人中的水溝穴，再到上唇尖的兌端穴（圖六十一），短短不到兩個橫指幅的距離，卻蘊含著無限的人生情事。

從這小小區域，自古以來不論是命相學，或是傳統醫學，以至於現今的解剖學，從不同角度切入，它都攸關生命的存續，以及人類的傳承，不論有無能力做愛做的事，

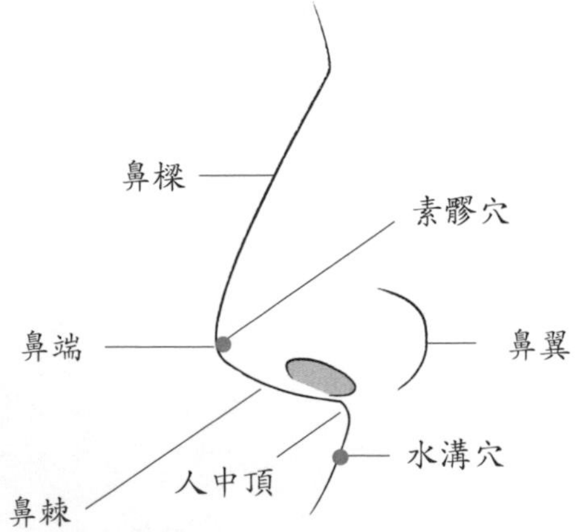

圖六十一 鼻棘、人中頂長疹、搔癢、脫屑，多與生殖器官及泌尿系統有關。

有無能力傳宗接代，有無能力享受口福，幾乎都可以從此方寸之間窺見其奧。

人中平缺乏活力

是以，人中區的肉質、色澤，人中溝的深淺、寬窄是可以據以評估生殖、泌尿系統的健康，以及性活動能力的強弱。

男人人中塌平僵木，性功能多有失調，四肢也常乏力，體能、生活都缺乏活力。相反者則是能享受「性福」人生的。

女人的球海綿體肌發達，不但下盤穩健有力，走路婀娜有韻律，其人中區也蓄勢待發，在床笫間當高潮迭起之刻，人中區肌肉的活動也是力道十足且變化多端，比起人中僵硬塌平的女人，其性靈身心的結合度高太多了！

人中區塌平僵木，上唇方肌多數也變得呆板乏力，造成臉部表情僵硬，不是一臉苦瓜，就是嚴肅撲克牌臉，好似長的抱歉，不討喜，又無法笑臉迎人，自己也很無奈。此情形之下，不但提不起勁，動輒疲累，別說要積極過日子，已提早老化色衰，連能令人上雲端的性活動，都無力以赴。

人中頂長疹狀況多

面王鼻頭以下的鼻棘是反應生殖器官及泌尿系統的面診部位，而人中的頂端，也就是人中與鼻棘交接的地方，這區域經常長疹、搔癢或脫屑，多因性事不平衡，不是縱慾過度或手淫頻繁，就是壓抑不得紓解，無法適度、和諧的過日子；也有人是下部有感染發炎的跡象。

再擴大觀察的範圍，從人中頂端到鼻端，就是鼻棘，也是鼻中柱（分隔鼻孔道的肉屏）的底部，該線的豐盈枯瘦，與外生殖器的勃舉度成正比。枯黯肉粗糙的男人，性事多不順遂，常苦於不舉或早洩。至於女性朋友則關於陰道口的感應度，枯黯不豐者，多苦惱於經痛、性交痛，甚至有性恐慌。

鼻中柱底部枯黯，看似有髒物沾在上面，腹腔循環不良，女人的分泌物多，易有不良味道，容易感染陰道炎、尿道炎，尤其是與人中交接處特別青黯或黑黯的人，即使沒有性生活，也常被分泌物量多而苦惱，通常這與飲食習慣大有關係，多數有吃太多生冷寒涼的紀錄。如果再加上過勞，偶爾還會有慢性骨盆腔炎症，亦有嚴重者發生腹膜炎的病例。在此情況下，性愛對她而言是苦差事，婚姻也容易因床笫間不協調出現齟齬。

這種現象首先務必調整飲食習慣，拒絕食飲生冷寒涼，多攝食溫熱性食物，並飲異功茶，取陳皮、黨參、白朮、茯苓、炙甘草、生薑、紅棗各一錢，加一千cc水煮成四百cc，每天分三次服飲，症狀嚴重者則每天喝八百cc，每月月經來前十五天，每天喝，約三個月即可大大改善分泌物多之症狀，並調理月經不順及經痛等。

調理人中塌平之不足

男人人中塌平，性功能多也鬆弛不起勁，生活平淡起伏少；從改造生活習慣來著手，有意想不到之效果。首先要早睡早起，晨起運動，多參加社團活動，唱歌跳舞都合宜。

早餐要豐富多變化，讓四肢充分活動，其骨骼肌活動運動愈多，也會帶動軀體內臟器平滑肌，使之隨著結實有力，則生活會變得更有樂趣、更有活力，性活動也漸可得心應手，每天再操作「縮腹抬頸式」（圖六十二）十至十五分鐘，效果更加明顯。

動作要領：

步驟一：平躺，膝蓋彎曲，雙腳併攏踩地面。

步驟二：雙手放在大腿上，雙手沿著大腿慢慢向上碰膝，雙肘盡力伸直，上半身頸項、背脊隨著起來，腹部收縮。

步驟三：咬緊牙關，縮下巴，以鼻子吸吐氣，兩眼注視著正前方。動作維持二～三分鐘，再緩緩躺平，停頓片刻再重複操作。

以上動作天天操作，每次晨起早餐前是最好的操作時段，這是刺激強化督脈氣血循環的好方法，約十五天即可見到效果，鼻中膈下制肌與球海綿體肌的肌力及人中色澤都會隨之改善。

改善人中頂長疹

無論男女，人中頂端與鼻棘交縫處長疹，可以食用「腎消煲」來改善，取花粉、黃連、茯苓、萆薢、黨參、元參、地膚子、蛇床子、石斛各一錢，雞胗六兩，米酒一百cc，水四百cc，盛在一碗盅內，入電鍋蒸煮，外鍋加兩杯水蒸煮，喝湯吃胗，可改善下腹循環，消除人中頂的痘疹。

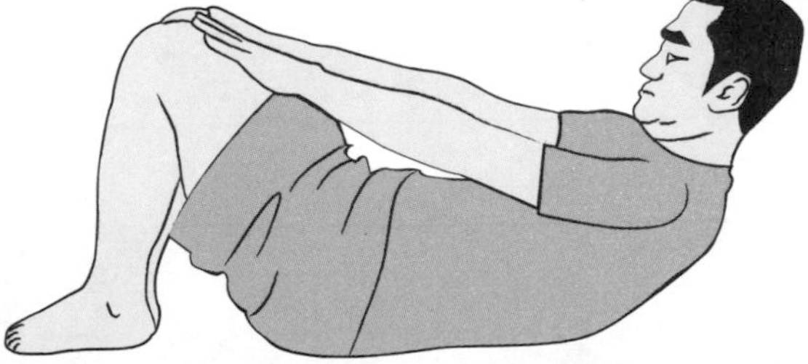

圖六十二 縮腹抬頭式

面王以下潔淨，膀胱子處安然

面王以下膀胱子處

面王就是鼻端，反應脾臟及意識運作狀況。面王以下，是指從鼻端順著兩鼻孔中間的肉屏延伸到與人中交接的這一段鼻棘，正是觀察膀胱子處的功能及其病徵的重要部位。

膀胱包括其本體及膀胱經脈，即泌尿系統；子處泛指生殖器官，男性以外生殖器官為主診，女性則以內生殖器官為主診。觀察時從鼻端開始：

男性：

一、鼻棘：陰莖。

二、右鼻孔：右側的睪丸及攝護腺、輸尿管。

三、左鼻孔：左側的睪丸及攝護腺、輸尿管。

四、經常枯黯或紅腫或脫屑的部位，其所對應的生殖器官可能有病變，如濕疹、疝氣或性病感染；或是退化、老化的反應。

女性：

一、鼻棘：子宮頸到外陰部。

二、右鼻孔：右側的卵巢及輸卵管、輸尿管。

三、左鼻孔：左側的卵巢及輸卵管、輸尿管。

四、鼻棘厚實，顏色正常，表示相對應之生理結構健康，受孕生產都能順利，性愛活動也相對活躍；反之則較弱，如果連鼻孔周圍都黯濁，則受孕不易，且易受感染，下體分泌物多，或常受經痛之苦。

分區十點細觀察

將面王以下，即鼻子的底端標示A～J十點，分區來觀察膀胱子處，可作為評估生殖系統及泌尿系統病徵的參考。（圖六十三）

一、A～B：即鼻棘部加人中，既反應腹腔循環，更可重點觀察女性子宮頸到陰道口，男性的外生殖器，J則看龜頭。肉質的厚薄、軟弱或彈力，膚色的潔黯亮灰都反應其功能及病象。經常枯黯污濁，表示其循環差、氣血不暢、功能不彰，易受感染，常感覺不適。女性多見帶下之症。如果有脫屑、紅赤、腫痛、搔癢，甚至長疹，表示現階段有感染發炎現象。同時，A～J之間：包含I、J，反應泌尿功能及性能力。如果中間出現一條直紋，其結構及功能都可能出了狀況。如果I～J顯得特別枯黯，為房勞縱慾過度的烙痕，否則要留意是否生殖系統或泌尿系統有慢性發炎。顏色十分黯濁不潔

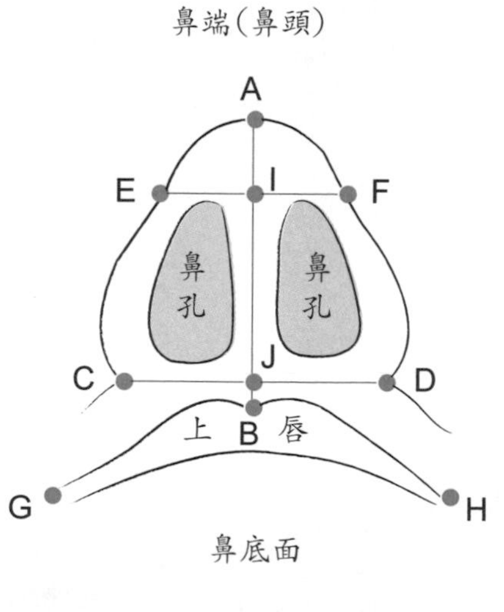

圖六十三 鼻子底端A～J十點，可為評估生殖系統及泌尿系統病徵的參考。

亮，已呈現一段時間者，可能性病感染或是器質性的病變，如腫瘤等，不要輕忽以待，以免錯失醫療先機。

二、C～D：反應陰道口、龜頭，顏色黯濁，如佈滿黑斑，或會痛會癢，顯示長濕疹或外部感染，或為疹，嚴重者會蔓延到陰道旁或陰莖旁的腹股溝一帶。做愛時也會出現外陰部或龜頭疼痛。

三、E～F及G～H：E～F反應胃經脈，G～H反應大腸經脈，此兩部位觀察胃、大腸及其經脈的氣血循環狀況；換句話說，從鼻翼到嘴角，是反應腸胃的症狀，如果佈滿黯紅、紫紅的細血絲，表是腸胃多濕熱、瘀滯，消化、排泄都不順暢，腸內壞菌多，容易腹脹、腸氣、屁味臭。

四、ABCE及ABDF：反應同側腹腔的循環。

(1)J～B黯濁：外陰部尤其是陰道口、尿道口，及陰莖龜頭有發炎現象，顏色愈黯，愈不亮潔，症狀愈明顯。性行為頻繁，自慰頻率愈高，或不注重個人衛生者，發生黯濁色的機率相對高。

(2)A～I黯濁：女性子宮頸、男性攝護腺、輸精管等功能不良，體質虛弱，過度勞累再加上飲食寒涼的人，症狀更明顯，尤其是情緒低落，悲觀陰晦，或受到重大打擊的人，其黯濁如蒙塵的現象更突顯而持續。有子宮頸或攝護腺惡性病變的人，不僅A～I區色澤異樣，更會延伸到J點，甚至B點。

(3)J紅絲多：J點一帶紅絲多，甚至長痘瘡或黑黯斑，多有內分泌循環障礙或新陳代謝失調。在生理期有紅絲，甚至擴及C或D，是腹盆腔、子宮充血，屬正常現象。非生理期或排卵期，經常性的佈滿紅絲絡，而且絲絡色偏紅紫或黯紫，或見其他皮膚異恙，則要留意內分泌及代謝問題。婦女更年期因女性荷爾蒙分泌改變，也常見此現象，特別是更年症候群明顯的。

五、C～D＋G～H（含J～B）：此一帶有紅絲絡或瘡斑，腹盆腔循環及生殖系統一併出現狀況，顏色愈黯濁，症狀愈明顯，多伴有尻骶痠麻或疼痛，產後保養不當，子宮卵巢病變，罹患性病等，此區域不但色澤變差，肉質也會變得僵木。

養生概念 可保健腹腔、促進腹腔循環的穴道有很多，在此列舉兩個代表穴位，一是在肚臍下三寸有一關元穴，洗澡時以熱毛巾敷在其上，冬天則可將暖暖包搓熱，放在關元穴區來保暖腹部，刺激腹腔內組織及脈管的循環，可調理虛弱，改善性功能，緩解遺精、疝氣、帶下、月經失調、生理痛等症狀。

再者，就是位於腳大趾、二趾骨縫間的太衝穴（圖六十四），壓按刺激太衝穴區，以大拇指指腹按壓，或以圓鈍的器具來壓按，吸氣時施力，吐氣時放鬆，以個人所能接受的力道來施力，每天按二～三次，每次按約五分鐘，自然呼吸即可。

可調理腹腔循環，改善陰部疼痛、遺尿、小便不通、疝氣、經帶不順、產後虛弱、生理痛、行房緊張疼痛等問題。

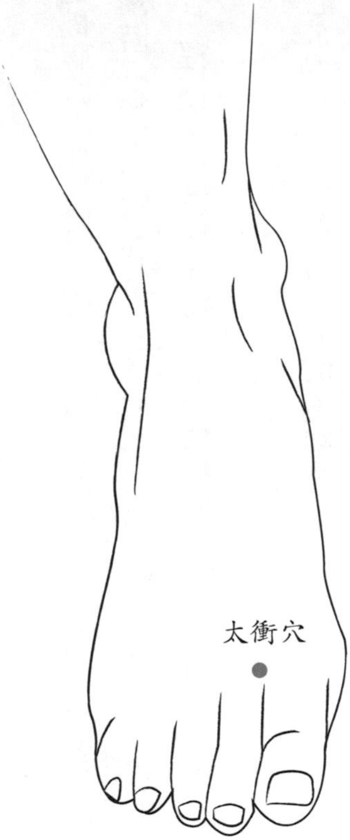

圖六十四 壓按刺激太衝穴區，調理腹腔循環，改善男女生殖系統問題。

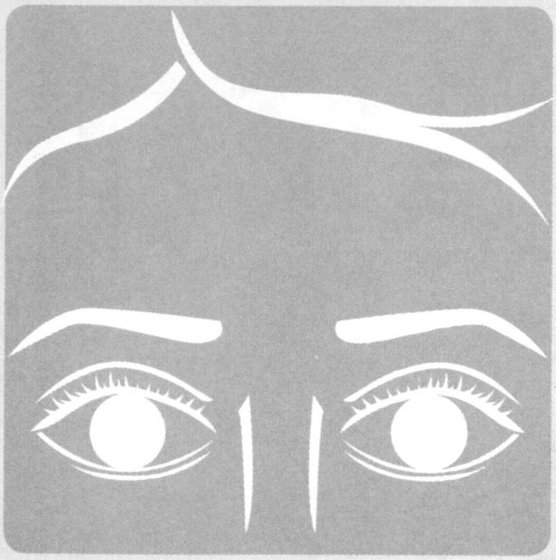

CHAPTER 4

額眉眼輸出情義與情慾

天庭飽滿好運到，有智善謀思維周

額骨與額肌

額骨像是一顆展開的二枚貝（圖六十五），展開在頭顱的前方，由三部分所構成：

額鱗部：在前額，大而垂直，也是觀察額凸陷或寬窄的主要部位。

眶部：眼眶骨的上緣，影響眼眶頂部的形成至鉅。

鼻部：與鼻骨、頜骨及鼻根部的關節之成形息息相關。

就解剖學角度，以上三部分都有其重要性；就中國醫學的觀面望診而言，則以額鱗部為主診區。

在幼兒時期，兩塊額骨藉著額縫相接，成人時期則發展成一塊平滑而向外凸出的額骨，額縫的下端，在成

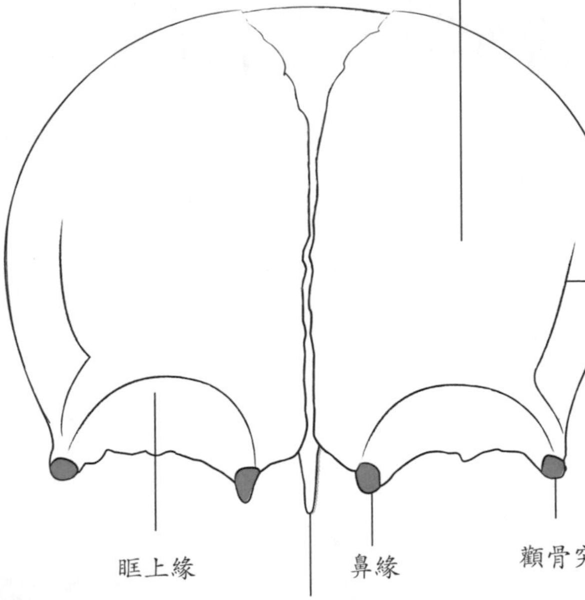

圖六十五 額骨展開像是二枚貝的雙殼，由額鱗部、眶部、鼻部三部分構成，再覆蓋上額肌，是我們腦智思考及運作的表現區。

人的鼻根處有時還可發現。

額骨由額肌所覆蓋，就是我們所稱的額頭，觀察時不但要評估額骨骨形、額肌的質地，表觀的顏色更是關鍵，說額肌是腦智思考及運作的表現區是十分貼切的。

額頭應天庭

額頭在人的頭首，相應於天，又稱之為「天庭」，是彰顯個人腦力智慧、精氣神色的首要部位，俗話說：「天庭飽滿好運到。」相應於《黃帝內經靈樞．五色篇》所言：「庭者顏也」、「庭者首面也」，額頭是顏面之首，顏面五官的動感表現，終將凝聚所有的細微，整體展現在額頭上。所以額頭和面頰、下頷部一樣，都是以方大為佳，即使在十步之遠輪廓依舊清晰可見，這就是有才有智、有富有貴的額相。

聰明與笨蛋

只要看額頭，就知道這個人是聰明還是笨蛋！額頭之內即蘊藏著腦力與智慧。一方面表現出得自遺傳的形狀，另一方面同時展現個人後天的閱歷。額頭豐盈、色明亮，額肌結實少雜紋，即使銀髮皤皤，額紋亦是工整有序不紊亂，這樣的額頭意味著其內分泌系統運作順暢，陰陽不偏不勝，均衡協調，是一個有理解力、有構思力的腦袋。

額豐多富貴

《麻衣相人術》有言：「額前聳起隆而厚，決定為官爵祿升。」額骨隆起、額肌又厚，如果色澤明亮，必是前途無量、官運亨通、商賈財廣，因思考縝密，有智慧、有規劃、有謀略，無論從商或為官，通常會是各行業中的翹楚。

相反的，凹凸不平的額頭，摸起來是額骨不平滑，如果不是外傷造成的，在其成長發育過程中必定有身心上的瓶頸或障礙。如果是額肌坑坑疤疤不平整，不論是痘疹留下的瘢痕，或是肌肉組織的紋理不順，或是早衰老化任皺紋叢生，都與平日的生活步調失調、飲食習慣不良有關。

如果額肌色如煙燻，或像蒙灰不淨，都是慵懶的證據。懶得動腦、懶得運動、懶得活絡肢節，這些情況下的腦質大多數不會聰穎細緻，而且相關的頸動脈循環、靜脈回流、經脈氣血循環，以及神經系統的傳導也都滯礙不流暢，所以整個人也常出現暈頭轉向、神志不清，甚至耳不聰目不明、不知所云的現象。

額色內涵 在觀察額頭的色澤，有幾項要領可循：

額的顏色比臉部其他部位顯得紅赤，這是心火上亢、心思躁動的反映。

額色白，尤其在兩眉上方特別白，是肺有寒氣，經常如此的人，肺呼吸器官較弱，容易受風寒流感，體質有過敏傾向，一旦有溫差或是空氣不淨，馬上就噴嚏連連。

額頭發黑，一是顯示情緒低盪、抑鬱不紓，一則是飲食不當，造成相關經脈循環受阻，特別是造成胃經脈氣血變動失衡而引發出的反應，會在額頭顯現黯濁之色。換言之，額頭整體黯濁無光，膚表粗糙不整，常是脾胃納穀消導不良，以致體內水氣太盛，濕滯不暢，手足也顯得鈍重不靈活，還偶見肢端有水腫現象。其人的時運不濟，學業、工作、婚姻都不盡如人意。

太陽穴區是連綴頭巔頂骨與額骨的承軸，一旦色黯，反映腦思轉折不順，自相矛盾；如果附近都浮暴出青筋，情況就更嚴重了，其情緒猶如是不定時炸彈，隨時都可能爆發。

額頭的膚色，像是瘀青般的青黯色，通常是病入膏肓才會出現這樣的死沉色。以我們東方黃種人而言，以潤黃色中透紅為佳，個人皮膚黑、白會稍有差異，當然正常的額色是要與臉上其他部位的面色協調。

古人認為額頭出現亮澤的鮮紅色，是吉祥之兆，這是意象之說，正常的額頭，除非被撞擊紅腫，否則難現鮮紅顏色。

眶部與額頭

額骨眶部的發展，會影響額骨形狀，首先要了解眼眶部與額鱗部的交集。《麻衣相人術》論及：「印堂潤澤骨起高，少年食祿掌功曹」，以此語來串連額頭與眶部及眉稜骨之間的關聯性最為貼切。

大腦額葉越發達，額骨就愈形豐滿隆起，帶動眉稜骨也隨之高聳，額肌、眼輪匝肌就更加厚實。而額葉發達，其高級認知功能，例如學習、語言、決策、形象、情緒管理等效能就愈高，所以前途自是一片光芒。

輸在起跑點

相反的，額骨塌、眉稜骨陷，其學習認知能力會比一般人差，且思維沒邏輯性，語言天分相對低，情感表現和情緒管理能力也是較不足，以這樣的條件，起跑點已落後，其競爭力自然比額骨隆豐、眉稜骨高聳者低，孰勝孰敗？已一目瞭然。雖不致於前途無亮，但確實較難有高官厚祿，日進萬金的機會。

額骨不豐在發育成長期過後，難有改變的機會，但額色才是決定前途亮否的關鍵，而額色是可以透過個人的努力來改善，額肌的質地更是如此。

按摩改善額色

從額頭正中線直上髮際，入髮際五分處（約大拇指橫幅的一半）有神庭穴，入髮際一寸則有上星穴；在神庭旁開一・五寸，左右各有一個曲差穴，上星穴旁開一・五寸是五處穴；在神庭旁三寸，也就是曲差穴旁一・五寸，有本神穴；本神穴前，當眼睛直視時，瞳子位置直線入髮際五分處有臨泣穴，這些穴位都分布在額肌上，約當在頭頂骨冠狀縫的前緣（圖六十六），以手指從額頭往上、往後梳理，稍稍用點力，讓額肌有感應。

每天至少梳理一次，可在每晚睡前梳理一百下，其他時間不拘時地，就徒手梳梳按按，效果都很好。梳理的範圍可再往後延伸過頭巔頂到腦後。梳頭促進額肌活動，刺激相關的經脈、血管和神經，當傳導、循環暢通後，其血液養分供應充足，則額肌彈性增強，額色也會日益好轉，當然腦智也會隨之開竅。

梳理按摩額頂這些穴群，同時能改善頭暈目眩、鼻塞不通氣、眼視昏花、頸痛頭重之現象，還有養顏防老、烏黑髮髭、減緩頭髮發白速度等效果。

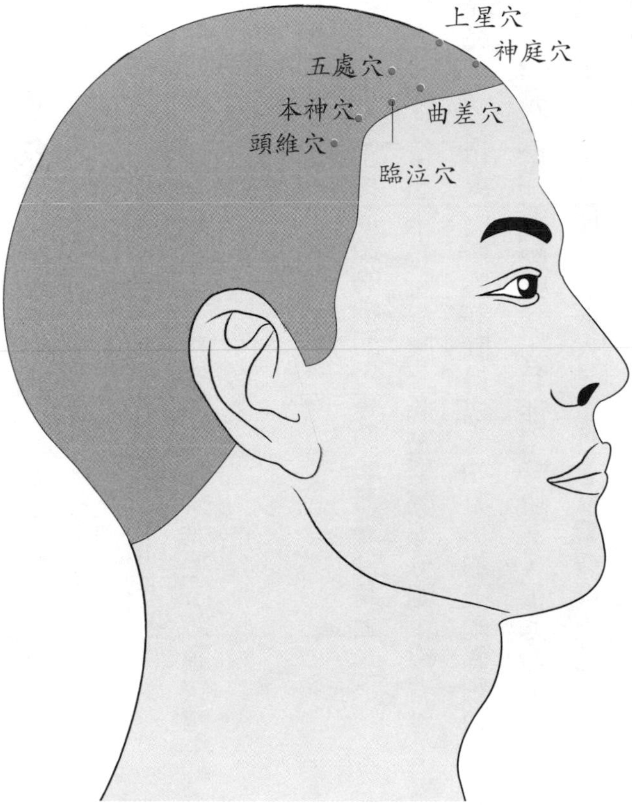

圖六十六 神庭穴、上星穴、曲差穴、五處穴、本神穴、臨泣穴都分布在額肌上，天天以手指從額頭往上、往後梳，額色會日益好轉，腦袋會越來越開竅。

額頭滿色亮，有智慧好記憶知性高

萬物靈長 人之所以是萬物之靈，因為有思考能力、有執行能力，而且思考與執行可以整合後再刺激創意，其發展是無可限量的。思考與執行的主宰就在腦額之內，額天庭就表徵著腦質，額的寬窄、高低、色澤、骨形、肉質、紋路……，都可讀到個人的資質與身心狀況，從額看自己，也看他人，都是一目瞭然！整體而言，額頭的表象與腦部功能息息相關的。

一般而言，額頭以寬廣、或圓潤為佳，且髮際清晰少雜毛。額頭狹窄，髮際壓眉的人，智商不高，心胸不寬，性多計較，眼光較短淺。

額上髮線清晰 再進一步來剖析額頭的細節，將額頭三等分為上、下、下三區（圖六十七），額頭靠近髮際的這三分之一部分，顯示心智反應。此區髮際線分明，沒有雜亂髮細絲，且骨形微凸不凹陷，肉質平整又光亮，多富思考力，腦筋動得快；如果再加上兩個額角又微微地凸出，更是「智慧型」人物，不但腦子清楚，腦力運轉靈活，且能舉一反三，很適合從事要激盪腦力的工作，如開發、設計、研究、創意……等，發揮空間很大，而且愈撞擊愈爆火花，組織智慧群，就是要覓得額面光亮飽滿，且額角微凸的人。

但不要找額角太突顯的人，俗話說「生毛發角」，額頭長角，特立獨行，我行我素，且龜毛，吹毛求疵，不容易融合團體，或許適合獨立作業，但較難與團隊共識。

這區域凹陷者，天生愚昧，腦神經傳導循環不良，體質多虛弱，常頭痛、失眠精神不濟，學習能力和效果也較差。

同樣的，如果額的形質都好，但髮際紛亂、線不明晰，這也是麻煩人物，有理講不清，想法很多，但天馬行空，有這樣的團隊人員很難同心協力，如果是領導人，麻煩更大，朝令夕改，隨時後策推翻前策，決斷力很薄弱，效率都被拖延掉。

額中亮好記性 額頭中段這三分之一部分，也就是在兩額角下與眉稜骨上方的這一橫帶，關係著記憶力，此區域骨肉盈、皮表

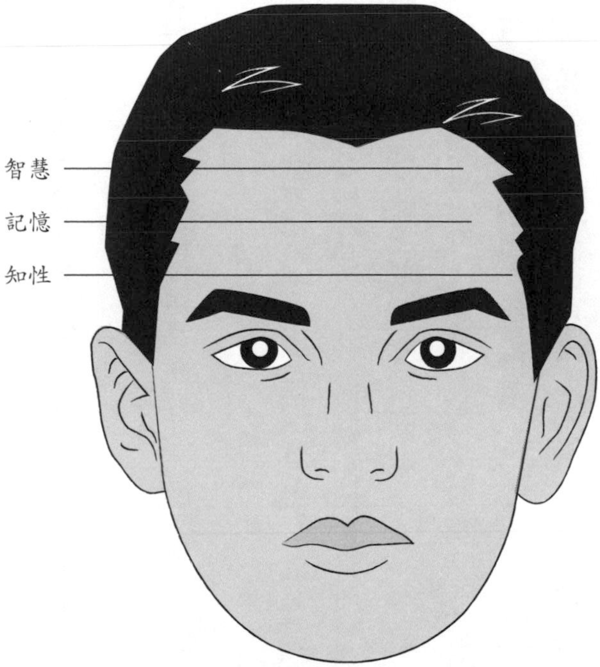

圖六十七 額頭三等分為上、下、下三區，上區看智慧、中區看記憶、下區看知性。

亮、少亂紋者，記憶力強，而且具有分析及推理能力。該區段隨著年歲，也是老化最明顯的部分，通常額紋、抬眉紋多數聚集在這一帶，隨著年齡烙下了額紋，如果紋路順而不紛雜，是智慧之紋。但該區塌陷，其實是隨著腦力衰退的必然現象，試看失憶者，額中陷的機率相對高。隨年齡逐步平緩在一定範圍內變或生活皺紋都屬正常現象。

但陷入明顯，又有紊亂紋，如再加上色黯如蒙塵，不但記憶力明顯衰退，其思考組織與行為執行也會隨之出現落差。

這一區段色好質佳的人，面部肌肉也連帶相對活潑，表情較豐富，個性開朗，總是笑臉迎人。

下額寬知性高

額頭下半，也就是以緊鄰眉稜骨這三分之一帶，與反應力有關，此區微聳而寬的人，知覺性高、觀察力強、敏銳度夠，有較強的好奇心與好勝心，較懂得察顏觀色且識時務。如果此區狹窄凹陷，心事深鎖、心境狹隘、反應慢、知性鈍，缺乏進取心及企圖心。

但如果太過高聳，個性剛烈，企圖心太強，反應多激烈，較容易造成人際衝突，而且過度好勝，輸不起的心態，如果沒有相對的紓發管道，會走入死胡同，甚至自殘。

該區段的正中部位，正對應著咽喉與肺，關係著呼吸、咽喉與食道等健康，如果這矩形區特別凸顯且亮澤無雜質者，勘擔任「為民喉舌」的角色，肺魄足、宗氣順，敢說敢表現。但色澤還是最重要，形好色差，或許專逞口能，信口開河，招搖撞騙，滿口花言巧語，實質內在是敗絮一堆。

而且，該區域就是所謂的「印堂」，印堂發黑被認為就算沒病也避不了霉運，因為肺宗氣是全身體氣之宗祖，這口氣吸吐不順，身心也舒暢不起來。印堂發黑不是肺魄受創、彆手彆腳，就是氣不順暢，生理、心理都不順，怎麼做怎麼錯，怎麼投資怎麼賠，因為腦智都已混沌不清，規劃策略怎會精確？自然就節節敗陣，好似所有倒楣事都碰到了！

腦力的殿堂太陽穴

在額頭的上段，除了左右額角反應能量運轉力之外，在其兩側邊，也就是以太陽穴為主的區域，也是很重要的觀察據點。太陽穴其英文名稱為「Temple」，猶如是神殿，是腦智的殿堂。太陽穴在飛簷走壁的武俠國度裡，這裡是死穴，太陽穴如被點了，輕則不省人事，重則一命嗚呼！以現代醫學而言，重擊太陽穴確實會致命，或是造成腦震盪、喪失意識。

太陽穴區覆蓋著顳肌，流佈有胃經脈、膽經脈，又有耳顳神經（來自三叉神經的分支下頷神經）穿過；同時顳淺動脈、顳淺靜脈也經由此區進入腦及回流心臟，重點是薄薄的顳骨內部就是腦組織。小小區域，相關的解剖組織卻十分複雜，相較於頭顱其他大面積的部位，它確實是展現腦活力的殿堂。

太陽穴區微有圓弧者，除了天生麗質難自棄，否則絕大多數是後天堅持努力的結果，識能累積愈豐，牙關咬得愈緊，太陽穴豐鼓的機會就愈大，如果久不見書中顏如玉，久不聞書中撲鼻香，太陽穴區會愈來愈陷下，腦子愈用愈聰明，愈磨愈有智慧，太陽穴外觀就與腦智與識能消長成正比。

額頭的青筋

額頭浮現青筋，在解剖學上著重的是額頭顏面靜脈回流不良，傳統醫學著眼的是生、心、病理綜合的表徵。

額頭正中浮現一條青筋，從印堂直上腦門，此人個性頑固，緊張過度，脾氣急暴，超沒耐性，動輒發飆，十足火爆。有此青筋的人也常受頭痛之苦，其痛處偏在前額部到頭頂。要舒緩脾氣及頭痛，最重要的事先要做好情緒管理，並多遊山玩水，賞花觀月，陶冶性情能放鬆心情，消弭緊張與火爆，變化氣質後少發脾氣，青筋就會隱入不現，頭痛也會不藥而癒。

額角浮現青筋，左側多者，內心壓力大，自我要求多，青筋色愈深，表示壓抑時日愈長。右側多者，壓力是外來的，外在人際關係不良，或是有志不得伸張，懷才不遇，言行舉止較易失控。兩側都有者，是身心俱疲，內外交相加。冰凍三尺非一日之寒，如果缺乏適當的紓解管道，當瀕臨臨界點，不論哪側有青筋，多會有驚人之舉，暴力傾向、自殘殘人、殺夫殺妻、弒親剁子都有可能。尤其時下社會，個人的調適能力日益變差，走極端的案例愈來愈多，個人不爽何在乎玉石俱焚，後果都很慘烈，但對人對己都不值得。

太陽穴區浮暴青筋，常是與額角一脈牽連的，有人發怒時，太陽穴也隨之鼓動，咬牙切齒之際，更是動盪頻繁，其不穩的情緒好比不穩的地殼，不知何時會爆發，其實這樣的情緒起伏，十分傷精神，也損體氣。

親友團的親情呼喚，朋友適時伸出援手，以及自己懂得安排休閒，都能舒緩壓力，釋放暴動力。再者，經常按摩額角髮際，也發揮紓壓解鬱效果，按摩穴點以頭維穴為主。

頭維穴是維繫腦智清醒的要穴，它正處於髮鬢角入髮際的位置，以手指指腹施力壓按，同時連其鄰近的本神穴、臨泣穴、曲差穴也一併壓按，能撫平情緒，調整心情，讓身心和平淡定，也能緩解頭痛、眼痛、頭暈目眩等現象。

額前枕後相呼應，攸關腦心健康及思考

恰到好處的額度

額頭的長短寬窄以適度為佳，所謂天庭飽滿，度量的基礎也是以額所占的比例，在個人顏面整體上的是否協調，而不是小頭卻突著大額，不僅長相怪，也談不上額滿福滿。

額頭在顏面骨群中，是唯一屬於頭顱骨的，頭顱骨包裹維護著腦部，顏面骨則與腦部沒有直接關連。額的長短窄寬所關係的是大腦前葉的大小，與顏面骨所要承載的表情問題較不密切，而是思考與判斷方面受制的多。額窄短，大腦前葉較小，能揮灑的空間也小，顯得思緒紛亂，常理不出頭緒，一件事總是要迂迴幾轉才能完畢，個人累，團隊也隨之團團轉，所以人際上較難通達無暢，工作上也是事倍功半。

腦後贅肉

人的頭顱骨，通常是額頭到後腦的長度，比左右太陽穴之間的長度來得長，也就是前後的距離比左右的距離長。

包裹在額頭與腦袋的肌肉性質多屬薄而柔韌，從額頭上的額肌、顳骨（太陽穴區）上的顳肌，枕骨（就是後腦勺）上的枕肌（正面仰臥，後腦貼在枕頭上的部位），以及頭巔頂上的帽狀腱膜（圖六十八），以拇指、食指合力去拉提，皮與肉要沒有分離感，且緊貼著骨頭，這才是健康的態樣，表示其腦部運作良好，相關神經脈管也輸通無礙。

在這些肌群當中，如果枕肌顯得特別肥厚，表示腦幹的運作很吃力，所負責的包括呼吸作用、

血壓、心跳等重要維持生命的反射動作也會出現不協調。枕骨、枕肌之間還分布有枕動脈、枕大神經等脈管，出現枕肌肥厚，甚至鬆弛到有贅摺堆砌在後腦勺與後頸項之間，這是腦滿腸肥的寫照，其腦心血管的健康堪憂。

相對的，腦後有此贅肉，其腰腹也多肥大。平時是否有量血壓做紀錄的習慣？腦後有贅肉，贅肉皮表如果還浮現紅絲絡、血管瘤，其血壓、膽固醇值一定也高，中風的機會就更大了。常伴有頭暈頭重，頸項轉側困難，時見耳鳴或後腦部縮緊等不適感。動作上也有反應不夠靈敏，思緒亂，容易錯語，或是對很熟悉的人事物，一時間就是無法直呼其名，有的人還伴有睡眠呼吸中止現象。

總歸一句話，後腦勺肥厚，很少是單一事件，通常是全身肥胖的一部分，而且枕肌

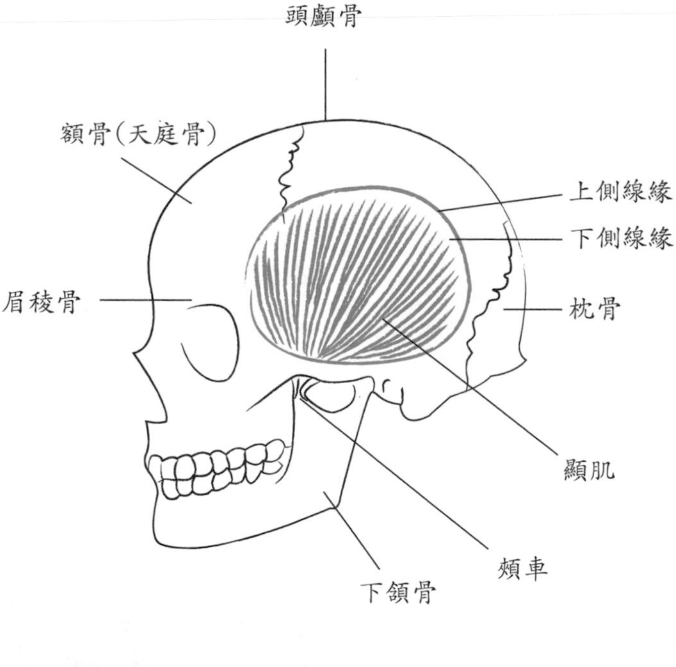

圖六十八 人頭顱骨的每塊骨頭和覆在其上的肌肉，都有關腦部運作及相關神經脈管的傳輸。

肥厚是發生在較後的階段，腰腹多數已肥胖在先，如果已發展到枕肌部分，其健康的警示燈已亮很久了。

額色不佳

進一步仔細觀察額頭，枕肌肥厚，額肌未必也肥厚，但額頭的色澤一定不好，不是黯濁無光，就是滲油不潔，甚至有人變得紅赤，感覺血液好像都往腦袋上衝，這些額相都反應著不健康。

我們知道，高血壓、高血脂、糖尿病等症狀，除了是家族病史外，絕大多數是個人的飲食、生活、運動等習慣不良所造成的，可以通稱為「生活習慣病」，尤其是四十歲以後，這些日積月累的症狀開始一一上了檯面，哪裡跌倒，哪裡站起，防治習慣病，也是要從調整生活步調著手。

改善生活病

首先，三餐要營養均衡，鹽分、糖分、油脂都不宜過量攝取，這是造成習慣病的第一主因。

其次，維持適當的體重，肥胖是萬病之源，是誘發各種疾病的危險因子，體脂肪增加，則內臟器官周圍脂肪也一併增加，高血壓、高血脂的發病率自然提高。

再者，養成持衡規律的運動習慣，運動不足，基礎代謝、心肺功能都會低下，體脂肪就乘機而上。適度運動，促進脂肪燃燒，有效維持人體血壓、血脂和血糖正常。

還有，禁菸節酒，菸害是健康的殺手，或是酒量不節制，肝臟無法快速解酒精毒，菸酒過度終會導致肝、肺惡疾，萬幸不致癌，也因心、肺、肝之功能受害，而出現前述的習慣病症，必定影響生活及生命品質。

最後，睡眠不足、過勞、身心壓力等，都會使免疫力下降，同時造就負面的性格，所以提升睡眠品質，充分的休息，以及工作外的休閒紓壓、興趣培養是不可缺的。

如果上述五要點都能落實於生活中，體重一定會減，有油脂堆積的部位漸漸甩油，恢復正常形狀，則額頭顏色必定會逐漸轉好。

從眉形觀個性，十種眉形百樣情

從眉形看個性

從人類學的範疇來論，從眉形不但可以推論遺傳傾向，更可以認識個性，而且八九不離十，準確度頗高。眉形好比一樣米養百樣人，其形狀也是琳瑯滿目，不一而足。總歸其類，常見的眉形約十種（圖六十九）：

一、**細頭眉**：眉頭細，往眉尾漸漸粗，果決力較弱，但執行力不差，適合擔任副手，負責照章行事的工作，多數是使命必達。

二、**粗頭眉**：眉頭粗，往眉尾順勢變細，如果粗眉頭而眉毛似開花狀，往上揚，企圖心強，能向前衝刺。如眉頭毛下墜，原有雄心大志，可大展鴻圖，但可能因為懶散，也許是懷才不遇，時有挫折感，變得有點倒楣相。

三、**平滑眉**：眉頭眉尾齊粗眉，行事穩紮穩打有堅持，適合固定類型的工作，較少創意，但可守成，而且忠心度相對高。

四、**雙峰眉**：又稱濃密多弧眉。眉毛有兩個峰，其生活與生命也是高潮迭起、多變化，如果眉頭毛上揚，眉體毛順，則屢創佳績；假如眉頭毛下墜，眉體毛雜亂，則起伏大，運多乖舛。要好要壞端視自己有無規畫、有無落實。

五、**稀疏眉**：從眉頭到眉尾，毛都長得稀稀疏疏，幾乎都看到皮膚，氣血多虛弱，企圖心弱，淡薄不愛與人爭，也較多愁善感，對人對事常覺心有餘而力不足，有心力交瘁之傾向。

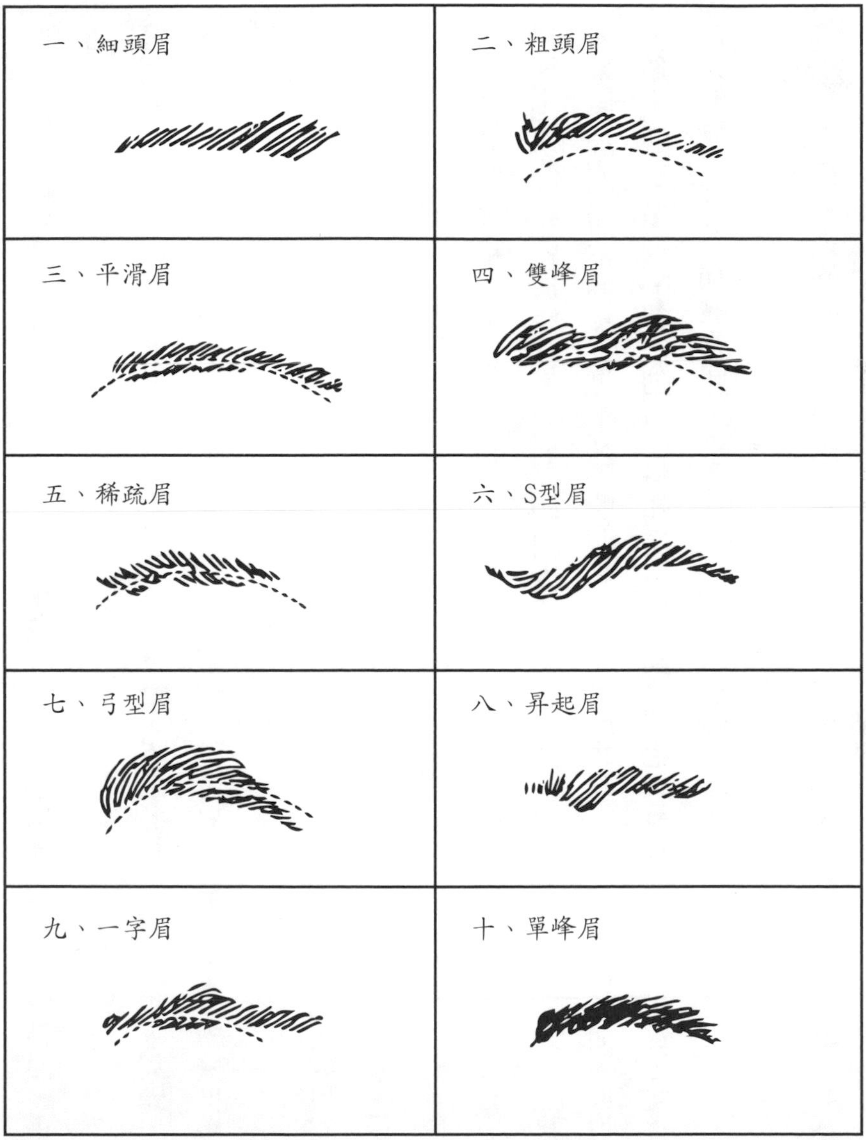

圖六十九 一般常見眉形（左側：眉頭　右側：眉尾）

六、S型眉：又稱山型眉。眉形綿延起伏，有如S型的拉長版，通常是中後段往上揚飄，心性較靈活，但也善變，較難被掌握。人緣不錯，男人多花心，女人善勾魂，如為事業夥伴，小心被出賣。能言善道，能成為業務高手。

七、弓型眉：下墜眉，形如彎弓，眉尾下墜，不與世爭，不好名利，事多求和求圓滿，許多慈善家、宗教家，濟世行善，中年以後，常見眉如彎弓，銀髮之際，更如老僧入定，紛擾世事，已被其下墜眉尾一掃而空。

八、昇起眉：上揚眉，眉頭眉尾都上揚，洞察力強，機靈多聞，行動快速，為達成目的可不屈不撓，有熱情但偶見少根筋。可促動氣氛、帶動業務，但適合有平滑眉的人擔任團隊來落實理想。

九、一字眉：眉頭眉尾弧度不大，如一字型，又稱本眉，喜怒哀樂不露形色，不動於眉，城府深而難探，善於算計有謀略，但疏離不可親，不透露個人心事。勤奮則有成，但難與人分享。

十、單峰平順眉：相較於雙峰眉，眉頭到眉尾相較滑順，動作時眉心部分較明顯，這是最普遍的眉形，如果眉毛順向而不稀疏，是平安平順的身心，如果眉峰經常聳動，心機較活潑但也善變，如果眉峰少動，沉穩善觀察，有行動力。但如果眉峰好動，眉毛又雜亂，則其一生也是變化多端，好壞就因個人的努力程度而加減乘除了。

眉毛與經脈

眉毛反應人的原氣，也觀察人的志氣。原氣，顧名思義，是生命最本始、最基本的體氣，它源於先天而根結於腎臟，可說是生命活動的活動力，它通過三焦經脈而循行分布於全身，推動著人體的生長發育。而志氣，則是生活的目標與生命的理想，是個人發奮進取，成就目標與理想的執行力與動能。

膀胱經脈起始於目內眥，經過眉頭，是為攢竹穴，眉尾是三焦經脈的終點，終點穴為絲竹空穴，眉頭眉尾的濃密及長向，與膀胱經脈及三焦經脈的氣血多寡及循環是否流暢息息相關。同時，膀胱與腎又互為陰陽表裡，無論是健康之氣或是病氣，都會互相影響傳導。

是以，綜合而論，眉頭與眉尾的毛濃密而和順，無論眉形如何，多數是健康的，也相對能堅持志向，努力打拚。反之，眉頭或眉尾或是兩者的毛都稀疏或凌亂，就好比主人的心思，紛亂無頭緒，不是虎頭蛇尾，就是草草了事，一年換二十四個職業，總覺得別人對不起自己，而自己又是懷才不遇，因為腎、膀胱氣血不足，三焦又失序，所以身心難以協調，人事都不順遂。

調理經脈氣血 眉主要攸關膀胱及三焦經脈之氣血盛衰，按摩攢竹穴區及絲竹空穴區，可促進相關經脈循環，充盈氣血，保健腦部，延緩老化，積蓄腎臟原氣，使身體輕鬆起來，勵志效果佳。以食指指腹按在眉頭上，大拇指指腹按在眉尾上，四指一齊施力，力道以眉頭眉尾感覺輕度痠痛即可，能明目醒神，消除眼睛及腦部疲勞，強化堅持度與續航力，持續一段時日，身心都將更健康更有實力。原本亂的眉都會慢慢撥亂返正，漸入佳境。

眉毛亂與順，亂眉痛心，順眉貼心

眉毛長向 不只眉形可反應個性，眉毛的長向順逆、濃密稀疏，也是與個性相呼應。大體上，眉毛長得順，人情也較順暢貼心，行事也能順理成章，長得亂則難免窒礙不暢。與人相交、挑選事業夥伴，甚至是選擇婚姻對象，眉毛確實是可資參考（圖七十）。

一、**順眉**：眉毛長得順，一如其形，個性多溫馨、貼心，肯為他人設想，但眉毛之濃稀又會影響其情意之濃淡。

(1)稀疏的順毛：眉毛長向順，但整體都是毛稀色淡，雖貼心有情，但易流於鄉愿沒立場，人云亦云，意志薄弱，且較多愁善感。如果眉頭正常，但眉尾明顯稀疏而下墜者，好似「柳葉掉梢眉」，無論男女，都是堅持度不夠，有頭無尾，優柔寡斷，EQ有缺口，自覺對人好，卻被認為是爛好人，又容易想太多，杞人憂天自尋煩惱。如果眉尾好，眉頭卻稀疏者，沒有周延的規畫，常像無厘頭想到什麼做什麼，以致事倍功半，常受挫折；對人好，但又有絲漫不經心的意味，會讓人質疑其真心度。

(2)濃密的順眉：眉毛又順又濃，膀胱經脈、三焦經脈氣血皆盛，體力好，精力旺，兼具策畫能力及執行力，尤其是眉頭毛又像開花狀上揚的人，無論男女，成功機會都大，可為領袖人物或女中豪傑，但要勇於自我省思，廣納建議與諫言，否則將流於自大自滿，剛愎自用。如果是女性，特別提醒，別忽略忘卻了應有的陰柔，誰說女強人就沒能溫柔貼心？所以，在不服輸的個性下，要有足夠的聰明才智來管理個性，否則活像男人婆，妳的豪邁將是他人的負擔，日久友情、親情、愛情都會走調。

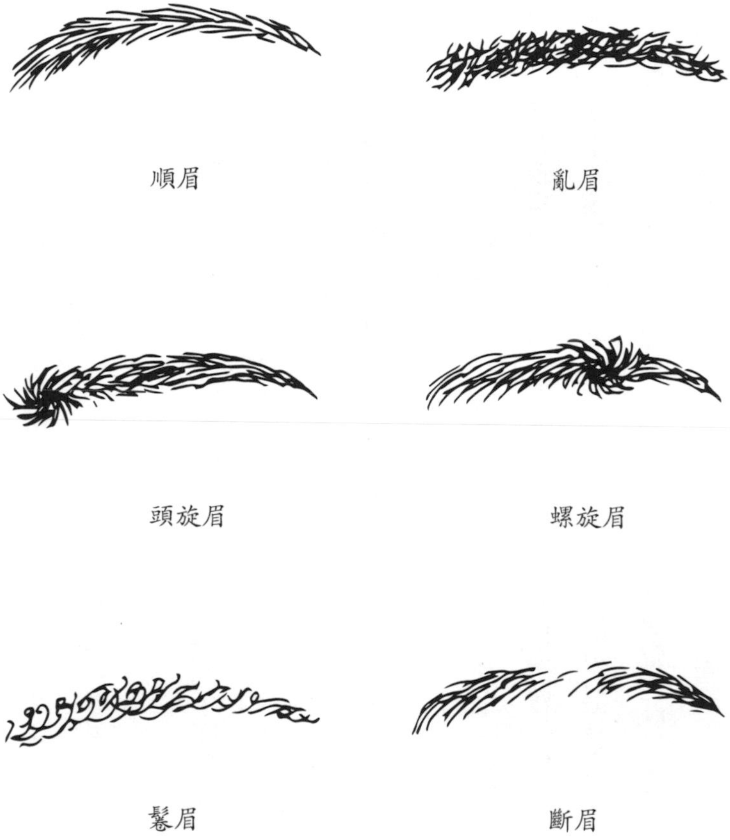

圖七十 眉毛的長向、濃密度、毛色的濃淡與個性傾向相呼應。

二、**亂眉**：眉毛長得雜亂，其心也常紛亂如麻，千頭萬緒，愈理愈亂。

⑴稀疏的亂毛：眉毛亂長，但並不濃密，雖說生活方向或是健康方面，有些亂序，但並無充沛的心思支應其亂。換句話說，其經脈氣血循環並不十分順暢，即使想發脾氣，也沒氣力發，想發憤圖強，也心有餘而力不足，所以只是愛亂發脾氣，活像紙老虎。縱使有雄心大志，但多停留在口中作業或紙上談兵。

⑵濃密的亂毛：眉毛如果整體又濃又亂，脾氣多乖戾，暴烈，處事難免雜亂紛沓，待人也暴躁粗魯，不少造成社會上痛心事件的亂源製造者，都長有亂眉之相。如果眉頭濃密雜亂，但眉中眉尾變得順了，表示其人還堪教化，雖有暴躁脾氣，但還不至於蠻橫不講理。眉頭還順，愈往眉尾愈亂者，是較難以溝通，有理講不清，常在亂中打轉，毫無條理，且脾氣急躁，不通情理，稍不順心就發飆，個性多自我衝突。

三、**鬈眉**：東方人鬈眉的比例比西方人低，好比手足上的汗毛，也是西方人多鬈毛，東方人多直毛。鬈眉毛的人，個性較糾結，但其心思則較多元，甚至是複雜的構思。外觀上予人蠻橫、不進化的感覺，尤其是又濃又密的鬈眉，常令人與暴戾產生聯想，但其爆發力不可小覷，如果運用得當，會有其一片天地。男性鬈眉亦比女性多，女人鬈眉則有火爆之味，也夠火辣。

四、**斷眉**：在眉中出現了無毛、斷缺，或是眉頭很濃而到眉尾很淡，似有若無的形狀。這樣的眉形容易情緒化，常感情用事，少加思考而衝動行事，但疑心病重又多思慮，不易與人交友，容易結怨，所以行事為人都有波折，家庭關係也較淡薄。

五、綜合眉：眉毛亂中參有順毛，如果只是一小部分順，大致可歸類於偏向亂眉的性格；如果是順眉中帶有微少亂眉，不失亂中有序，忙碌中仍有方向感，行為處事不致太離譜，個性上的管理，亦能靠自我修養來調整。

修眉紋眉 通常女性比起男性，修眉、畫眉是日常化妝的一環，目的是整理雜亂，使眉變得柔順。隨著化妝術的流行，流行粗眉時，會刻意加重眉形的呈現，淡眉者特意畫上濃濃黑眉，來突顯它是臉部的重點；流行細眉時，甚至會把整條眉毛都剔淨，再描上細細的眉線，真可謂是柳眉；不過年輕時期，眉毛剔了或拔了，很快就會再長出，可以不停的修修拔拔；但步入中年以後，隨著老化的腳步，眉毛再生速度減緩，不宜再剔光拔光，否則可能再也長不齊了。

由於每個人的眉形及眉毛濃密度不一，有人才步入中年，眉毛即已禿了，所以要紋眉，等於是人工眉毛，在美顏上是有達美容效果，但已無眉毛遮攔汗水滴入眼睛的功能。當然愛美是人的天性，但不能只在修飾上下功夫，身心和諧表裡如一，始能將內在的真善化美於眉上。

濃眉情濃？眉毛直直掉，倒楣？

眉毛濃淡男女天生有別

男人濃眉，女人細眉，是一般先天上的差異。由於眉毛濃淡與膀胱經脈、三焦經脈之氣血有關，所以男女個人也會因為經脈氣血之旺或衰影響及眉相。男人眉毛濃得過度，膀胱及三焦經脈氣血皆旺，情感普遍較濃郁；女人眉毛太濃，個性也較強烈，有陽剛氣息，在情感方面較孤寂，婚姻生活需花更多的精神來經營。

男人眉濃成卷，像卷毛獅一般，古人認為無世俗情緣，宜結緣空門在實際生活面，可以解釋為因個性偏剛烈，不習慣與人溝通、妥協，不太顧及人情事故，我行我素，其實內心常感孤單無助。修練心性，還是可以轉化個性，消弭濃卷眉毛的孤傲個性，打開心門與人廣結善緣。女人很少長有濃卷眉的，如果長成如此，個性必定桀傲不馴，較特立獨行，若欲與人和平共處，可將眉毛修飾成較纖細的線條，緩和濃卷眉所散發出的霸氣與不友善。

觀察眉頭眉尾

通常到了四十歲以後，眉毛會有較明顯的改變，例如變得較稀疏，眉形愈來愈短，也不再濃寬如昔，這是正常的老化現象。在此之前，眉頭區特別濃密，到了眉尾只剩下一絲二毛，即可對比出眉頭濃志氣昂，眉尾稀元氣不足。志氣幾乎是腎臟功能的代名詞，元氣則是副腎上腺的代名詞，腎臟功能好，副腎上腺功能不足，其人生經營多數是少年得志，但到了中老年如果自己的心靈無法淡定寧靜，晚景多黯淡淒涼，夫妻關係也是大致如此。

眉頭稀疏，愈到眉尾形愈寬厚，是經得起時間的考驗，表面上看似與世無爭，然而路遙知馬力，或許人生初期並不順遂，但能吃苦耐勞，家人、夫妻亦能胼手胝足，人生路越走越順，景況就愈開闊，好比倒吃甘蔗，生涯愈甜蜜，愈有成就感。

眉頭眉尾濃淡平常，但眉中魚腰處（圖七十一）出現旋狀眉毛，乍看顯出魚腰區特別濃鬱，表面上較不合群，甚至叛逆性高，不適合團隊活動，但都有其獨特性，不全然是性格多變不穩定，反而多見有創意，或異於一般人的浪漫情趣。如果女人的左眉有此眉相，很在乎別人的看法，尤其在意心儀對象對自己的看法，女為悅己者容，缺點是個性上有些封閉，不願與人多交流，也不欲揭露自己的心事。

相反的，右眉魚腰長螺旋毛的女人，在乎一開始的感覺，接觸之初，如果順眼，往後多數可從善如流；但是一開始有了疙瘩，往後就很難共事。同樣的，長在男人的右眉腰，這樣的男人較瑣碎，連芝麻蒜皮事都在意，拿雞

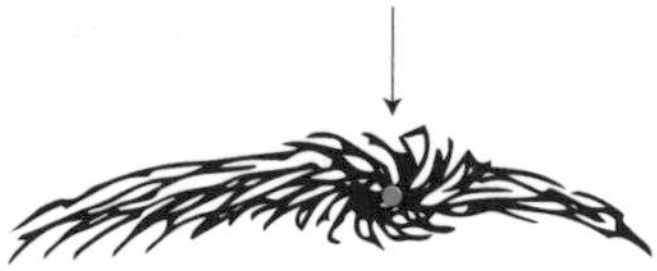

圖七十一 魚腰處有旋狀毛的人都有其獨特性。

毛當令箭，很難共營大事。只要眉毛有此長相，大多數與成長的過程有關，長期身心交戰，自我矛盾，如往正面發展，也有將過去傷痕陰影催化成無窮潛力的成功例子。可惜人心畢竟是脆弱者多，也有不少是成長中的負面因素造成了人格發展扭曲，終其一生活在陰霾中。

掉眉霉運到

眉毛長得濃密稀淡，有其身心意義。同樣的，眉毛的脫失，也是有其醫學意義，除了老化之外，黏液性水腫、過食藥物、氣血衰弱，都會令人掉眉毛，二期梅毒、痲瘋病會掉眉更是不在話下。人出生後，眉毛成長的速度和頭髮並駕齊驅，但是頭髮可以成長六年，眉毛只消三～五個月就會脫落更新，這是正常的新陳代謝現象。可是，莫名其妙的，在某一時期眉毛直直掉，十之八九都是心力交瘁所使然。

古人有稱「鬼剃頭」，即指頭髮和眉毛大把大把地掉，而且難再長出新毛。只有右眉掉，多肇因於外來壓力太大，調適不及，導致新陳代謝失調。只掉左眉，多為心因性，鬱卒壓抑、悲傷過度、情志受傷，都可能使左眉掉毛。如果雙眉齊掉，表示身心俱疲，無論是外在或是個人因素，日久都變成神志恍惚，精神無法集中，當然會發生「掉眉倒楣」的事件。

相對的，人過中年，原本是該正常掉眉了，反而又長新眉，尤其是眉尾，即使兩眉皤白如雪，仍能長垂如拂塵，古人稱之為「長壽眉」、「道仙眉」、「智慧眉」，最常見於德高望重的長者身上，或是德行高深的修行者身上，這都是經年累月，千錘百鍊的修練成果。

眉頭掉毛有喜有憂

眉頭眉尾掉得多，對原本眉頭深鎖或兩眉相近的人而言，未必是壞事，也許因為心態轉念了，變得歡欣愉悅了，眉頭毛掉，兩眉開展，拉出距離；也反應出氣血循環變得順暢，新陳代謝改善了！

反之，原本兩眉間即已開闊，突然眉頭毛掉得厲害，一定是太累了，過勞成憂，甚至想不開，或更甚者是自暴自棄。

改善眉頭掉毛

後腳跟上方內側的凹陷處有太溪穴，外側凹陷處有崑崙穴，行萬步路，跑三～五公里，都可刺激這兩穴區；或者醒來、睡前作腳伸展運動，坐在地板上，兩手自然放置在身體兩側，兩腿向前伸直，雙腳併攏，翹起腳尖，翹到個人的極限，讓小腿有撐張拉扯的痠麻感，默數十下，放鬆片刻，再度翹腳尖，反覆九回後，弓起膝蓋，以手拇指、食指合力抓拿捏揉太溪與崑崙（圖七十二），一樣默數十下，放鬆，再按，反覆九回。如此又翹腳又按摩，能順暢腎經脈與膀胱經脈的氣血循環，眉毛漸漸會隨之美化，停止眉頭掉毛現象。

掉眉尾末梢循環差

眉尾一直掉的人，都伴有手足末梢循環不良的狀況，天冷手腳冰冷，天熱手腳燥熱，不少自體免疫疾病患者，即有此現象。掉眉初期，即時服飲四逆茶，可使情況不再惡化，取柴胡、炒白芍、枳實、炙甘草各一錢，加六百cc水煮成二百cc，手腳冰冷或燥熱時，先含於口中漱口十下再吞嚥。冬天睡前以手足湯泡腳，取桂枝、炒白芍、生薑、炙甘草、紅棗、當歸、細辛、通草各三錢，加一千cc水煮至三百cc，去渣後，倒入浴足桶，加熱水來泡腳，泡約十分鐘，可以舒暖的入眠。

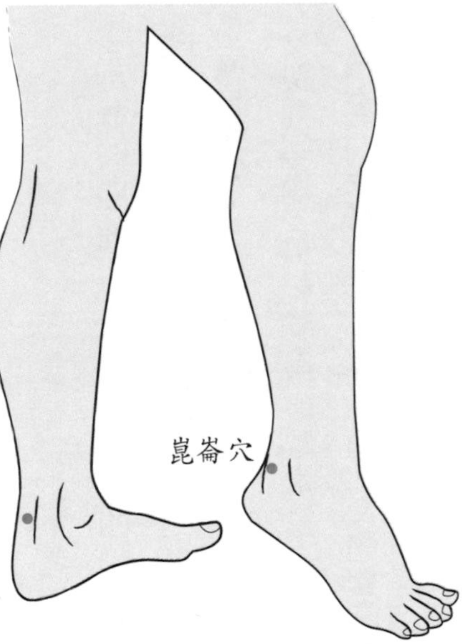

圖七十二 抓拿捏揉太溪與崑崙，順暢腎經脈與膀胱經脈氣血循環。

眼神有溫度，人間有溫暖

眼神散發溫情

孟子說：「存乎人情，莫良於眸子，眸子不能掩其惡。」每個人的眼睛會因心情變化與體況表現，而出現「冷眼」或「熱眼」，特別是眼神，它的「溫度」來自於人體氣血循環與心情起伏的反射。

不論眼眸是什麼顏色，其虹彩都是棕色的，只因為其內的色素粒厚薄而顯出不同的眼色；再者，其瞳孔都是黑色的，因為由瞳孔通過的水晶體，透視著積在虹彩內的黑色素，外來的光線被黑色素所吸收，除了各方面的反射，使光源凝聚，其作用好比是相機內的黑漆，如此能攝出不失焦的影像，人眼也因此看到清晰的景象。

人約黃昏後眼神也朦朧

瞳孔會隨光線之強弱而縮小放大，在悠柔的燈光下，營造浪漫氛圍，讓人不禁升起「月上柳梢頭，人約黃昏後」的朦朧意境，這一連串的景緻發展，是有醫學根據的。在強光下，人會顯得緊張，眼神也會較強勢，較為戒備；在微弱光下，會顯得放鬆、自在，卸下防衛，眼神也隨之柔和而釋出溫暖與善意，為何談情說愛在昏微柔光下，更能昇華，更能入心，道理即在此。

瞳孔大小與性格

瞳孔在整張臉，甚至整個眼睛所占的比例並不大，但它可承載著深邃的情感；

普遍而言，身心健康的人其瞳孔大小也反應著不同的性格。瞳孔較大者，情感較豐沛，相對敏感，其實內心很脆弱，一旦受環境或旁人的影響，很容易情緒化，缺乏沉著、耐性與堅持度。對人事物容易被感動，但又缺乏後續的關懷與投入，基本上是氣血不足，腦子運作不夠精準。

肝經脈開竅於眼睛，眼是為肝臟的外竅。肝藏血，提供血以維持人體的生理活動，一旦肝虛血不足，瞳孔即不凝聚。而且眼睛不但反應肝血充盈與否，表現肝魂是否守舍，同時眼睛也是靈魂之窗、心神之門，通過眼睛反應了精氣與神志的狀況。

所以，瞳子大較易出現失神恍惚的現象；相對的，瞳孔較小的人，意志堅定，精敏準確。很多領導人眼神篤定、銳利，或是散發睿智的眼光，他們的瞳孔絕對比前面所說的情感豐富容易感動的人，來的炯炯有神；有時候甚至讓人覺得好似是一道冷光掃過，令人生畏，不敢與之眼對眼。實際上也是如此，講究效率，較不為人情所羈絆，給人冷淡漠然，有些現實又功利的觀感。由於律己甚嚴，也常以這樣的標準要求別人，忽略了要寬以待人，要廣結善緣。

梳頭改善瞳孔較大

眼睛既為肝之外竅，其表現與肝經脈氣血盈虛及循環順暢與否表裡相呼應。瞳孔較大顯得眼神渙散、沒光彩者，勤於梳頭能刺激腦部組織，活絡經脈循環，改善眼神呆滯、視覺昏冥、眼乾流淚，並清神醒腦，能紓解頭暈目眩、頭重頭痛的現象，還能減緩頭髮變白的速度。

梳頭的重點穴區為臨泣、目窗、正營、承靈一整片區域。（圖七十三）臨泣穴取法，頭擺正、眼睛直視，從瞳孔直線往上入髮際〇・五寸的部位；再往上一・五寸為目窗穴；再往上一・五寸為

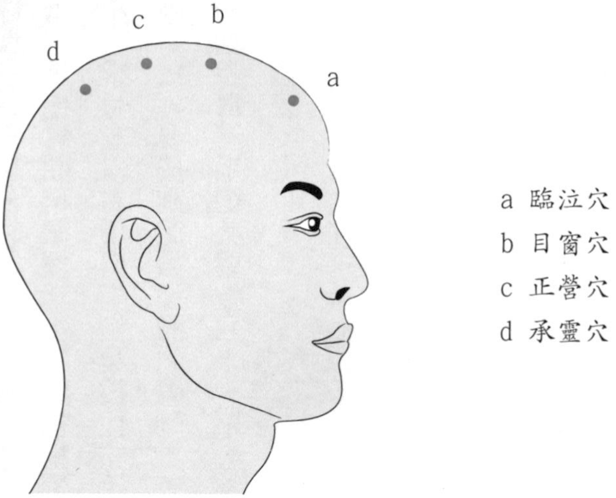

圖七十三 臨泣、目窗、正營、承靈一整片區域為梳頭的重點穴區，能刺激腦部組織，活絡經脈循環。

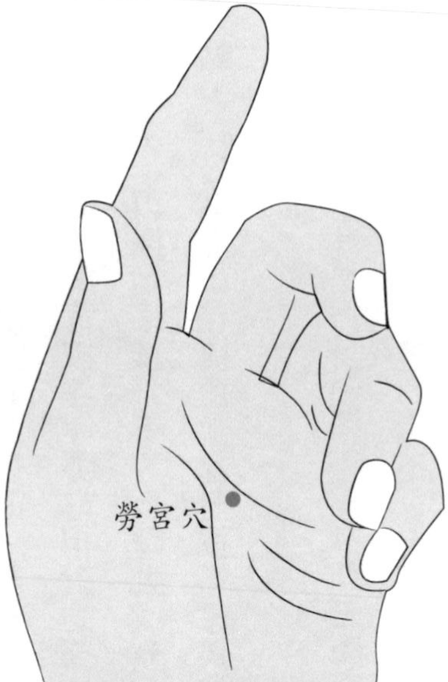

圖七十四 按摩掌中勞宮穴區可以清心安神、紓緩憂鬱症。

正營穴；再往上一・五寸為承靈穴。可以用手指雙手齊力由臨泣穴往後梳撥，以指腹來梳，避免用指甲以防傷及頭皮，早晚各梳一百下，效果明顯。

眼神冷漠變溫暖

瞳孔約斂但散發殺氣或冷光，揉按掌中勞宮穴區（圖七十四），勞宮穴區取法，手指彎曲稍微握拳，在中指指尖所接觸的部位，約當掌中橫紋上，在第二、三掌骨之間，稍偏第三掌骨，以右手拇指指腹按住左手勞宮穴區，食指則從手掌背按住與勞宮相對的部位，兩指一齊施力按，要按到微微痠麻的感覺才有效，左手按九下，再換右手按九下，反覆九次為一個療程，換句話說每一手總共要按八十一下，不拘時間地點，在公車上、在捷運上都可按。亦可持圓鈍頭按摩棒來壓按。

按摩勞宮穴區可以清心安神，讓人寬心，眼神會變得柔和有溫度。勞宮亦是防範及舒緩憂鬱症、焦慮症的重要穴區，時下的都會人承受來自四面八方的各種壓力，不一定要眼光有殺氣冷光，平時只要覺得心累，覺得神志都要崩潰了，有焦躁不安感，或恐慌感，即可隨時按勞宮，同時配合腹式呼吸，提高身體的含氧量，讓人情緒穩定，則不安的感覺會快速消失。

人的眼神發光源於虹膜與瞳孔，就是我們所認識的眸子。虹彩的顏色有黑色、茶色、棕色⋯⋯等不盡相同；虹彩會呈現顏色，因其內部蓄積著細緻的色素粒，色素粒是棕色的，因為數量多寡不同，虹彩於是呈現各種不同的顏色，並非色素粒本身有不同的顏色。所以，藍眼、碧眼的人沒有藍色素粒，綠眼的人一樣是棕色的色素粒。色素粒愈多，層次愈多愈厚，虹彩的顏色也愈深，色素粒少，層次薄，虹彩也愈淺。

眉眼會說話，真言？謊話？

事情有了眉目　就是眉眼之間，不但藏有操縱事情的契機，更可端詳人心的動念，看眼瞼，就要包括眉頭、眉腰、眉尾，以及兩眉頭之間的部位。兩眉頭間是鼻樑骨的起始點，被視之為「命宮」，既是為生命的宮殿，其形色豐滿亮澤的人，福厚壽長，腦思清晰，行止磊落；塌陷多皺痕，運舛疾多，神智迷糊，精力不濟。

現實生活中，認知症與癡呆症等腦部退化的患者，兩眉之間多是塌陷的，且色澤會隨著病程發展，愈來愈黯濁，肌肉愈來愈僵木。因為兩眉頭之間是肺魄的外觀區，肺主魄，掌理著人體肺氣與精神之運作，氣存則命存，氣斷則命亡，是以兩眉間形色不佳，也反應著我們的精神不佳，身體健康有折損。

上眼瞼寫實身心變化　由於眼瞼的結構特質，人的生活起居，身心變化都會寫實在上眼瞼，從愛哭、失眠、夢多，到腦血管病變、內分泌失調，都可由眼瞼觀察出蛛絲馬跡。

眼瞼能夠光滑圓順服貼在眼球上，眼尾弧度也圓順者，循環代謝良好，身心和諧，諸事順遂；反之，眼瞼枯黯、鬆弛、單薄，睡眠品質必差，腦子反應也遲鈍。眼瞼與眼球異常突脹，可能是甲狀腺病變，眼瞼尾部下墜成三角眼，要注意腦心血管的健康，即使現階段沒特別的不適，但別疏忽其潛在危機。

眼瞼一片小小的薄層，但結構複雜，同時又受控於第七對腦神經，又呼應著肝魂，由此可見，它與我們的身心表現是裡外相應的，從眼瞼可以讀出人的「交感」世界與「顏面」世界，表達著情意、情懷與情緒，當人的眼瞼無法控制時，不是在說謊，就是在隱忍壓抑，所以眼睛不斷地眨，眼皮不斷地抽搐，眉頭不時地糾結皺縮，都在反應著腦子想的與心裡感受的。

眉間距離的內涵

兩眉之間的標準距離，一般為三～四公分寬，或是個人一隻眼睛的長度，或是自己食指中指兩指併攏的寬度。比以上所衡量的距離大者為寬眉（圖七十五），小者為近眉（圖七十六）；寬眉的人相對較沒心眼，但較無法集中注意力，有點憨傻，有點少根筋的意味；近眉的人，心思較細，容易鑽牛角尖，性多猜疑，為人處事較神經質，因為對人不信任的關係，許多事要躬親為之，所以很辛苦，壓力相對重。

近眉的人有時候頗為強悍，特別是濃眉又近眉的人，得失心較重，又在意別人的看法，雖然能力強，但也較沒人緣，不易覓得知心友；而且在某一方面的自負情結，自我感覺良好，而常與社會真相脫節，在某些部分顯得低能有盲點，譬如，工作能力強，但生活面、人情世故面也許是白癡。再者，體質虛弱者，尤其是肺弱、呼吸系統不良者，多近眉，且眉心常泛白色。

寬眉的人較容易相處，雖然較無挑戰性，可以聽你抱怨，倒情緒垃圾，可惜無法給予有建設性的建言。會是很好的陪伴者、傾聽者，當你傷心、無助、情緒低潮時，寬眉的人會無怨言的陪伴在旁。

寬眉

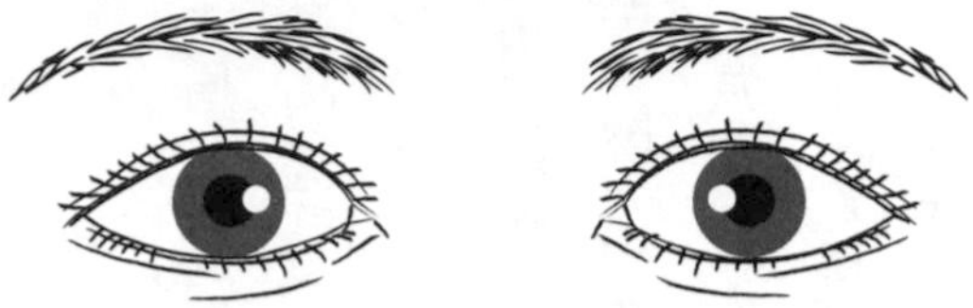

圖七十五 寬眉的人較沒心眼，有點憨傻、少根筋的意味。

近眉

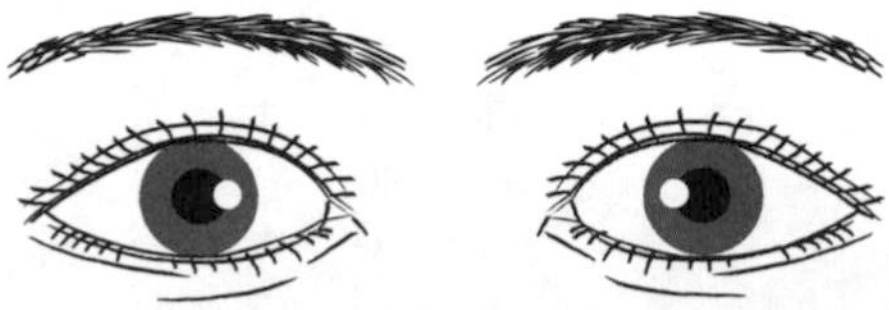

圖七十六 近眉又濃眉的人，得失心較重，能力強但在意別人的看法。

如何皺眉頭

從解剖角度而言，近眉的人皺眉肌較發達，寬眉的人較不發達，甚至於不知如何皺眉頭。皺眉肌發達者，心思反應靈敏，思緒傳達快速，但如果情緒管理失當，容易流於歇斯底里、杞人憂天，敏感且脆弱，尤其是眉頭毛長得不順，或是雙眉幾乎連在一起的交眉，多數有想太多的現象，以至於凡事三思而後行，想多了就綁手綁腳，再也行不得也！

眉頭相近，眉毛雜但色薄毛疏者，體氣多虛弱，氣血不充盈，因心血不足，常會嘆大氣，搥胸口以換得較多的氧氣，心念也較偏負面，遇事多朝不好的角度想，要不就哀聲嘆氣，要不就自怨自艾，建議服飲「清心茶」來調理心情，取蓮子、柴胡、地骨皮、炙黃耆、黃芩、車前子、麥冬、炙甘草、黨參、茯苓、生薑、紅棗、丹參、丹皮、天冬各〇・五錢，加一千cc水煮成五百cc，早餐之後即少量頻服，這是一天的分量，頻服能促進心血循環，約十天左右即能讓嘆息、搥胸、皺眉的現象改善很多，漸漸的想法也會更陽光。可以一次煮二～三天的份量，先冰鎮，每天再取足夠的量加熱後，裝在保溫瓶即可。

丹田呼吸練意志

眉心寬的人，就是要鍛鍊意志力，增強持久力，簡易可行又有效的方法，就是學會腹式呼吸，也就是丹田呼吸。雙腳站開比肩稍寬，抬頭挺胸，雙手交疊輕放在肚臍下的小腹部位，緩緩吸氣到肚臍下丹田，再緩緩將氣吐盡，心念集中不要胡思亂想，吐納速度不可忽快忽慢沒韻律。最好在晨起空腹時，在空氣流通的地方即可操作，每一輪迴至少吸吐九次。

呼吸可以影響腦波的頻率，腦波頻率又影響心跳的速度，當心跳頻度規律，人的思緒也會趨向規律，漸漸地就能集中思緒，讓思考變得有效率，更可貴的是它能帶來情緒的改變，讓你有效管理情緒，抽離情緒干擾。

不論是服飲清心茶或是進行丹田呼吸，最終目的都是在調整我們的腦力活動及氣血循環，進而改善身心上之不足。

眼瞼由前而後，共有四個基本層，即皮膚、肌肉、瞼板及結膜；眼瞼緣為長方形，其前界長有睫毛。此皮膚層是全身最薄的，上面長有柔細的毛。由於其皮下組織是蜂窩組織，所以用指頭即可輕易的將眼瞼拉起，而且容易滑動；因為組織的關係，一旦出血或有滲出物，如發炎或被撞擊，或是哭泣後，眼瞼就會發腫。

我們常說睏得要用牙籤撐眼皮，所要撐的眼皮就是上眼瞼部。

眼神渙散瞭亮，攸關生命亮度

眼神無光精神不濟

多數腎臟病患者的眼神無光，肝病患者，不但眼白泛黃，眼神亦出現無光或空洞，或是驚慌的反應；普遍都伴有精神不濟、眼神不凝聚、視若無所見的現象，因病久了，一方面是健康已折損，另方面是心裡壓力及負擔遠超過身心的負荷能力，極少數洗腎、換腎患者，或肝病患者，經歷久病之折騰，眼神仍能炯炯有神的，其個人的養生要求及運動質量，必定相當持恆有規律，其心態與病變已昇華達和平共處的境界。

心胸遼闊眼神瞭亮

心胸遼闊，眼神必然晶瑩發亮、黑白分明、清澈深邃。中醫臨床上望診，因為目為肝之外竅，在情志上肝又反應魂是否守舍。

所以，眼神凝聚，灼然精明，機智多端，頭腦清晰，心志集中，是智者沉著、有條理有邏輯的表現。優秀的領導人大部分有頗似的特質，所謂「上好禮，民不敢不敬；上好義，民不敢不服；上好信，民不敢不用情。」

換句話說，能身為領導者，其個人的修身試煉，智慧的累積，將衝勁與爆發力，轉化為和煦與威嚴，讓人有「尊其瞻視，儼然人望而畏之，斯不亦威而不猛乎！」這樣的表現用一句平常話來形容，就是「很有架勢」，有別於冷漠無情，或是空泛視若無睹的眼神。

眼神取決於視網膜

眼神渙散，生命灰暗亮度低；眼神瞭亮，生命過程精彩而亮麗。腦子運作正常者，能提供給視網膜、視神經充裕的養分，眼睛顯得清明發亮；當腦部功能已失調，或是重大病症患者，近彌留之際，即使兩眼睜開著，眼神已是失神空洞，混濁無光彩，視神經和視網膜動脈的氣血循環，也已是強弩之末，乏軟無力運作了。

眼神的表現取決於視網膜，視網膜也是人體各個組織當中的呼吸率最高者。碳水化合物是視網膜的主要能量來源，舉個簡單易懂的生活實例。很多人有這樣的經驗，肚子餓時，會餓到頭暈眼花；或是很疲累時，會累到頭昏目眩，即時補充米飯、麵類或餅乾，眼睛會在很短時間內就為之一亮，因為碳水化合物好比救火隊，適時補給了能量給視網膜。

保護視網膜人人有責

現代人離不開電腦、手機，眼睛盯著電視螢幕的時間也很長，這些作為都很耗損視網膜的「呼吸率」，我們閱讀書本的時間不見得比古人多，何況我們的照明設備遠勝於古代燭光，為何近視率、弱視率飆高不下呢？我們雙眼緊盯著各式各樣的3D設備螢幕，大大地扼殺了視網膜的健康。

再者，我們除了工作過勞，電視節目、電玩遊戲、超時上網，也都造就成肝、腦過勞，新陳代謝功能失調，這也是時下糖尿病、洗腎患者如此多的肇因之一，甚至是造成猝死的原因；肝腦過勞的傷害不只是眼睛、視神經、視網膜受傷而已，其對生命的威脅更不待多言。

如果眼神渙散，眼睛痠澀疼痛，經常流淚、畏光、發癢，更嚴重的狀況是一到傍晚眼睛疼痛加劇，即使點眼藥水也只能緩一時之痛，如果有這些現象的一、兩項，即表示肝、腦已在抗議，要適時適度的休息，不只是讓眼睛休息，要連腦袋瓜都要適度放空，讓心思沉澱，讓腦筋疏鬆，不論是到戶外走走，遠眺青山綠水，或是看看電影，唱唱卡拉OK，讓自己輕鬆一下，甚至到運動中心或是運動場，跑個三～五公里，讓汗水浸透全身，都能釋放勞累，提升睡眠品質，獲得真正的休息。

同時在午餐後酌服補肝湯，能紓肝解鬱，消除疲勞。取香附四錢、夏枯草二錢、普洱茶一錢、甘草一錢，加一千cc，水煮成六百cc，午餐後分次酌飲二百～三百cc，傍晚再分次飲二百～三百cc。

當眼睛覺得特別疲累痠澀時，將補肝湯含在口中，漱口十下左右，讓後腦勺出現熱感再嚥下，可以更近距離刺激腦幹及相關的腦神經，如舌咽神經、迷走神經、舌下神經等，可以快速提神醒腦；並刺激到行循過耳前、腦後的膽經脈，進而傳導至與膽經脈互為表裡的肝經脈，刺激肝經脈之氣血循環，以養益肝氣。

但補肝湯是適合肝腦疲累過勞者服用，並不適合輕鬆愉悅，沒有病痛者；如果喝了三、兩天，覺得精神回來了，也不必多服久服。

使眼睛有神的方法

眼神經常無神、渙散的人，多活絡三太穴——太衝、太白、太溪（圖七十七），除了按摩刺激這些穴區之外，如果能跑步、快走、踩腳踏車、游泳，利用運動來刺激這三個腳部的穴道，效果會更明顯而持久。

洗澡時，以海綿或洗澡專用的絲瓜絡，加沐浴乳在這三穴區上刷揉五分鐘，同時有促進下肢末梢氣血循環之效果，太衝屬肝經脈，太白屬脾經脈，太溪屬腎經脈，活絡三太穴，能滋肝固腎，保養脾土，舒緩肝腦疲累、煩心不眠、手足冰冷，並清神醒腦，維護眼睛健康。

眼神是瞭亮，還是渙散，取決於視網膜是否功能健全。視網膜是眼球壁的最內層，既菲薄、柔軟又透明的薄片組織，這個感覺構造，在神經邊緣的網膜厚度約〇・四㎜，愈向周邊漸漸變薄，到鋸齒邊緣已薄的只有〇・一四㎜。

網膜至少分為十層，光線必需要到達第二層的桿狀細胞與錐狀細胞，配合以網膜中心動脈及靜脈與豐富的微血管，它們供應視神經營養，因此視網膜細胞的基礎代謝，色素細胞之破壞和再合成與活性運輸，決定了眼神的渙散與瞭亮。渙散因為供應不足，供應充足則瞭亮。

第二層的桿狀細胞對光覺十分敏銳，尤其在昏暗處，作用最佳；錐狀細胞則負責視力及色覺，光線必需達到此層，我們才感受到光線。

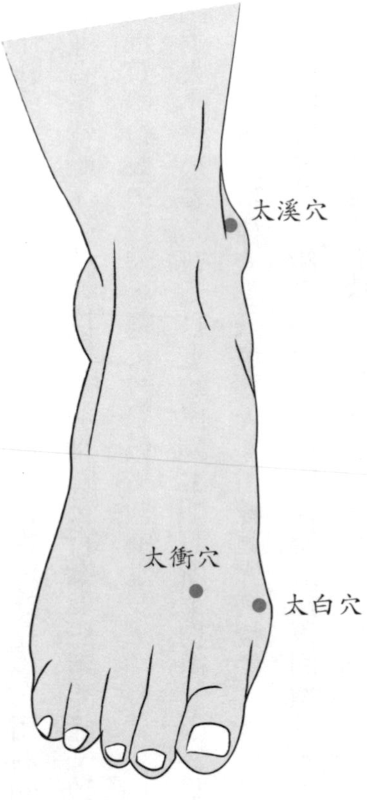

圖七十七 多活絡太衝、太白、太溪三太穴，維護眼睛健康並舒緩肝腦疲累、煩心不眠、手足冰冷。

大小眼，多算計少信賴

大小眼奸眼成雙

人的兩顆眼睛，其大小都會有些微的差異，這尚屬正常現象，除非是出現很明顯的大小眼，這就與個人的左右兩側大腦所控管的情志或行動，有表裡呼應之關聯性。

大腦分左右兩半，左眼受控於右大腦，右眼受控於左大腦，因為視交叉的關係，兩側大腦各自負責不同的工作，左側負責思考，右側則赴諸行動。好比說，用右腦左眼瞄準目標，再交付左大腦右眼看清楚並有所行動，如此經過評估與細算，行動與思考才能一致，才不會想得多看得多，但既看不清楚又沒實際行動。

如果兩眼大小差很多，在五官上的協調度即有所不均衡，因為眼睛既為靈魂之窗，眼神又是最不會掩飾真相的，所以這種大小眼會讓人產生較負面的觀感，認為其心思也是有所偏頗，在現實生活面，確實有此事實存在，所言大小眼不但看人待人採不同標準，不夠光明磊落，分別心太明顯，而左右了判斷力，還被認為是賊眼、奸眼、心術不正。

每個人的體質、體況各有差異，體質來自先天，與遺傳基因及胎孕期間母體的營養及情志狀況關係密切。體況則是在現今階段的身心狀態，多受個人的飲食習慣、生活步調、工作性質及環境因素所影響。

假如出生時即大小眼明顯，父母親之間，家庭之間多有不和諧的氣氛，或是母親曾有較大的健康因素或是情緒衝突。

成長後才長成一大一小，其成長過程或許有諸多不愉快的經驗，例如缺乏父母親的關愛，或是在手足間受到不平等待遇，在鑽牛角尖與大意不在乎的兩極間，無法取得衡平，以至在思考及行動間的落差，漸漸在兩眼烙下痕跡。

左眼小怕婦

右眼大過左眼，兩眼差愈大，自我矛盾的心就愈明顯，或許表面裝大方，內心則凡事精打細算，心眼細，不吃虧，遇事總是多掛礙，放不下又說不開，搞得自己既鬱卒又懊惱，還被外人認為愛計較、城府深不可測。

俗話說：「左眼小怕婦」，男人左眼小，多小心翼翼，膽子較小，在情感上多依賴，有戀母情結傾向。左眼比右眼小很多的女人，也是喜歡依附較年長的父執輩。右眼較大的男男女女，基本上是看得較清楚，但也別眼睜睜無所作為，或是得理不饒人，忌諱理不清還欲行遍天下。

眼睛大小明顯不一，如果純是心性上的差異表現，可以藉由運動、按摩，以及個人的修練來矯正，按摩較小那一眼周圍的陽白穴、瞳子髎穴、四白穴及睛明穴（圖七十八），促進眼周圍神經循環及經脈氣血流通，只要讓眼神明亮活躍起來，心事也多數能放下；再者，除了陶冶個人的心性，閱讀、從事公益活動，有宗教信仰、運動等活動都能開闊人心，都能改變看法想法與做法，是很正面的。

以手指的指腹壓按前述的穴區，注意不要讓指甲傷及眼睛。力道也以個人能承受者為度，不必重按，只要有痠的感覺出現即可。有空即按按，不但能明眼開心，還能消除眼睛疲勞、保健視神經。平時，看電腦螢幕最好能每三十分鐘休息一下，眼睛眺望遠處，好讓視神經舒緩獲得休息，以免過勞。

其實眼睛大小出現明顯差異，而且不是先天使然，這可要注意其變化，就怕眼睛呈三角形，或上眼瞼浮腫如臥蠶，這都是身體有狀況的警示，尤其是患腦心血管病變的機率相當高，建議每天早晚記錄個人的血壓值，注意飲食起居，少菸酒、不要熬夜，因為眼睛為肝之外竅，肝經脈循環的主時為凌晨一點到三點，然而肝膽相照，互為陰陽表裡，膽經脈的主時為深夜十一點到次日凌晨一點，肝膽經脈相互屬絡，所以病氣都會互傳，建議眼睛大小不均者，在十一點之前即要上床，才能維護肝膽健康，進而保健眼睛。

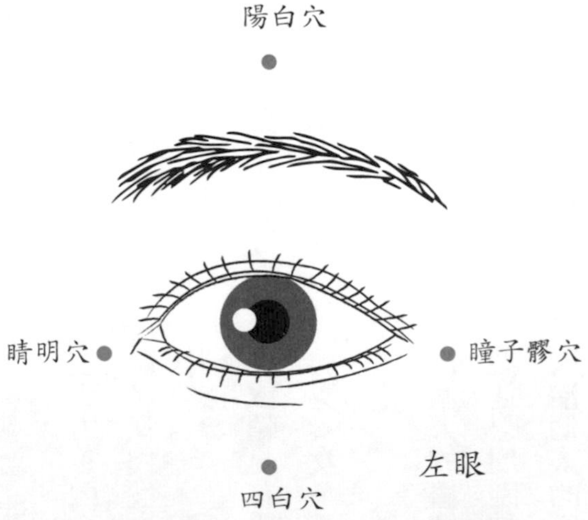

圖七十八 按摩眼周圍的陽白穴、瞳子髎穴、四白穴及睛明穴，促進眼周圍神經循環及經脈氣血流通。

同時，建議控制飲食，減少油脂、油炸、糖類物質的攝取，這些食物種類一旦過量，不但造成體內脂肪堆積，又易造成消化排泄失調，容易導致三高——血壓高、血脂高、血糖高。眼睛變小且呈三角形，有中風的潛在危險；眼視力變差、視網膜病變又與血糖高有關，特別是步入中年以後，不要忽視眼睛變小、眼瞼浮腫的現象。

在中國醫學經脈系統中，十二經脈是主幹，除了與五臟六腑息息相關之外，並與大自然天地、節氣、時辰應和。一天二十四小時，從二十三時，即午夜十一時開始起算，每二個小時為一時辰，共十二時辰，分別與十二經脈循環相對應：

23時至次日1時：子時，為膽經脈主時

1時至3時：丑時，為肝經脈主時

3時至5時：寅時，為肺經脈主時

5時至7時：卯時，為大腸經脈主時

7時至9時：辰時，為胃經脈主時

9時至11時：巳時，為脾經脈主時

11時至13時：午時，為心經脈主時

13時至15時：未時，為小腸經脈主時

15時至17時：申時，為膀胱經脈主時

17時至19時：酉時，為腎經脈主時

19時至21時：戌時，為心包經脈主時

21時至23時：亥時，為三焦經脈主時

眉眼距離看心胸，大者寬、短者窄？

眉眼間距離與心胸寬窄

眼眶周圍覆蓋著眼輪匝肌，眼輪匝肌在生理機能上，主要作用在保護眼睛；它是由第七對腦神經，即顏面神經所控制；顏面神經隨著內心世界的起伏波動，會影響及臉部回應做出喜怒哀樂各種不同的表情。

再者，又因顏面神經的關係，就心理層面而言，眼輪匝肌對情緒的表達是最直接的，為什麼內心緊張，眼瞼會抽搐，心理壓力大，也會不自主的眨眼，心裡有疑慮會瞇眼，看到美好的人事物，眼瞼會挑起睜大，這就是情緒與眼輪匝肌裡外相應的表現。

眉眼間距寬氣度大

眉毛的正中部位，即眼睛正視時，瞳孔正上方眉心的位置有魚腰穴，從魚腰穴直上額頭一寸有陽白穴（圖七十九）；陽白穴與眼睛間的距離愈寬，也就是上眼瞼相對較寬，這樣的男男女女心胸比較開

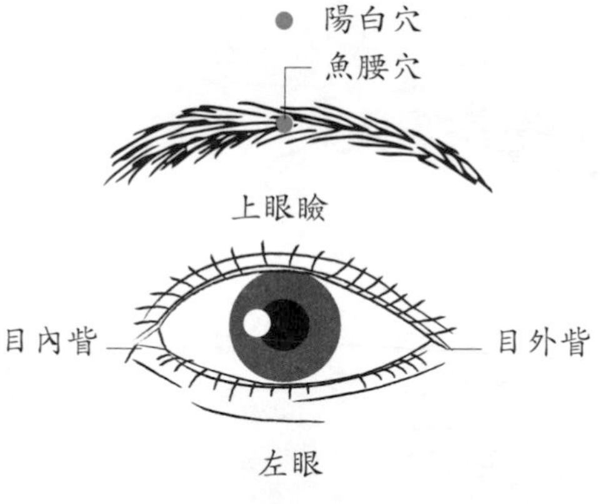

圖七十九｜陽白穴與眼睛間的距離愈寬，上眼瞼較寬，心胸比較開朗遼闊。

朗遼闊。

反之，此段距離愈短的人，上眼瞼也顯得較小，眉毛是比較貼近眼睛的，個性上比較專注，習慣性較喜歡從小處著眼，難免給人感覺其心胸較狹隘。

眉尾絲竹空與膽識

在眉尾有一絲竹空穴（圖八十），眉尾毛美順，眉眼間的眼瞼寬厚有力，象徵主人的性格有如絲竹般的細緻與堅韌，有高調的敏感度，強韌的適應力，對環境的認同及事物的認定有較寬容的接受度和參與感；對新事物有強烈的好奇心，有膽識與能耐迎接新的挑戰。

眉毛同時也是觀察執行能力的據點之一，絲竹空穴附近的肌肉飽滿但不浮垮，色清明沒有浮現青筋，周圍弧度順而不陷，也就是太陽穴附近不凹陷，加上眉形美順，毛不紊亂，是說到做到，一步一腳印，步步踏實的人，不會一曝十寒，隨時改變初衷，極適合擔任經營者或執行者。

亦有看法認為上眼瞼，特別是眉尾部，其寬窄厚薄正

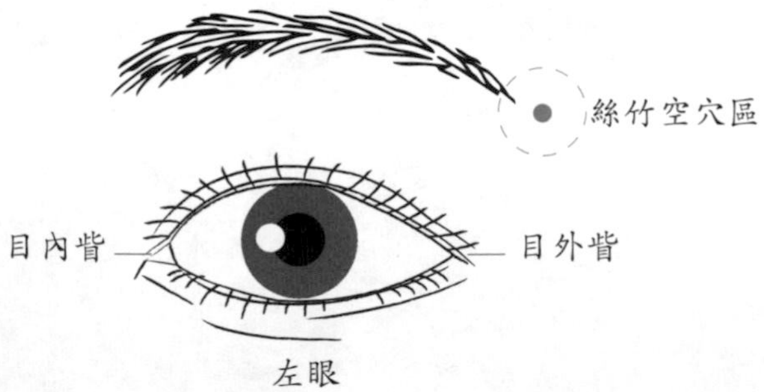

圖八十 絲竹空穴眉尾毛美順的人，性格如絲竹般細緻與堅韌。

反應著其財庫的盈虛，厚實的人，即使當下無什麼財力，也是有相當的潛力，假以時日，多能累積到財富；但如果這個部位寬大，但是浮腫，好比是打腫臉充胖子，虛有其表，敗絮其中，更要留意的是，糖尿病、腎臟病都會造成眼瞼泡腫，不可輕忽此病徵。

絲竹空穴區腫脹浮大，或是眉尾細小，近乎光禿無痕不長毛的人，很容易疲勞，常感覺心力不逮，且膽識不足，瞻前顧後，不是創業尖兵，也不耐磨耐操。尤其是毛質稀疏雜短的人，其代謝不良，氣血循環不暢，體內帶氧量不足，容易出現心慌、喘息、疲累等現象，更見鬱悶不歡，不喜言語；多數是過勞，加上缺乏運動，使顏面靜脈回流心臟不良，眉尾區特別狹窄擠壓的人，前述的不適感必定更明顯。

魚腰穴與眼睛之間，既然已下壓擁擠，如再加上眉毛雜生或是眉周圍膚色黯濁，即使相貌堂堂，五官突出，也都是外表好看，其實心有千千結，其心深處之糾結已令人無法充分施展，情愛方面也一樣多有掛礙，所以難免會令周遭的人為之扼腕，明明是一表人才，為何行事如此無效率？為人如此不上道？心事又有誰能知！因為其頭部的氣血循環及血液回流，在某一環節是有狀況的，仔細查其臉色，除了眉眼間不協調之外，一定還有其他部位會出現不均勻的現象，比如下巴較黯濁，或是口唇周圍泛青，或是額頭發黑，或是鼻頭鼻翼沒有亮澤，這表示其腦部相關經脈之氣血循環、神經傳導，或是靜脈回流，有障礙不夠順暢。

假使眉眼間距已窄，上眼瞼還下垂覆蓋到眼外眥，乍看好似三角眼，正常的老化現象，上眼瞼是會隨著年齡逐漸鬆弛下墜，但如果還未步入銀髮族之列，即已嚴重下墜，顯示其腦神經過勞甚久，腦部氣血循環明顯不順暢，建議早晚要測量血壓並做紀錄，這有腦心血管病變，中風的危險性。

眉眼之間的距離，如果眉頭與眼目內眥的距離寬，不長雜毛，色澤明亮不黯濁的人，神閒氣定，心少有掛礙，能納人建言，容易溝通；反之，眉頭與目內眥距離很窄，甚至幾乎相疊，或是鑽研過度，不問人間事，只活在自己的世界；或是心胸放不開，不願與人分享，或是鑽牛角尖，偏好鑽營算計，基本上都是較悶、較沉的個性，對人對事都有其在意之處，但在外人看來，也許只是不足以掛齒的芝麻蒜皮事，但眉頭與目內眥之間距離愈短的人愈容易為小事傷神。

眉眼間距小的改善方法

眉眼之間，整體距離都小，也就是眉毛壓得很低，顯得上眼瞼很小的人，再加上眼瞼色不佳，除了要安排適度的休閒與休息，能以遊山玩水來怡情養性，並可藉由登山、快走、慢跑、有氧舞蹈等來促進代謝循環，增加血液帶氧量。

同時可酌飲柏仁茶，取柏子仁、枸杞子、五味子、山茱萸、桂尖、黨參、炙黃耆、橘紅、枳殼各〇·五錢，加一千cc水煮成五百cc，晨醒即可酌飲一百cc，尤其是覺得心煩或胸悶等，可在口內先漱口到後腦勻有發熱的感覺再吞下，五百cc一天約分三～五次喝飲，並抓捏腳上厲兌穴，可補強柏仁茶的效果，達養心安神效果，並改善驚悸、失眠、盜汗、便秘之現象。

眉尾淡薄毛稀少改善方法

眉尾毛不順，甚至好似沒有眉尾，多數有過勞現象，人顯得鬱卒沒勁，嚴重者不愛與人互動，不愛團體生活；首先要強迫自己學習新事物，不能被動消沉，亦不能懶散不動，運動能刺激全身的動能，消弭悲觀的念頭，讓人變得積極有神采；而且建議早睡早起，適合晨間運動甚過傍晚運動，因為經過一天的工作，到傍晚幾乎已是累到快癱了，不可能有起而運動的念頭。

可以搭配養眉茶，取桂尖、炮附子、當歸、細辛、通草、茯苓、白朮各〇・五錢，加八千cc水煮成四百cc，覺得累就喝約一百cc，傍晚時通常會特別疲累，下午五～七點之間一定要服飲一次，這樣調理三～四週，可以看到一定的效果，如果加上有晨起運動的配合，療程可再縮短。

眉眼逼近改善方法

眉頭與目內眥貼近，常有胸悶、喘息之現象，除了經常做做擴胸動作，讓胸膛挺出，吸取更多氧氣之外，可搭配開胸茶，取黃連、薑半夏、括蔞實各一錢，加五百cc水煮成三百cc，飯後分次酌飲五十～一百cc。

這味茶品是苦味的，但它有改善咽乾口苦、眼睛瘦澀、胸悶胃堵的效果，所謂良藥苦口，如果對症下藥，苦後回甘，自能以苦制苦，同時可以雙手四指（拇指除外）輪迭的由上往下輕輕撫刷胸胃之間的膻中到中脘穴區（圖八十一），能調節胸氣不順、飲食積滯、胸胃之間悶痛，以及紓解鬱鬱寡歡之情緒。

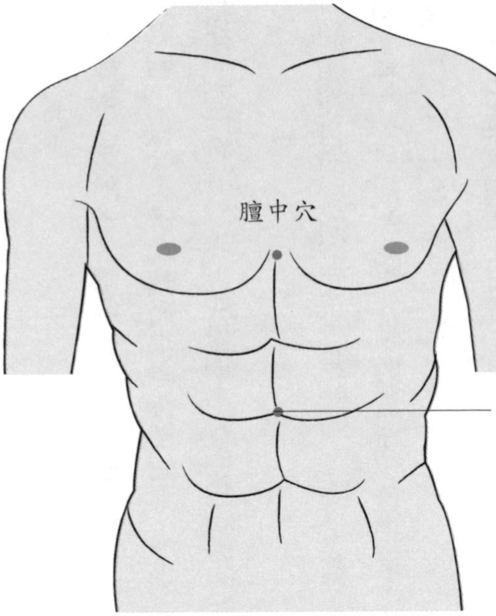

圖八十一 撫按膻中到中脘穴區，調節胸氣不順，紓解鬱鬱寡歡之情緒。

常眼紅如兔，審視腦心血管健康

眼紅原因不一而足

眼睛充血或出血，不一定是身體出現什麼病症，不少是眼睛局部的問題。造成「眼紅」的原因不一而足，最常見的就是眼睛感染，例如眼瞼緣的皮膚炎症，麥粒腫等都會造成眼紅，這種發炎情況通常是眼球、眼瞼一併發炎，相對容易辨識。

另外，結膜、角膜的感染性炎症，亦會造成眼紅，常伴有刺痛感，有異物感，還有分泌物如眼屎。過敏性的發炎也會使眼睛發紅，最常見的如花粉症過敏，或是異物進入眼睛，如空氣汙染，懸浮微粒過量，或是汽機車廢氣等，都可能造成眼睛過敏發紅、發癢，嚴重者連眼瞼也紅、腫、癢，鼻子也一併出現過敏性鼻炎，打噴嚏、流鼻水、發癢等症狀。

眼睛出血與充血有所不同，各種炎症造成的眼紅通常是充血，眼白部位明顯出現一絲絲的血絡，這是血管擴張的結果；如果是出血，會一整片變紅色，沒有絲絡出現。

仇人相見分外眼紅

眼紅不一定有發炎現象，除了前述造成眼紅的原因之外，其他常見的眼紅原因，如用眼過度，長時間看電腦、玩電玩，沒讓眼睛休息，或是熬夜通宵不眠，都容易令眼睛疲勞充血；乾眼症會眼紅，喝酒宿醉也會眼紅，情緒激動過後也會出現眼紅，為何說仇人狹路相逢分外眼紅，就是太憤怒，情緒太激動了，造成眼睛都充血！再者傷心哭泣當然也會令眼發紅。

還有，異物入眼如果無法隨著淚水流出，需即刻到醫院取出異物，避免不當的揉眼動作。物理或化學性灼傷先就地以大量清水沖洗後隨即就醫。

至於熬夜、喝酒後、哭泣後、情緒大變動之後的眼紅，通常是充分的休息即能獲得紓緩，可以不必就醫。

人的眼睛有結膜、角膜、脈絡膜與網膜等結構；結膜有眼瞼結膜與眼球結膜，眼瞼結膜即翻開下眼瞼或上眼瞼時會外露的部分，即是上下眼瞼的內部組織；眼球結膜是眼白部分。

女性在生理期前後，眼瞼結膜也會出現端倪；月經前眼瞼會比月經後來得紅；因為月經將來時，不只是子宮內膜呈現充血狀態，眼瞼結膜也會呈現類似的狀況，待月經結束後，也會隨之回復正常。

眼球結膜下的出血也會造成眼紅，而且會迅速擴大，一整片發紅十分駭人，通常要一周左右才會被吸收掉，實際上這類型的眼紅，在出血初期以冰敷抑止它持續擴大出血範圍，後期則可以熱敷促使血被吸收，通常無需特殊的治療。但是，眼球結膜經常這樣出血，就不要等閒視之，要有警覺心，是否有腦心血管疾病，如高血壓、動脈硬化、腦壓異常……等，建議作進一步的檢查，以免演變成嚴重後果。

紅眼部位與症狀關連

不同的眼紅部位，反應身體不同的狀況，除了結膜炎所造成的眼紅之外，眼睛不正常的出血或充血，都是身體或心裡有話要說。眼內眥血絲多或出血（圖八十二），多屬勞傷心血，心血多不足，容易心悸、怔忡、恐慌、健忘，適宜酌飲養血茶，取黨參、丹參、生薑、半夏、茯苓、茯神、炙甘草、炙黃耆、當歸各○・五錢，加八百cc水煮成四百cc，當茶酌飲。

自我觀察，早晨醒來經常眼紅者，適合早上喝；活動後，中午才眼紅者，午餐前喝；傍晚才眼紅者則傍晚喝。熬夜眼紅時要加倍服飲。如果非熬夜不可，或是從事夜間工作，日夜作息顛倒的人，不但適合喝養血茶，更要加強壓按眼睛眉毛周圍，讓眼四週的神經、肌肉獲得舒緩，降低眼睛發紅的機率。

眼外眥經常發紅者，腹腔問題較多，女性如果右眼紅的比例高，是右側卵巢、輸卵管功能出現狀況的機率較高，是左眼則是反應左側。如果兩側的目外眥都經常浮現紅絲絡，不論是交替發生，或是一併發生，是腸系方面較脆弱；紅絲集中在外眥的水平線位置，是小腸吸收不良，往下擴散到外眥的下半部位置，是大腸排泄不暢。

此類下腹腔的問題，可以利用食療來調整，平日多攝取富含膳食纖維的蔬果，減少油膩和紅肉類食物，每天要喝足夠的水，大約二千cc，可以重整腸道環境，改善吸收排泄狀況。

平日常常抓按曲池穴（圖八十三），可順暢排便，快速排出體內代謝後產生的廢物和毒素，維護腸道健康，曲池穴取穴方法很簡單，將手肘彎曲，在彎曲的位置當骨頭的凹陷處，施力往骨頭方向按入，會出現又痠又痛的部位就是曲池穴區，屬於大腸經脈。常常按之，不但有益腸道，還能緩和胸中煩悶、手臂紅腫、手肘痠痛、耳目不清等現象，亦能紓解鼻、喉、齒之不適。

經常眼紅，可喝飲桑菊茶來調降肝火，取桑葉五錢，甘菊花五錢，加二千cc水煮茶來喝，或是以乾淨紗布濾去藥渣，取藥汁來沖洗眼睛；或是喝菊花茶，取甘菊花五～八朵放如瓷杯，沖熱開水二五十cc，覆蓋約三分鐘即可喝飲，桑菊茶、菊花茶都有清香口氣、清肝明目、疏肝解鬱、安定心神、防治上火出血的作用。

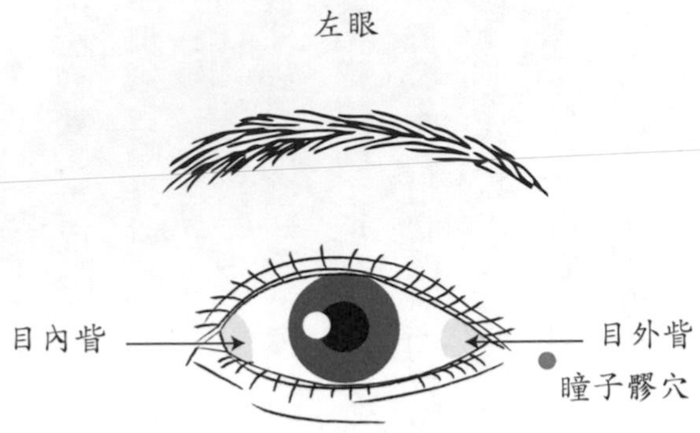

圖八十二 目內眥血絲多或出血，多屬勞傷心血；目外眥經常發紅腹腔問題較多。

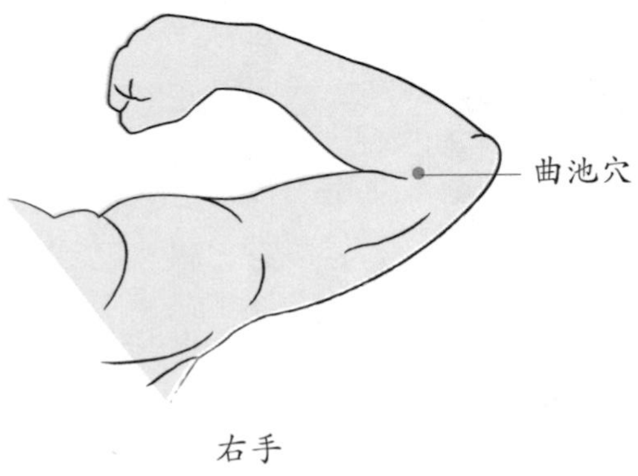

圖八十三 常常抓按曲池穴，可快速排出體內代謝後產生的廢物和毒素，維護腸道健康。

眼瞼浮腫，腦心透支，肝腎不足

經脈與神志

根據中國醫學的經脈理論，十二經脈是人體的主要經脈幹道，是氣血運行的要道，和一定的臟腑直接連繫，各經脈彼此間又有陰陽配伍及表裡配合的關係，並與大自然天地、節氣、時辰相應合，與個人的情志表現、思維活動亦息息相關，即人之五臟分別主掌五神，心主神、肺主魄、肝主魂、脾主意、腎主志。

肝經脈上臉部，進入眼睛系統，再進入頭腦部，與督脈交會於大腦皮質；肝主魂，魂可說是我們的潛意識，人心情不好，就牽腸掛肚，肝腸寸斷；人體力不好，很容易肝腦塗地，魂不守舍，當陷於此狀況時，上眼瞼多會出現浮腫、灰黯，甚至會浮現靜脈青筋，這多數是眼靜脈回流頸內靜脈，再回心臟的循環不良，才會造成眼瞼浮腫等現象。

在經脈循環方面則是肝經脈與心包經脈氣血循環有礙，多由於心血不足，會產生怔忡健忘、心神不定、睡不安穩等症狀，當然上眼瞼也會是泡腫的。

眼瞼與腦心血管

換句話說，上眼瞼腫，腦心血管之循環必然不流暢，如果晨起即浮腫，三十～四十分鐘後能消腫者，尚屬正常，因為睡了一夜，躺在床上，血液與淋巴循環不良而堵塞囤積。

浮腫現象過了中午不但未消，反而更嚴重者，表示腎臟體液循環也有問題，也會同時出現瞳孔渙散、注意力不集中、神志恍惚等症狀。

左上眼瞼浮腫，心臟結構較不良，要注意主動脈的健康，食飲管理切忌偏食與暴飲暴食。

右上眼瞼浮腫，肺功能較弱，要注意肺動脈的健康，切忌動不動就想坐就想躺，因為平時已欠缺運動與活動，如果不加強運動，心肺功能將一併變得虛弱。

除了上眼瞼浮腫要注意心、肺、腦部的循環之外，下眼瞼浮腫，又是什麼情況造成的呢？如果頸外動脈與頸外靜脈循環不通暢，腎經脈與膀胱經脈之氣血循環必受影響，連帶汗、尿、屎的排泄也不順暢；相對之下，上眼瞼浮腫則是頸內動脈與頸內靜脈不流暢，問題偏重在肝經脈與心包經脈。

心情低落、腦心血管有礙都與此有關，如果不調整生活步調與飲食習慣，五臟六腑的健康都將受連帶影響。

消除眼瞼腫

上眼瞼腫，以五苓茶來利水消腫，取豬苓、茯苓、白朮、澤瀉、桂枝各兩錢，加一千cc水煮成五百cc，三餐前熱飲一百cc。下眼瞼腫，以消腫茶來調理，取蒼朮、厚朴、陳皮、炙甘草、薑半夏、茯苓各一錢，加一千cc水煮成五百cc，當茶酌飲，五苓茶、消腫茶分別針對肝經脈、心包經脈，以及腎經脈及膀胱經脈，發揮利水、消腫、促進排毒等作用，並有助精神提振，提升睡眠品質，安定魂魄，愉悅心情。

眼瞼厚實財帛厚

相較於浮腫的眼瞼，如果眼瞼是厚而結實，有亮澤，自古被認為是財帛豐足之相，其財力可以包括是有形的資產及無形的智慧財產。因為上眼瞼動力好又厚實，表示其腦心血管流暢，體力好、腦力好，當然要累積財力的機會就相對提高。因為上眼瞼結構好，表示人體吸收了足夠的必需蛋白質等營養成分，促使腦細胞、血管組織以及生命最重要的粒腺體等機能都一併健康，功能健全。

眼瞼部最重要的肌肉組織就屬眼輪匝肌了（圖八十四），它的肌纖維有如張開的船帆，直伸入顳部、頰部及前額，如果上眼瞼的舉肌麻痺或斷裂，會造成眼瞼下垂無法上舉，或是胸腺病變，造成重症肌無力，眼瞼也會下垂。因為上眼瞼的提開與閉鎖較頻繁，會引起較多的注意力，反而忽略了額肌、顳肌、顴大肌、上唇肌等肌群的動作及色澤。

其實要了解健康，一定要參而合之，從較廣面積與較多症狀整合來觀察，假使上眼瞼厚實又活動力佳，同時額頭也亮，但顳肌，即太陽穴一帶（圖八十五）卻乏力、凹陷、暴青筋，這樣的男女是聰明有餘，行動力不足，小聰明夠多，但也是精明在臉上，卻笨在骨子裡，不是真正的能幹或有實力，只是老愛攪和，不成熟或不可行的意見多，但有建設性的建議則不足。

這樣的男女常是性趣高昂，但性能力草草。他們還有一共通毛病就是「懶」，懶得活動筋骨，懶得累積智慧，懶得落實經營生命。

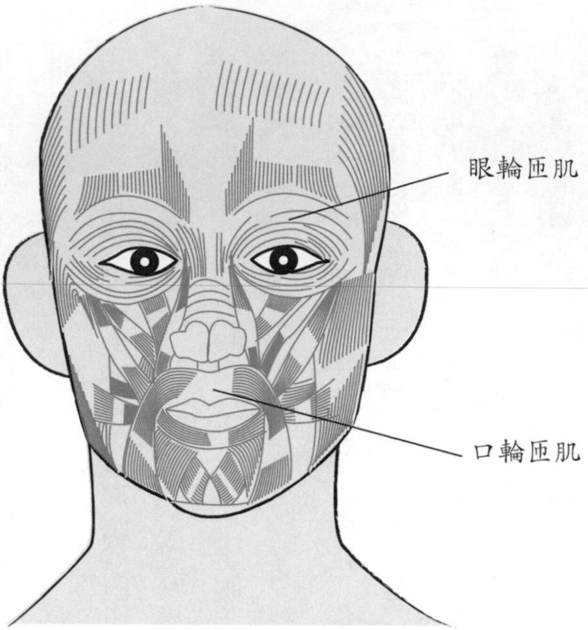

圖八十四 眼瞼部最重要的肌肉組織就屬眼輪匝肌，它如張開的船帆，直伸入顳部、頰部及前額。

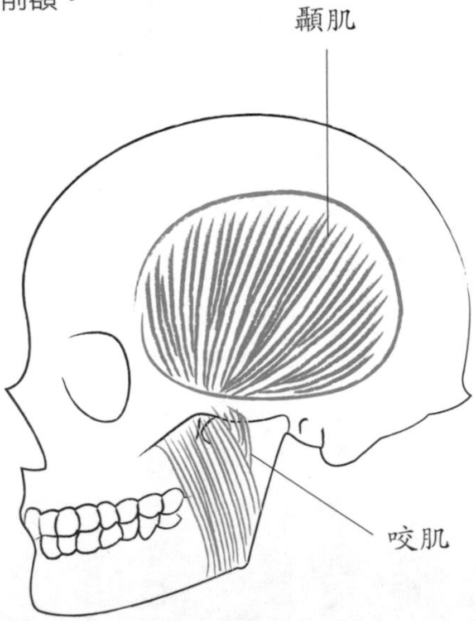

圖八十五 顳肌（太陽穴區）乏力、凹陷、暴青筋的人，行動力不足，精明在臉上，卻笨在骨子裡。

眼瞼厚但鬆垮

如果上眼瞼厚但鬆弛乏力不結實，加上額頭、太陽穴區、顴骨區的色澤都不光彩，一定生活得很辛苦，不識快樂是什麼，也無從改善起，成天就是為了生活在打轉，成就感低，壓力大，休閒亦不足，都有過度勞累，缺乏生活情趣的通病。

古人看眼瞼評估田宅資產，在醫學角度看眼瞼，則健康面優先於資產面，因為有健康就有幸福，能幸福資產就跟著來。上眼瞼厚薄已知是攸關於腦心血管健康，人體都有自己復元的能力，就看你是否要起而激發此自癒力，我們只要能改善生活中的小錯誤，加注更多有益健康的元素，自是能阻止疾病的入侵。

改變上眼瞼就是要從強化腦心血管做起，說穿了，運動還是第一法門，運動令人更有活力、增強持久力，同時能鍛鍊意志力，使工作學習都更有效率。

腦心血管的結構與蛋白質之攝取關係密切；蛋白質中的胺基酸又關係著眼瞼及眼睛的結構與功能。人體由於缺乏某些合成胺基酸的關鍵，所以必須從食物中獲取我們自身無法合成的胺基酸，這也就是所謂的必需胺基酸，總共有九種，幼兒則有十種，其中最重要的要屬色胺酸，因為它是血清素的前體，血清素是重要的神經傳導物質，在人體的神經、肌肉、感覺各個系統都有其分布，是正常生理功能中極重要的一環，它影響及菸鹼酸的構成，又是止痛、安眠的要素。如果人體缺乏蛋白質，可以導致全身浮腫，眼瞼浮腫是很明顯的，而且會很早就發生；其他併見皮膚乾燥、頭髮眉毛稀疏脫色、免疫力下降、肌肉消瘦減輕等病狀。

流淚是喜亦是憂，欲哭無淚則徒感傷！

流淚是喜亦是憂

喜極而泣，傷心落淚，人的情緒不論是高興或是悲傷，在此兩極的情感表現上，都會流淚，可見，眼淚是表達心情的終極產物。負責眼淚的第一線器官是淚腺和淚管，一般人是年齡增大而淚液減少，所以到了老年有很多場合是乾號多於淚泣的現象，真情流露淚流滿面的情景，年紀愈大是愈做不到。

話說男兒有淚不輕彈，其實是不健康的，情緒要有紓發的管道，流淚是可以滌淨心情、轉化心境的武器；而一般人都認為，眼淚就是女人的核武，男人就怕女人流淚，女人就怕小孩流淚，因為淚會使人心動，當然碰到鐵石心腸不為所動者，或是假哭鱷魚淚不得人心者，就另當別論了！

當淚腺萎縮變化，導致淚液分泌不足時，眼睛就會乾燥生澀，產生不適感，造成的原因部分是缺乏某些特殊營養，如維生素A，有的是身體老化，有的是病症的反應，如類風濕性多發性關節炎及各種併發病，這常見於更年期女性，還有現代閱讀或工作多以電腦取代書本或平面紙張作業，螢幕盯太久了，乾眼症發生率也愈來愈提高。

不流淚是老化是病變，眼淚太多，也是有狀況的，多數起因於淚腺的反射刺激，結膜及角膜的刺激，以及網膜受光而刺激過量，亦有可能是淚管阻塞，加上淚液分泌過多，造成眼淚溢出。

淚管會阻塞可能是眼輪匝肌麻痺，或是淚點發生瘢痕或狹窄，然而如果發生在青少年身上，除了是有結構性的障礙，及少部分之特殊病變外，有不少的案例是心因性的，如欲哭無淚，傷心難過卻無法正常流淚發洩，長期壓抑的結果，反會變成不是哭泣但眼淚溢流的反常現象，其心理上的不協調就好比不哭泣但淚流的矛盾現象。

淚骨烙印心跡

我們都有過這樣的經驗，一把眼淚一把鼻涕，哭泣時眼淚和鼻涕齊流，為什麼？因為鼻腔、鼻竇、淚囊、鼻淚管之間是相通的，盛淚水、流淚的管道在眼睛內眥的內部（圖八十六），該部位有一淚骨襯托著這些管道組織，也就是在眼眶骨下緣；淚骨上面覆被著眼輪匝肌，其厚薄、大小、肌肉質感及膚表上色澤變化等現象，即關係著心智軟堅與膽識有無；動不動就落淚，心軟仁慈，但不可深入談情，太容易受感動了，反而容易被情所困，以情衡量，左右決定，雖然這樣的女人多浪漫，男人多風流，可是情愛就易流於氾濫不專了！

在淚骨外方，目內眥旁有一睛明穴，是膀胱經脈的起始穴，就如穴名所揭示的，眼睛是否清明，眼光

左眼

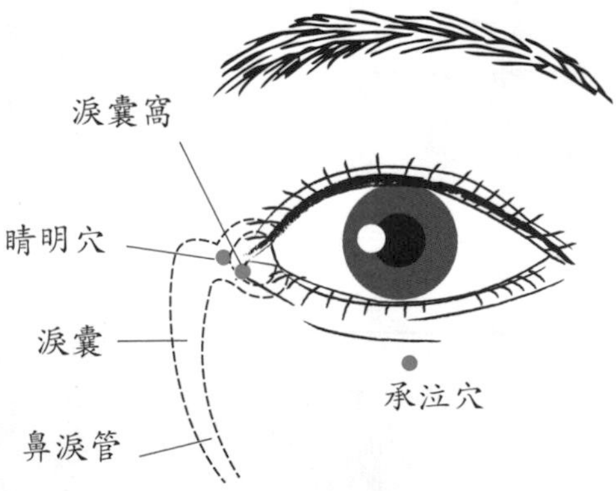

圖八十六 在眼睛內眥的內部有盛淚水、流淚的管道，與鼻竇、鼻腔是相通的。

是否準頭夠，從此穴區是明亮抑是陰晦即可見一斑。

睛明穴區光亮的人，眼色光，懂得察言觀色，看清狀況伺機行動，所以眼明手快，能掌握契機；相反的，此區黯濁枯黯，甚至有脫屑，常看走眼，對人對事都是如此，不是入錯行，就是投錯標的，男的抱怨娶錯妻，女的哀怨嫁錯郎，終歸結果都是意識不清，眼光失準，判斷錯誤，以致於對自己所選擇的不知如何善加經營；其實，選擇未必是最壞的，關鍵是在於未能投注心力，經營不善，以致了了草草，無法結為善果。

上眼袋裝脂肪

目內眥的上緣，約當上眼瞼的起始部位，出現膚表稍黃的腫塊，這種「上眼袋」都出現在血脂肪較高者的身上，有營養失衡之虞，多有偏食肉類或暴飲暴食之傾向，其肝膽、腸胃之運作較易出狀況。

要使上眼袋縮小或消失，一定要調整生活習慣，以及做飲食管理，避免過食高脂肪、高膽固醇的食物，例如肥肉、油炸物、動物內臟等，可以選擇去皮雞肉、魚肉等白肉，以及蔬菜、水果等富含膳食纖維的食物，且要多運動流汗，消耗體內過多的熱量及堆積的脂肪，才能改善肝醣分解機制，紓緩慢性病症，令你更有活力，更有效率。

目內眥開張的人，較具膽識與前瞻性，愛恨分明，敢衝敢行動，勇於新嘗試。目內眥緊縮角度小者，小心翼翼，瞻前顧後，裹足不前。但這是相對性的，雖說先天上目內眥角度有大小之差異，但更多的是後天因素所造成的改變，有言「時勢造英雄」，環境、教育、經濟、自我要求等各種主客觀因素之加成作用，會使人的膽識變得更高，或是變得退縮。

《黃帝內經靈樞・五色篇》言及：「目內眥上者，膺乳也。」（圖八十七）換言之，目內眥上方不但可以反應體內脂肪狀況，目內眥附近還是胸部、乳房健康的反應區。其觀察軸心就在睛明穴，該區枯黯瘀滯者，同側胸乳較易有狀況，嚴重時還會連帶影響及同側的肩臂。

女性如果出現類似的差異，不論是漸進式的，或是有朝一日赫然發現，很可能是同側乳房病變的徵兆，臨床上，乳癌患者即使已手術成功，該區域還是比健康的另一側顏色沉著，有的還顯得特別凹陷。

平日的保養要有正確的飲食習慣、適當的運動、充足的睡眠，以及規律的生活步調，因為眼睛為靈魂之窗，目內眥上的睛明穴又關係著膀胱經脈的氣血循環，以及眼睛本體的神經、淚管等組織的

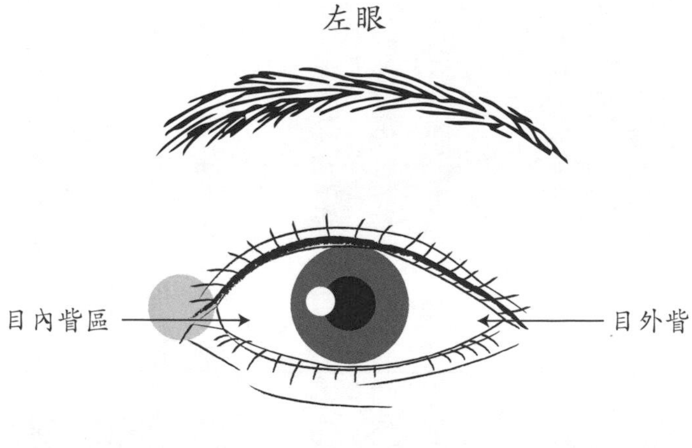

圖八十七　目內眥上方可以反應體內脂肪狀況，目內眥附近也是胸部、乳房健康的反應區。

健康，是以更應積極維護其健康。

按摩眼周圍是最簡易可行的有效保健法，取純棉紗布或小方巾，浸於熱水中，水溫不需太高，約攝氏四十五度左右即可，擰乾後放在雙眼上，以手指輕輕撫按，毛巾溫度退了，再浸熱水再敷，如此反覆幾次，可促進眼睛周圍氣血循環，以及靜脈血液回流，能消浮腫，祛疲勞，讓肌膚放鬆，使眼睛更放光彩，但請留意，溫度不要太高，按力也不宜太重，以及毛巾布要確保乾淨衛生，因為眼睛很珍貴，周圍肌膚很嬌嫩。眼睛酸澀疲累時即可敷一下，或者徒手洗淨，搓熱掌心來壓按雙眼，都可解一時之不適感。

淚骨左右眼各一塊，是一比指甲片還薄的不整齊方形骨，位於眼窩內側壁的前端部，構成淚囊窩的後半部，延續成鼻淚管的骨壁的一部份，這是由結締組織骨化而成的，與淚囊窩、鼻竇、鼻腔是相關連的。

從它的解剖位置來看，人的七情六慾都會隨著生命軌跡的移行，而烙印在其上，進而反應在目內眥睛明穴附近的皮表上。

CHAPTER 5

耳朵繫腰腎 反應精氣神

耳朵五行見真章，春夏秋冬寓其中

五行耳各具特質

結合醫理與命理，參合心理層面及臨床之評量，耳形可分為木耳、火耳、土耳、金耳、水耳五種（圖八十八），此五形耳有「春生、夏長、仲夏化、秋收、冬藏」的自然生化意涵，以及臟腑彼此間生長化收藏的相互依存、相互制約的關連性。即五臟有肝生、心長、脾化、肺收、腎藏的本質。所謂本質是本該具有的優勢；然而，當人衰退老化之時，它也可能是最容易發生病變的臟腑。

（一）肝屬木，通於春氣，木耳之人擁有相應於肝臟之形象及特質，應具有類似春木新生發芽之象。

（二）心屬火，通於夏氣，火耳之人擁有相應於心臟之形象及特質，應具有類似太陽光熱之象。

（三）脾屬土，通於仲夏，土耳之人擁有相應於脾臟之形象及特質，具有豐饒滋養、穩重安泰之象。

（四）肺屬金，通於秋氣，金耳之人擁有相應於肺臟之形象及特質，具有堅固、收斂、清廉之象。

（五）腎屬水，通於冬氣，水耳之人擁有相應於腎臟之形象及特質，具有滋潤且能藏精氣以化為生命泉源之象。

木耳

火耳

土耳

金耳

水耳

圖八十八 木耳、火耳、土耳、金耳、水耳五形耳，有春生、夏長、仲夏化、秋收、冬藏的自然生化意涵。

木之耳

木耳形態如春天生意盎然之木，不論是灌木（耳低）或是喬木（耳高），耳形及耳色都應具有生長之氣息——活潑生動，從內心散發綻放出來，充滿活力。有生氣之木耳，多才多藝，多創新。

相反的，既是木耳之形卻死氣沉沉，即使是大如松木，亦只能是菇蕈之木耳，無法成為良材。通常是在大病初癒，精氣神尚未回復之前，或是行將就木之際，才會出現死沉的木耳；否則，只要不是絕症或是罹患無可救藥之大病，都可以積極來改善的。

首先一定要早睡，睡不著或睡眠品質差、淺眠易醒或多夢的人，可酌飲解鬱茶來疏肝解鬱、行氣活血、促肝解毒，取丹皮、黑梔子、白朮、茯苓、當歸、炒白芍、柴胡、薄荷、炙甘草、煨薑、紅棗、酸棗仁、知母各〇・五錢，加一千cc水煮成五百cc，當開水分次喝飲。同時，務必戒菸戒酒，以防日後出現肝臟方面之疾患。

火之耳

火耳的形色如上炎之勢，多數熱情洋溢，但也許性格火爆，形順色良者猶如生命火炬，生生不息，充滿陽光；形畸色焰或紫黯的人，或為星星之火，但可以燎原，或如核爆之火，傷大且及於無辜，但無論星火或核原，都是難以收拾。亦有是乍看色紅艷，細看則紅中透紫而瘀滯，就好比是迴光之火，都不是好耳的寫照。

火耳無好火之象，個人要十分留意身心的變化，稍有風吹草動，例如突然倍覺疲勞，或是胸悶難暢，或是變得火爆，或是突如其來有恐慌，不想活等低潮情緒，一定要走入陽光，走入人群，平日則多按摩勞宮穴區，可降熄無名火。

土之耳 土形耳猶如黑土平原，肥沃滋養萬物，多數心安寧、體福泰，有八面玲瓏、從善如流之特質，多是能善解人意的「聆聽耳」，有耐心傾聽他人的話語；但有土耳卻乾枯貧瘠，土焦多摺，必像「刺耳」般，言語帶刺，倒過來自己也灰頭土臉，宜多敲敲風市與梁丘穴區一帶（圖八十九），尤其是飯後敲打十分鐘，活絡這兩穴區可以促進脾胃之循環與代謝，有固護及滋潤脾土之效。

金之耳 金形耳，有金、銀、銅、鐵之差異，但都有共通特性：一板一眼，是奉公守法，固守職責之人。質色都佳的金耳，延展性大，可塑性高，潛力無窮，判斷正確或幸遇伯樂，即能大展宏圖，大放光彩；銀耳亦有其貴氣，但易遭汙染而變黑，所以如果耳色往負面走，耳形也漸形枯萎，即要注意肺呼吸道的保健，尤其在夏入秋及秋入冬交季之時，要更加強防護，平日則多抓按手大拇指下的肉丘，其間有魚際穴（圖九十），能保養肺呼吸系統。至於銅耳、鐵耳都是較剛正不阿、冷靜理智，但常與冷漠是一線之隔，也是要留意形色變化，要讓自己如銅牆鐵壁百毒不侵，而不是破銅爛鐵百病纏身。

水之耳 個人的修持是影響水耳的大因素，涓涓細流可穿石，洪水如猛獸可食肉啃骨，所以要為養萬人之水，或是潰堤淹萬人之水，事在人為；水耳之人大好大壞，質色好則善意綿綿；色黑質枯多皺紋之水耳，個人幸福指數低，財損氣盡多孤寂，平日多壓按刺激腳底的湧泉穴，刺激腎經脈氣血循環以充盈腎氣，腎臟所主管的體液津液循環順暢如泉湧，充分供應滋養各器官組織，以孳生精氣神，讓生命更形光彩。

《黃帝內經素問．六節藏象論》黃帝問岐伯說：「藏象為何？」，岐伯回答：「心者，生之本，神之變也，其華在面，其充在血脈，為陽中之太陽，通於夏氣。肺者，氣之本，魄之處也，其華在毛，其充在皮，為陽中之太陰，通於秋氣。腎者，主蟄封藏之本，精之處也，其華在髮，其充在骨，為陰中之少陰，通於冬氣。肝者，罷極之本，魂之居也，其華在爪，其充在筋，以生血氣，其味酸，其色蒼，此為陽中之少陽，通於春氣。脾胃大腸小腸三焦膀胱者，倉廩之本，榮之居也，名曰器，能化糟粕，轉味而入出者也，其華在脣四白，其充在肌，其味甘，其色黃，此至陰之類通於土氣。」

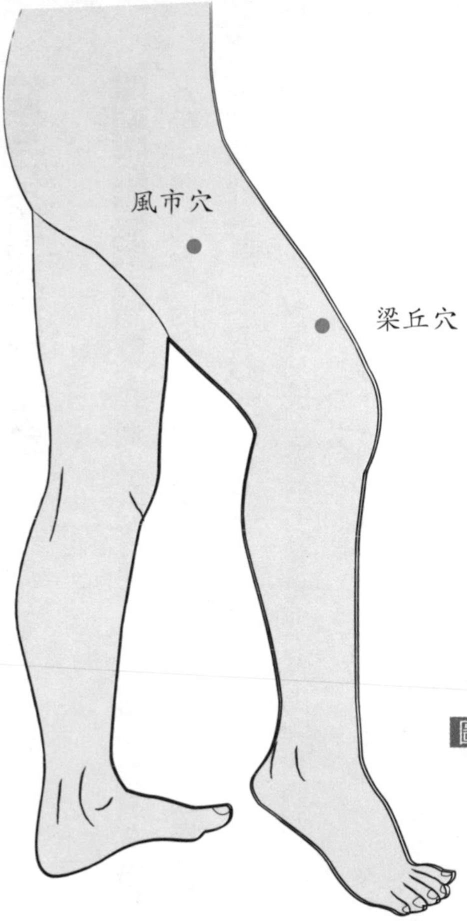

圖八十九 多敲敲風市與梁丘穴區一帶，促進脾胃之循環與代謝，固護滋潤脾土。

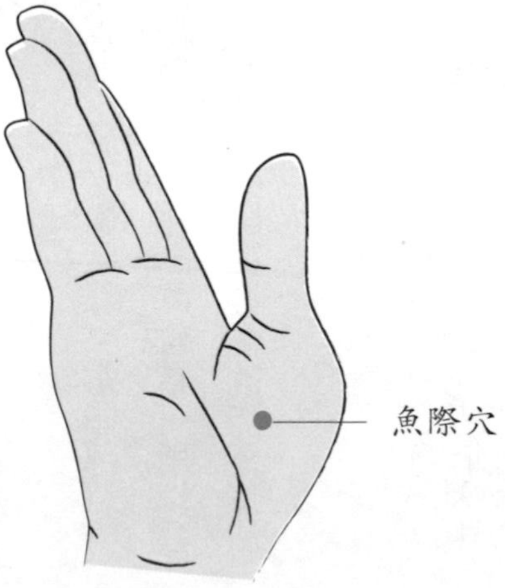

圖九十 多抓按手大拇指下肉丘的魚際穴，保養肺呼吸系統。

從耳朵論運途談福氣

從耳論運途談福氣

我們以耳朵論運途談福氣，是有其醫學道理的。耳朵受控於腦神經中的第八對——聽神經（內耳），以及第七對——顏面神經、第五對——三叉神經、第十對——迷走神經（中耳與外耳），是以，耳的機能與功能，及其形狀、膚色、膚質的表現，都與腦神經直接呼應。腦神經是否正常發揮功能？是否有執行能力？即與我們個人的發展及成就息息相關。

耳朵分外耳、中耳、內耳三部分。

內耳，在耳朵的最深處，由骨迷路和膜質迷路所組成；骨迷路可再分耳蝸、前庭。耳蝸是聽覺器，前庭是平衡器；前庭平衡器又有兩部分，一部分是左右耳對稱，控制旋轉平衡的半規管；另一部分是橢圓囊和球狀囊，是控制直線性的平衡，包括地心引力。

我們靜止的時候，左右兩側的前庭平衡器送給大腦的訊號不偏不倚，是平衡狀態；當頭部或身體改變位置或角度時，兩側的平衡器也會發出不同強度的訊號，讓大腦去判斷相對的位置，所以我們不論是靜止的，或是在活動中，都能處於平衡狀態。但是如果有一側的前庭組織發生故障，無法與另一側合作無間的正常發出訊號，於是就會失去平衡。

失衡與暈眩

在此忙碌的都會生活中，許多人深受暈眩之苦，但暈眩的肇因很多，常見者有因中樞神經系統引發的，可統稱為中樞型，例如腦幹的病變、中風、小腦的疾病；也有因周邊內耳不平、衡造成的，如前庭神經炎、美尼爾氏症等，可統稱為周邊型的，其他如焦慮症候群、偏頭痛、頸脊柱炎形成骨刺所引發肌肉緊張的反射，或骨刺直接壓迫，都會引起暈眩。

暈眩是一種自覺症狀，發生時頭暈眼花，顱內有空洞輕飄感，走路不穩，有人眼前一片發黑，較嚴重者是天旋地轉，噁心欲吐，且發作時間不一定，很令人困擾！

中醫認為暈眩的病位在頭部，主要與肝、脾、腎三器官及其所屬經脈的陰陽氣血偏盛或衰有關，其發病原因又多與情志失調、飲食所傷或勞倦過度相關，而且以虛症比例居多。

肝經脈從腳大趾起行之後，到後半段沿著氣管進入喉頭部，上面頰與眼系連接，再上行到頸部；其在臉部行循路線與顏面神經、三叉神經互有交疊。

脾經脈亦是起行於腳大趾，最後連結到舌頭，一旦循環失調則舌本痛，舌本即舌根，其相關的肌肉群、神經組織都在耳部附近，其病痛的傳導很直接。

腎經脈亦是從腳起行，從腳小趾穿過足心，亦是在舌本終了；同時腎臟是人體先天之本，又主管著全身津液的代謝功能，如果代謝紊亂，氣化作業失調，將引發身體水液代謝失調；又，腎臟開竅於耳，一旦腎主水的功能無法順利的將氣化後的清液輸布全身，以及將各臟腑組織代謝應用後的濁液排出體外，其障礙之一，就是可能引發耳源性的暈眩症狀，所以臨床上也有並未發生前庭神經炎，或梅尼爾氏症，但患者主訴有天旋地轉，站、坐、躺都發暈的症狀。這大多數屬於內耳前庭不平衡所致，有人還伴有耳鳴或聽覺障礙等問題。

耳部保健

要保養耳部，首先要規律作息，睡眠充足，以養人體之腎氣；同時工作休閒並重，避免過勞，包括七情六慾亦不宜過極，以保健體力和腦力。飲食方面則要營養均衡，不宜過食膏粱厚味、肥甘滋膩等，足以造成脾胃負擔的食飲，亦不宜過食鹹味傷腎之品。

同時，這類食物又都容易使原有疾病失控，有心血管疾病、腎臟病者會惡化，有糖尿病者也不易控制病狀。再者，如果有暈眩，不論是中樞型或是周邊型，都建議戒酒戒菸。或者有疑問說，周邊型者多因內耳不平衡所致，與菸酒何關？別疏忽了，菸酒之毒終將傷及腦神經及心血管等組織，而與耳部相關的腦神經，在十二對腦神經中即有四對；而且也會令人體的免疫力及抗病能力降低，罹患耳疾的機率就比一般人來得高。

三盤落地養腎護耳

強健腎臟及腎經脈，平時最適宜的養生運動要屬易筋經的「三盤落地」式（圖九十一），能有效溫補腎陽，增進腎臟化氣行水功能，使全身水液的代謝趨於平衡，自是也能免除耳疾、暈眩等疾之苦。

三盤落地歌訣：

上腭堅撐舌，張眸意注牙；
腳開蹲似踞，手按猛如拏；
兩掌齊翻起，千斤重有加；
瞪睛兼開口，起立腳無斜。

動作要領：

步驟一：舌頭用力撐頂住上腭，即上牙齦的內側；睜大眼睛，將意識灌注在牙齒，這是一種集中思維，將注意力定格在牙齒的意境。

步驟二：兩腳站開與肩同寬或略寬過肩，緩緩蹲下，腰背盡力打直，顯出像獅虎盤踞的態勢。

步驟三：雙手置於身體兩側，猛力往下按，兩手掌齊力向上翹，好比有千斤重加壓在手掌、手背及手腕上的感覺。

步驟四：眼睛瞪大，嘴巴張開，以鼻子吸氣，嘴巴吐氣，同時，撐頂上腭的舌頭始終不放鬆。

步驟五：如此蹲踞三～五分鐘，緩緩站立，手自然放鬆下垂，因為蹲動作會令腰背發痠，兩腳發麻，起立時要保持兩腳伸直不歪斜，並注意不要搖晃跌倒，等全身都回復正常知覺後，再進

圖九十一｜易筋經「三盤落地式」

行其他動作或活動。

以上動作初始操作的人會覺得十分困難，且痛苦有加，依經驗所得，有太多人持續不了多久，很快就放棄操作。然而此動作對滋養腎氣，以及強化腎經脈氣血循環之效果十分良好，如果能堅忍持續操作下來，一定能突破瓶頸，從兩分鐘、三分鐘，漸進延長操作時間。

如果進步到每天早晚各蹲十分鐘，則其好處不但是能防治耳疾，如耳鳴、聽覺遲鈍，而且能強腰腎，調治男人性功能失調，如陽痿、遺精、遺尿、睪丸痛、疝氣等，女人婦科疾病，如月經不調、陰部痛、分泌物多等症都隨之改善，其他如失眠、健忘、盜汗……等，也會隨著操作的時間長度及持續性，調理改善的更多，架構更健康的身心，而且矯正耳位、優化耳質的效果是可期待的。

耳位正不正，靠造化也要有實力

耳位正四平八穩

耳位正不正，不只是頭顱骨的結構問題，也是全身骨骼肌肉的整體表現。即使一個人耳位天生長得正，但歪頭斜頸成習，日久耳位也會走位；相對的，天生耳位不太正，要求自己端正姿勢，正頸正腦，耳位自是會漸有調整歸位（圖九十二）。

到照相館拍照時，攝影師都會端正客人的儀態，正面大頭照要擺正頭、縮下巴，就是依耳位作為水平調整基準，如此照出來才會五官端正，影像才會搶眼。

全身的骨骼及肌肉，決定性最大的是頭顱骨的枕骨與頸骨的第一頸椎，以及覆被在這之間的頸前直肌、頸長肌、頸後大直肌、頸後小直肌、頸後上斜肌及下斜肌等肌肉群，它們反應著個人身體的強弱盛衰，如果這些相關骨骼及肌群發展

均衡的耳位

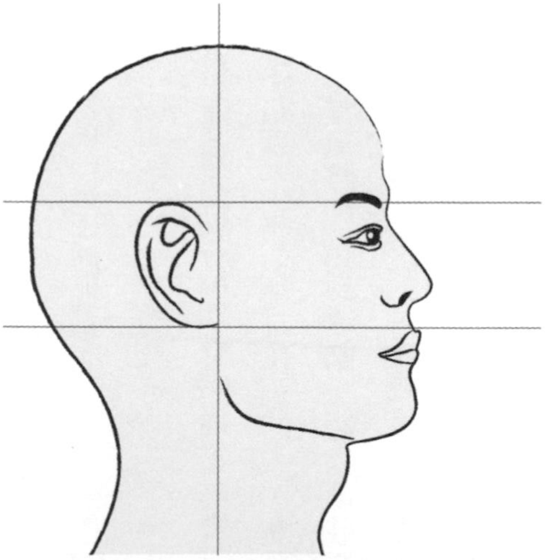

左右耳齊整

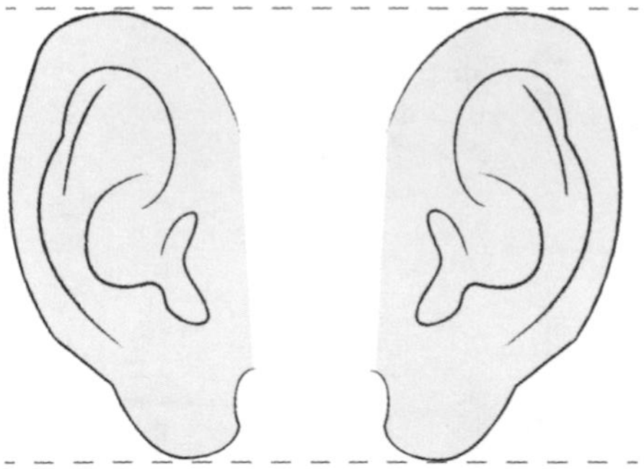

圖九十二 均衡的耳位在眉與鼻孔下緣延長線之間，且左右耳齊整。

正常，都健康地各在其位司其職，則頸項端正，不會歪頭歪腦，耳位也是均衡端正的。

耳位不正先天不足

耳位長得不正，如果不是外傷所致，首先要檢視的是顳骨結構左右齊不齊整。耳位有偏歪，顳骨的乳突骨內的氣腔也會因此左右不一，如右耳不正，左耳位正的人，左乳突骨氣腔功能好，思考力較縝密，動腦方面較佔優勢；可是右乳突骨氣腔則相對弱勢，體力及肢體左右平衡感不足，但因為很了解自己的目標和理想是什麼，較能掌握人生方向；換成是左耳不正的人，思考能力較弱，屬於要用腦的對他而言較吃力，但體能上雖然不是頂差，但也會因左右乳突氣腔的不平衡而影響其行動力。

如果兩耳都不甚齊整的人，其兩側的乳突骨氣腔功能相對降低，因此氣腔與中耳腔相通，如果乳突蜂巢組織感染，較容易引發中耳炎，有的人甚至沒有感染現象，也會發炎。因為人體的免疫力，從具有自然免疫的皮膚與黏膜開始，耳位不正的人，從小即要強化體能，鍛鍊體魄，才可使免受中耳炎之困擾，也有調整耳位的作用。

當然耳位的調整絕非一朝半夕的功夫可成就的，這都是終身的功課，許多先天不足的缺陷，都可以透過後天的勞筋骨、苦心志來改善，操作「易筋經——臥虎撲食」式（圖九十三），其效果就在強化頸部的肌肉群，耳位不正與該當肌肉群未能正常發揮功能大有關係，如果此肌群被強化成功，則耳位會逐漸調整，即使無法端正不偏，但其相關組織的機能與免疫功能都會因此被強化，而增進抗病能力，減少罹患耳疾的機率。操作「臥虎撲食」，每天至少六～十分鐘，晨起操作效果好，行有餘力，睡前再操作一次，效果更好。

臥虎撲食歌訣：

兩腳分蹲身似傾，曲伸左右腿相更；
昂頭胸作探前勢，偃背腰還似砥平；
鼻息調元勻出入，指尖著地力支撐；
降龍伏虎神仙事，學得真形也衛生。

動作要領：

步驟一：兩腳跨弓箭步，前弓後箭。

步驟二：彎腰向前，兩手以指尖著地。

步驟三：昂頭抬頸，眼睛正視前方。

步驟四：胸向前傾，好似老虎要撲食，脊背盡量保持水平狀態。

步驟五：採自然呼吸，呼吸速率要均勻和緩不急躁。

步驟六：一側動作持續三～五分鐘，再左右腳前後相更替，其他動作要領不變。

這是極為困難的動作，但效果好。腳弓箭步

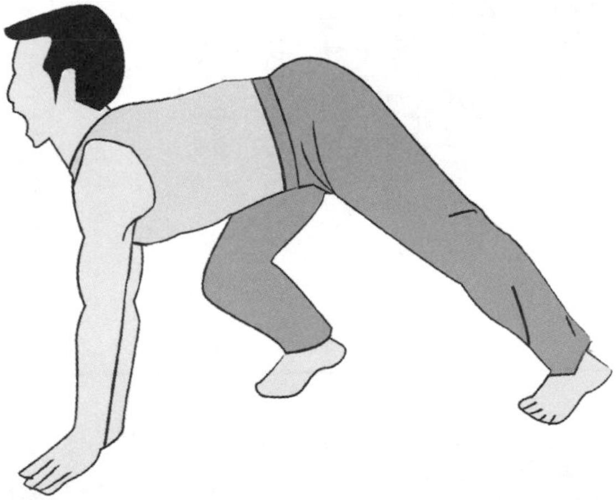

圖九十三　易筋經「臥虎撲食」式

刺激足部的經脈，最主要就是腎及膀胱經脈，因為耳朵是腎的外竅，透過刺激經脈氣血循環，來強化耳部的抗病力；再者，昂頭抬頸，保持背脊水平狀態，都是在強健頸椎、胸椎、腰椎所牽連的相關肌群，尤其是頸骨、第一頸椎周圍的肌群，會是此功法動作中最吃力的部位，當它們被持續運動而強化後，能矯正歪頸斜腦的不良姿勢，使耳位逐漸端正復位，進而相關的身心條件都可隨之優化。

如何看耳位？從正面看耳朵，其耳尖點大約是與眉毛延長線齊平，下端耳垂約與鼻孔下緣線之延長線齊平；也就是約略將臉部上、中、下三等分，耳朵會是在正中的三分之一部位上；而且正面看去，兩耳都看得見，角度、大小左右要大致相等，這是最標準的耳位，但其意義就好比鼻骨要端正，不偏不倚；在每個人都身上，其實都不太容易端正不偏，耳朵也是如此；但以偏差越少者越優。

耳朵收音，噪音傳腦傷精神

耳朵收音功能 有聲世界是能撼動人心，也能融化人心，但也能躁擾人心，耳朵的主要功能就是在接收這些不同頻率和音量的聲音，將音訊傳送到腦部，讓腦部感受到各種聲音。

音響壓力進入耳道，最後會比原音加強約一百八十倍，音響愈強，鼓膜振幅也愈大，可能損毀內耳，所幸有中耳肌肉把關著，抑制耳膜過度振動，但是中耳肌收縮需要緩衝時間，所以對突如其來的強大音壓就措手不及，如驟然響起的鞭炮聲，中耳來不及應對，耳朵可能就被震聾了！

耳朵對音量的適應力，只要一百八十五分貝的聲音即可震破耳膜，一百四十分貝以上的噪音，長時間下來也會令人精神產生障礙。

震耳欲聾 我們的耳朵沒有特別的保護組織可以抗拒高音量，長期處於噪音環境中，會誘發腦神經衰弱、疲勞、失眠、暴戾、緊張、焦慮、恐慌、憂鬱等精神官能性的症狀，並可使記憶力衰退、專心度降低、聽力減弱；其他如耳鳴、頭暈、胸悶等症狀也常見；噪音的汙染確實是時下都會人的壓力來源之一。

天籟與魔音 耳朵可說是臉部五官中動作最少的感覺器官，但它們與人類情性的微妙關係，並不因此而降低其緊密度，例如有人因受不了家人的嘀咕而自殺或弒親，也有人受不了隔鄰天天練鋼琴的噪音而行兇；但也有人因耳邊呢喃細語而締訂終身，也有人能忘情地應和演唱而台上台下有互動有共鳴，由此可見，耳朵可聽聞天籟之音，也是魔音傳腦的管道。

耳位與腎臟

耳朵在人體和臉上也有其地位，不同的長相和耳位，足以評估見證個人的獨特性，不論是生理結構或是情志性向，甚至病理傾向都可從耳朵觀出端倪。因為耳朵為腎之外竅，在胚胎發育過程，腎與耳已存有微妙關連，及至成長發育，腎臟以及腎經脈的生理演化和病理傳導，在耳朵上都呈有特殊的表象。換句話說，耳位相應於腎的位置，影響一生的志氣與腰腎狀況。

耳堅約腎精小

耳朵紋路細緻，或是耳質堅緊約縮，其腎臟也精小；以中國醫學的診斷分析，腎小的人，謹約收斂，行事按部就班，進退合宜，不會不按牌理、虛妄胡為；其腎臟功能亦健康，抵抗力強，少受外邪侵害，少受腰痠背痛之苦。

耳粗理腎大

耳朵紋理粗糙，肉質鬆弛；或是耳大而單薄，腎也有大而不當的傾向。腎大的人也常犯大頭症，粗枝大葉，思考欠謹慎周詳，精志不約，容易因大意而壞事；耳大單薄的人多懶散少積極，需有人督促鞭策，十分適合與耳小而精約者合作，但其工作熱忱不足，腦力又不集中，也是會造成耳精約者的負擔，是標準的「散仙」。

耳單薄腰腎弱

耳大單薄，偏偏又翻耳骨，即內耳輪外翻，其表現更可能是走在刀鋒上，也許兩極化，有的是行逕乖張、妄大自尊、十足叛逆，有的則是得過且過，心志消沉、疏懶被動，相同的是都有腰腎容易痠痛無力，無法久走久坐，如果是男人，也常是虛張聲勢，其實其性能力並不足為外人道，腎氣虛弱、疝氣、陽痿、早洩是其通病。

如果是女性，相對較容易有帶下、下部感染、月經愆延不淨、經痛等問題。所以，耳大腎大並非都是福氣，腎大易患腰痠，仰俯不順暢，一旦腰腎不舒暢就坐立難安、情緒就易失控，行事也愈不自在。

耳位高腎臟也高

耳朵太高，腎也高（圖九十四），如果耳尖高過眉尾甚多，其腎臟的體位也比正常的解剖位置要高，會擠迫到其上方的組織及相關神經系統，造成腰部以上，即繫腰帶位置以上的脊背部疼痛，一旦發作轉身彎腰都不順暢。

腎高的人，心性也較浮誇，志氣滿滿但落實得少，在團體中通常是耳高的人意見最多，而且小道消息也蒐集的最多，如果再加上耳扇又大者，可說是招風耳，好探聽各路消息。

耳位低腎臟也低

耳位太低者腎低（圖九十五），腎低下易壓迫腰尻尾骶，體型上是上半身較長，下半身較短；腎低影響坐骨神經的流暢度，較易患尻骶部痠痛、發冷、下肢較僵木、靈活度不足等現象，男性步入中年後較易有攝護腺腫、疝氣、痔瘡等症狀；女性較易出現帶下之症，且懷孕

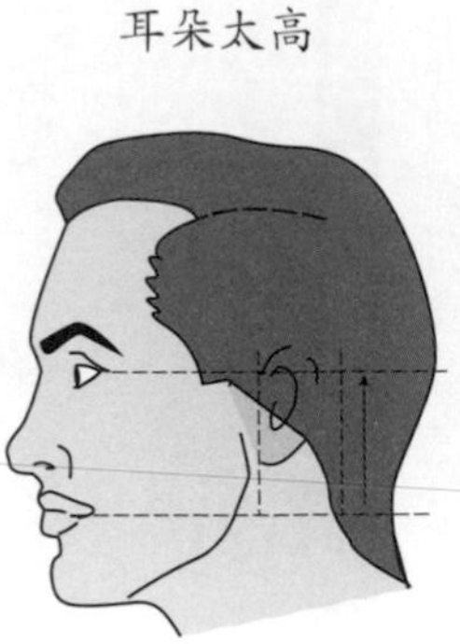

圖九十四 耳朵太高，腎也高，會擠迫到上方組織，造成腰上脊背部疼痛。

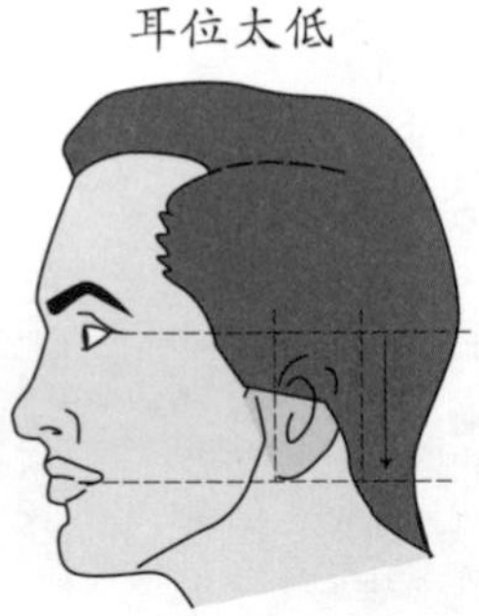

圖九十五 耳位太低腎也低，易壓迫腰尻尾骶，造成尻骶部痠痛、下肢僵木。

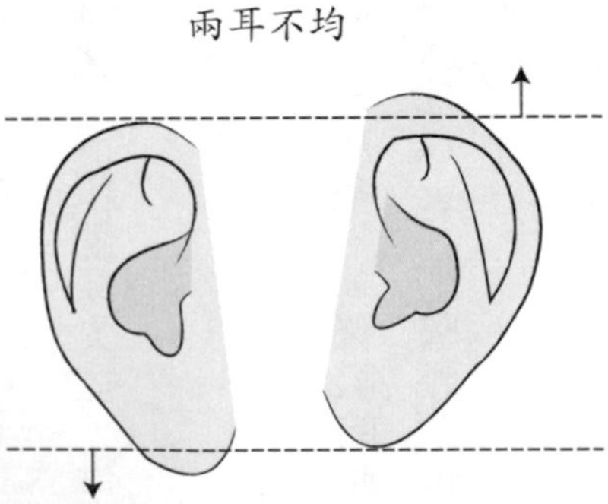

圖九十六 兩耳不均一高一低，腎的體位也不均，脊椎易側彎變形。

時，其腰尻痠痛的機率比一般人高。

耳低的人說好聽是行事低調，不愛出風頭，但實質上是較怕事，較擔心負責任，所以有猶豫不決、多思而後行的通病，很多契機都在其一思再思之間稍縱即逝。由於意志較不堅定，很容易被人牽著耳朵走，人云亦云，少有個人主張，美其言是能固守職務，雖少有創意和衝動，但多能守成。

耳位高低不均腎亦然

兩耳不均一高一低（圖九十六），腎的體位也不均，脊椎也易有側彎變形，右耳高則右側身體較不靈活，右肩膀、右臂易見痠痛麻痺；如果左耳高，則症狀多發生於左側。

在心性上，左耳高者，神志紛擾，多勞碌但事倍功半；右耳高者，行動雖快但欠周延規劃，常又忙又累，但不知目標何在？目的為何？有一共通點，就是無論哪一耳高，只要高低不一，都有徒勞少功之缺憾。

耳位前傾

耳位偏向前者，正面即明顯看見耳扇，腎臟位置離脊椎較遠，如果耳扇又大，就是招風耳型了，其個性也是勞心勞事，有熱心去廣收訊息，是可以成為包打聽，很適合從事情資蒐集工作，但有時偶見執著火烈，個性較火急，希望能快快看到成果，難免有欲速不達之憾。

耳位偏後

耳位偏後，正面幾乎看不到者，腎臟位置離背脊較近，表現會有兩極，如果耳型耳質都順的人，多有勇氣和衝動，多有膽識和意志力，如果耳位又較低，更是能傾聽，較不怕受雜音干擾；反之，耳型不順有翻耳骨等情形者，要不就是反應偏激烈，翻臉速快，要不就是遲鈍，充耳不聞，不在乎外在風評，我行我素。

各種耳位之定位絕大因素是取決於先天，但耳質則是受後天個人的努力多寡而影響其優劣，所以，不論先天耳位再不利，後天的運動、保健，心性修維及態度調整，都會改善耳質，克服及彌補先天之不足。

《黃帝內經靈樞．本藏》：「腎小則藏安難傷。腎大則善病腰痛，不可以俛仰，易傷以邪。腎高則苦背膂痛，不可以俛仰。腎下則腰尻痛，不可以俛仰，為狐疝。腎堅則不病腰背痛。腎脆則苦病消癉易傷。腎端正則和利難傷。腎偏傾則苦腰尻痛也。」

「黑色小理者，腎小。粗理者，腎大。高耳者，腎高。耳後陷者，腎下。耳堅者，腎堅。耳薄不堅者，腎脆。耳好前居牙車者，腎端正。耳偏高者，腎偏傾也。」

耳廓分明垂如珠，一生福氣多相隨

耳垂有三型

看人聰明與否，「耳垂」也是一項重要指標。耳垂感應人的頭胸部，相應其腦筋靈不靈活、理解力夠不夠。耳垂就是耳朵的底端，亦有耳墜珠之稱。整體耳朵就這個部位沒有軟骨，充滿了脂肪組織，柔軟有彈性，且可被顏面肌肉所牽動。耳垂附著在耳軟骨之下，人類學家依據耳垂與顏面皮膚附著的角度大小，將之分為密著型（十度～三十度）、中間型（八十度～一百度）與分離型（一二十度～一百五十度）。（圖九十七）

（一）密著型耳垂的人能吃苦耐勞，較拚命、緊湊、執著，但也容易緊張、不安，有些固執，又有點倔強。

（二）中間型的人，沒有明顯耳垂，個性隨和，對人對事都較不偏持己見，或許容易溝通，

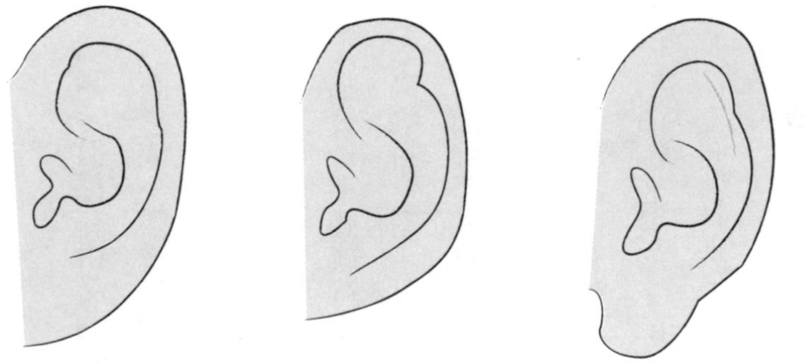

圖九十七 耳垂依其與顏面附著的角度，分密著型（十度～三十度）、中間型（八十度～一百度）與分離型（一二十度～一五十度）

或許也真是沒什意見，好處是容易相處，但提不出建設性的想法。

（三）分離型耳垂的人較安於現狀，和諧安逸，也有些慵懶；做事常是五分鐘熱度，有浪漫情懷，只是立場不堅定。

密著型耳垂，會因為緊張、緊湊而咬緊牙關，甚至咬牙切齒，但都有拚命的幹勁，假以時日會形成「前翹耳垂」。分離型耳垂，則因安逸慵懶，或安詳和煦而形成「離墜耳垂」。中間型耳垂的人一向是沉默的夥伴。

拚命三郎

耳垂往前翹的男人好似拚命三郎，差別只因個人腦資質不同或行事方法互異，有的人事半功倍，有的人事倍功半，有的人則是徒勞無功。自我要求高的拚命者，耳如垂珠，衣食有餘；善用資源，善用人脈的拚命法，如果耳色又比臉色明亮，及是目前看不到富與貴，將來可有「下有垂珠肉色光，更來朝口富榮昌」的光景。

至於事倍功半的人，耳垂雖也是向前翹，但其肉色必是無光、黯濁、有皺摺，是以徒有前翹耳垂，但缺乏深謀遠慮，行止多躁進焦慮，以致成事不足。至於拚命卻徒勞的三郎，前翹的耳垂多數枯焦、鬆弛、紫黯，即使富有盈餘，也是「皇帝身、乞丐命」。同型耳垂不同調，當然也不會同命，然而都事在人為。

拚命工作是事業，拚命生活是志業，最上乘的拚命三郎是前翹的耳垂既飽滿又亮澤，又有彈性，觀其膚表好似彈之可破，這樣的男性可說是人中之龍，對工作、生命、情愛，甚至休閒娛樂都是十足的投入。

耳垂向前翹的女性，其質性大致與觀察男人的基礎大同小異，差別的是男女揮灑的空間不盡相同，其成就或控管的人事時地物自是會有些落差。

佛耳福耳

分離型的耳垂，有的大如墜珠，在一般觀念認為這是有福氣之耳；寺廟裡供奉的諸佛菩薩都擁有一副垂墜近肩的耳珠，所以我們亦稱耳垂大者為佛耳。不論福耳、佛耳，形固然重要，色和質更重要，擁有福耳，但扁平無澤，弛墜多摺，必屬懶散一族；若是色黯、質焦枯，甚至脫屑，即使有錢財，也是被錢所奴役，無力善加利用，無心施捨，心是困頓的，無異乎富裕族中的丐幫。

耳垂如珠

耳垂又稱「耳珠」（圖九十八），此珠大小猶如珍珠大小價不同，我們有「問福在耳」的說法，耳垂大小被認為代表一個人福氣和享受的多少，是有無「貴人運」的指標，換句話說，耳垂大而厚的人有長壽之格，又

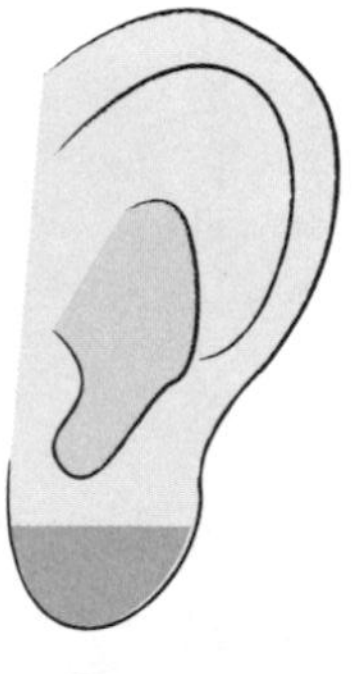

圖九十八 耳垂又稱「耳珠 」，大而厚的人長壽、有福氣。

處處有貴人相助，相對的也樂於助人，是比較有福氣。

姑且不論命理之學如何說，就醫學角度而言，健康的耳朵輪廓分明、貼面、厚實、好耳色，還要「往前翹」；這是相關於耳朵的神經傳導靈敏、經脈氣血循環佳，再加上個人能咬緊牙關，吃得了苦，所以耳垂才有向前翹的衝勁。這也是道地的屬於智慧型的拚命三郎，當然是不是真有福氣？真有富且貴之命？還是要與其他五官之眉、眼、鼻、口，以及整體臉形來觀察。

耳垂的知覺是全身較遲鈍的部位，怎麼說？你燙到手指當下的第一反應，是不是趕緊去揉捏耳垂來散熱？或是焦慮不安，情急之下，也是會抓耳垂來緩和情緒；即使是羞澀、難為情時，也是抓抓耳朵來舒緩尷尬。

古今中外，男男女女穿耳洞戴耳環，除了是美化裝飾作用外，也有刺激耳垂、激盪腦力的另類效果，因為耳朵與人體的對應關係就好比是一個倒臥的胚胎，下肢呼應耳尖，耳垂對應頭部、胸部，耳垂就反應著腦智之聰愚與反應之快慢。

亦有將耳垂型分為：游離型、癒著型、欠缺型，稱法不同，型別是相通的。

密著型＝癒著型，特色：耳垂與面頰相連，所成角度在十度～三十度之間。

中間型＝欠缺型，特色：沒有耳垂，耳輪直接與面頰相接，所以形成較大角度，約八十度～一百度之間。

分離型＝游離型，特色：耳垂與面頰分離。

耳輪孤度呼應內心世界與外在行為

耳論與性格傾向 外耳含耳廓與外耳道兩大部分，我們觀察耳朵來論人情性，主要據點是耳廓的部分，包括外耳輪、內耳輪的弧度、耳垂的厚薄大小，以及耳廓的形狀都是觀察重點。（圖九十九）耳廓的最外緣線為外耳輪，緊鄰著外耳輪的耳嵴是內耳輪；內外耳輪是否圓順？有無翻骨？兩輪彼此間是否協調？都演繹著個人的情性傾向。

順耳輪 無論男女，內耳輪與外耳輪都長得服貼圓順，內外兩線順勢而下，沒出現稜角或缺陷，表示個性溫和、講理、柔中帶剛而不吹毛求疵。

如果夫妻，彼此都有順貼的耳弧，則家庭和樂、溝通良好，當然前提也是要耳色正常，耳垂沒生皺，耳質沒焦枯脫屑。

假使色褐黯如燒焦，有脫屑現象，或耳垂佈滿皺紋，即使內、外耳輪形順，但質已有缺陷，表示常處於心有餘

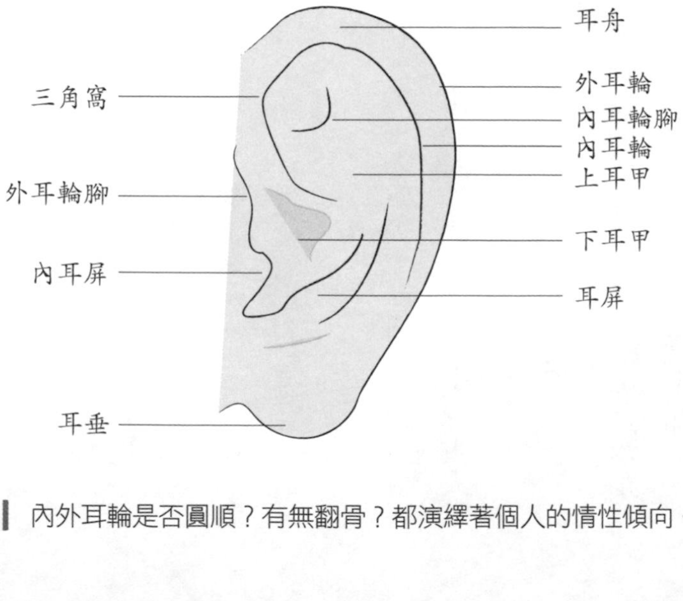

圖九十九 內外耳輪是否圓順？有無翻骨？都演繹著個人的情性傾向。

而力不足的乏力感中，心中的挫折感會使生活步調走樣，會令和諧氛圍變調，如果一方如此，除非另一方能相當的包容，否則夫妻容易出現齟齬；如兩人都是如此，即使物質無匱乏，但精神貧窮的夫妻也是百事衰。

外耳輪順 外耳輪順，但內耳輪有稜角的人，外在圓融善與人交友，但個性本質是較自負的，稜角愈明顯，自我感覺愈良好！

在一家庭中，男主人外耳輪順，內耳輪有稜角，大男人主義抬頭，配上女主人內外耳輪都順者，會是歡喜做甘願受，二人尚稱良配，妻會以夫為尊；如果妻子的內耳輪稜角也突越過外耳輪，是悍妻本性，兩人都欲爭強，家庭摩擦就難免了。

倒過來，先生的內外耳輪都順，妻子的內耳輪較強悍，看來男主人如果不懼內，小則舌槍唇戰，大則大打出手，家暴問題會浮現。類似的組合，通常是大事由男主人決定，小事由女主人掌理，但家中絕無大事！

外耳輪不順 大體上而言，外耳輪可比擬為外在行為模式，內耳輪則反應內心世界，外耳輪雖然不夠滑順，或是耳尖有凹陷，或是耳垂不具體，這都可從其行事作風獲得見證，外耳輪上部，也就是耳尖部分不順者，說得比做得快且多，執行腳步卻沒能跟上說話速度，較傾向於不務實，做事多屬短打型，缺乏深謀遠慮。

外耳輪下部，即耳垂部不順者，大多是腦筋不清楚，行事常沒邏輯，想到就做，少有周延盤算，其細部則可再參照耳垂的形色進一步分析。如果是外耳輪中段不順者，膽識較差，意志較不堅定。如果外耳輪有前述的情形，但內耳輪是十分和順的人，其內心很善良，是個好人，只是內在的好會因為不務實，沒想法，或沒膽量，而無法充分發揮。

內耳輪不順

內耳輪既然呼應內心世界，其弧度不流暢，也反應其心聲。內耳輪不似外耳輪的弧線長度，通常在觀察時較難再分段，通常以其整體弧度來估量。內耳輪有耳軟骨支撐者，它的硬度大於外耳輪，所以它的形式表現更貼近真實的心性。

內耳輪厚實而往上聳，也就是其上半部是最明顯的，表示個性剛烈，也熱情澎湃，如果搭配著滑順有力的外耳輪，是可以充分發揮，大有可為的！

內耳輪曲曲折折，其心思也像九彎十八拐，叫人難捉摸，陰晴不定，冷熱變化極大，即使配有和順的外耳輪，外在行為表現都正常不脫序，但深不可測的心機也難交心。

內耳輪外翻，稜角鮮明，俗稱的「翻耳骨」（圖一〇〇），無論男女，個性都較倔強，堅忍度也較高，多能吃苦耐勞，但有強悍的一面；如果連下頷骨角也呈現直角，此人拐進拐出都碰到角，其個性就是如此堅強特立，不服輸，不輕言放棄，有骨氣也有傲氣，但過猶不及，有時顯得太過理智不通人情。

翻耳骨的女人個性較直較剛，獨立性、自主性都高，某方面顯得強勢，較容易得罪人，但其能力與競爭力是不容忽視的。

厚實的耳輪

耳朵要厚實要色好，顯示生命力旺盛；如果內外耳輪順，但十分單薄又顏色發黯或青白，顯示其體力腦力都欠缺不足，徒有好形卻無好質以支持，想與做的落差就愈來愈大，挫折感也愈來愈大。

內外耳輪弧度都明顯，兩輪又和致圓順，加上肉質厚實，耳色與臉色一致美好，則內外一致，不但有旺盛生命力，且務實積極不作假。

如果整個內耳輪幾乎都外翻，乍看之際，搶眼的就只剩內耳輪，外耳輪幾乎是被遮隱了，而且外耳輪相較之下也長得較細窄，這有不安分的傾向，性不喜受拘束，很隨性，無法忍受一成不變的生活模式，有那麼點愛搞怪的習氣，容易衝動，好打抱不平，表面上像是火爆人物，但深入交往，可發覺其脾氣是來得快，去得也快，不記仇，無城府，還頗講義氣，壞就壞在其急躁、激進會讓人大有戒心。

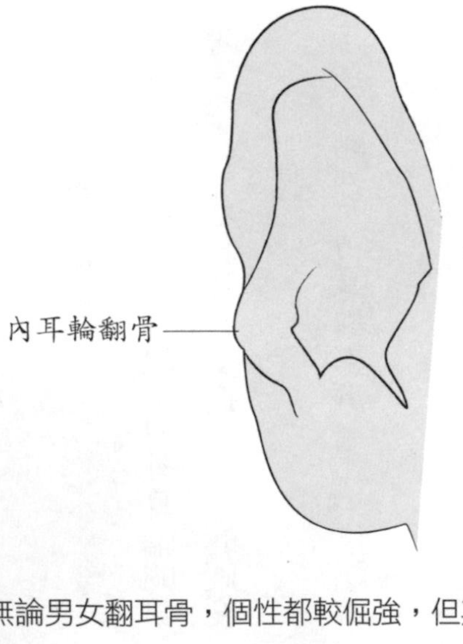

圖一〇〇 無論男女翻耳骨，個性都較倔強，但其能力與競爭力是不容忽視。

天生耳輪後天命定

耳輪弧度稜角絕大部分是來自先天，但耳質耳色則是後天身心狀況的表現，心性雖有先天所賦予的成分，但更多是後天的修練與琢磨而來的，為何可以放下屠刀立地成佛，人心是可以造化的，所以耳輪長相猶如其他的五官長相，父母給予的是好，後天的努力會使之好上加好。

先天的不足，後天是可以靠人為來調整修正，一樣是可以好。最不理想的先天不足又後天失調，無論心性或健康都是如此，形貌是讓我們更認識生命的本質，福緣、福報都已寓居其中，關鍵只在你我是否拿到了開啟幸福之鑰。

耳肉厚腎氣實、耳肉薄腎氣虛

厚實的耳肉耳垂

耳肉耳垂都厚實的人，其枕動脈與耳後動脈在其成長過程中，無論循環，或是血氧供應必然都十分流暢與盈裕，耳肉與耳垂接受足夠的滋養，才會長得厚實又亮澤（圖一〇一）；同時，循環在臉部的動脈在整體血液循環中，畢竟只占極少的流量，尚且能充分供應頭臉部，相形之下，身體其他部分的血行功能必然也是善盡職責，所以精氣神都是滿溢的，主管命門之火的腎臟，自是動力十足，提供人體源源不絕的生活動力。

腎陽受到溫養，腎氣所精化而推動如生長、發育及性機能等活動，才能活絡不衰。是以耳肉耳垂厚實的人，相較於耳肉薄者而言，身、心、靈和諧，自我衝突少，所以生活幸福多，床笫性福也多。相對的，耳肉耳垂單薄的人，腎陽不振，腎虛命火不旺，性機能及功能容易失調，自是常受腰痠膝腿無力之苦。

堅厚、肥碩、紅潤而端正的耳朵，是上好的土耳，外

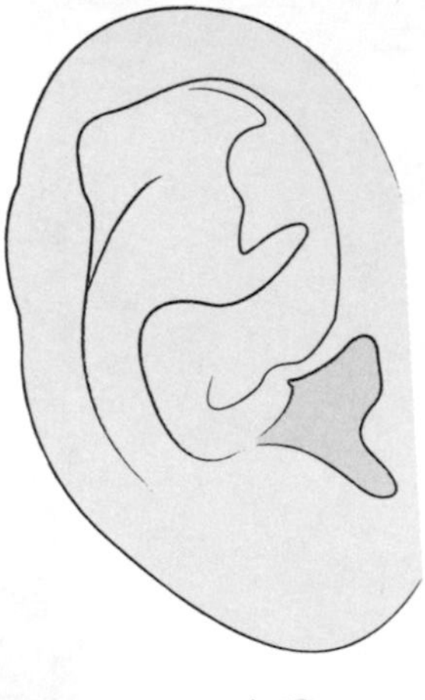

圖一〇一　耳肉耳垂都厚實，血行功能佳，精氣神滿溢，腎臟動力十足。

在平易近人，個人則一生多奇事，屢創奇蹟，總讓人有心逢喜事萬分爽的愉悅感；這樣的男人含蓄內斂不露鋒芒，性能力方面則是亢奮激情的；或許外人只看到他浪漫人生，左右逢源，只是不會將個人奮力耕耘的辛苦掛在嘴邊，這樣的男人，是女性最理想的對象，憨厚、謙卑、生命力又旺盛，但是可遇不可求。

耳白珠垂

耳白過臉，而且耳垂如珠，是珍貴的金耳，如果出現在美女身上，這樣的女性，情愛與性愛都至死不渝的忠貞，但可能較欠缺與伴侶一起成長的勇氣和智慧；實際生活面，有不少名媛貴婦，即使外在上給人挑剔、不遜的觀感，還是難掩其貴氣；可惜或許被保護慣了，經不得大風大浪，人生路稍有硬石擋路，可能就如摧枯拉朽，玉石俱焚。

聰明的金耳貴婦，接受磨練可令妳成長、茁壯，走進健身房，走入陽光裡，鍛鍊體能、勞動筋骨，讓風雨霜露與汗水交織，可以強化身心靈，不但繼續享有原來的優雅，更能創造出無比的絢麗。在梳洗之際，多揉按後腦枕骨區域（圖一〇二），即大約一個巴掌大的部位，或是用熱毛巾敷按，都促進枕動脈循環，調節內分泌系統，不但長保健康，並能擺脫美女無腦的世俗看法。

耳垂結實而碩大，好比有珍珠凝聚在內的人，能充分發揮腦力，善用大腦；但是揉起來並不柔潤，反而內有硬結或硬塊，多是固執或死腦筋，不知變通，也不易妥協，對浪漫與性愛的定義認知及實踐面，常受限於自己的主觀意識，畫地自限，不太用心體會對方的感受。

壓揉時，痛感反射十分強烈，則常得不償失，因為只重視結果，而忽略了過程，會有挫折感，因為付出的多，回饋的少，要調整個人的觀念及做法，享受過程，體會過程，會讓你的耳垂因為溫馨人情的感化與情愛的滋潤而軟化。

單薄的耳肉

耳朵的肉質與色澤、位置，反應著腎臟功能，通常耳肉單薄的人，先天腎氣較衰，腎臟藏精功能相對較低，如果再加上耳色也差，則活動力不足，腎臟無法發揮其滋養精髓的作用，腎虧力虛，必然動輒喊累，動輒腰痠欲斷。

「面子」人人愛，「臉色」人人在乎，由於耳朵蘊藏生命的玄機，面子足，臉色好，卻耳肉薄、耳色差，不僅是頸外動脈供血量不足，頭顱骨內的相關器官組織也受影響。整體而言，幾乎都有肝腎不足、真陰虧損之弊，可以肝腎茶來調肝補腎陽，取熟地、山茱萸、山藥、丹皮、茯苓、澤瀉、車前子、牛七、桂尖、炮附子各〇・五錢，加一千cc水煮成五百cc，下午一點過後少量頻服；傍晚時分，約五點過後，累感特別明顯的人，在此時段可多喝一

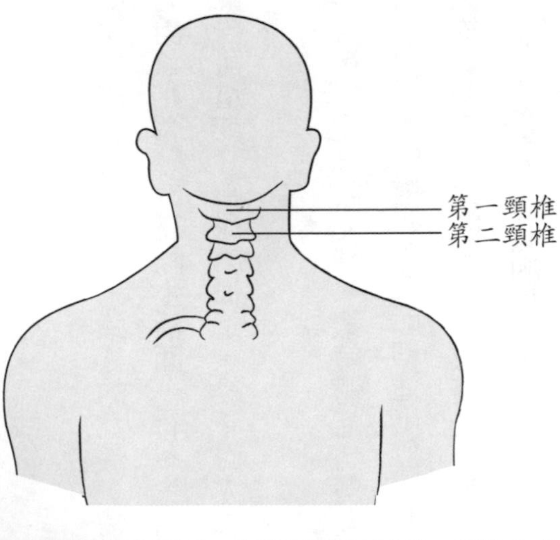

圖一〇二　多揉按後腦枕骨區域，促進枕動脈循環，調節內分泌系統，長保健康。

些。

如果下半身，如腹股溝、睪丸附近、陰道周圍常有無明瘡疔或濕疹搔癢，即使塗外用藥都無效者，多屬腎虛、腎陽不足之症，可以較長期酌飲肝腎茶來保養，嚴重時，一天喝飲四百～五百cc都可。唯喝飲肝腎茶的階段，午後即避免食用麵粉類食物，以免體內水氣積滯，水分代謝不佳，尤其是下半身有濕疹的人，效果更不彰。

左耳肉薄 左側耳肉薄色差的人，缺乏的就是自信與耐力，內心甚為脆弱，需要親友多支持多鼓勵，因缺乏信心，交際手腕不靈活，自己要逼迫自己多參與社交活動，建立交友圈，否則一旦退休，尤其是在職業生涯中擔任主管職級的男性，生命戰鬥力很快就會崩盤，輕則有自閉傾向，讓癡呆症狀有機可乘，重則罹患癌症之機率也比一般有社交活動者來得高。

右耳肉薄 右側耳肉薄色差的人，缺乏行動力，懶得活動，懶得運動，懶得規劃生活，所以整天可能無所是事，過的漫無目標，如果是銀髮族，會加速老化，提早失智；年輕族群這樣過日子，就太混太不負責任，包括對自己的健康不負責任。如果是中年族群，類似這般懶得起而行，也等於提早宣告自己老了！漸漸的身體、腦子、行動都會一一退化。

彌補耳肉薄有方法

耳肉薄，除了可以肝腎茶來調理之外，可多抓按搓磨耳扇及耳朵四周，來促進耳朵相關穴道及經脈的氣血循環，激發腎命門之火，活絡並蓄積元氣，並能加強內分泌和淋巴系統功能，減緩聽力、腦力退化的速度。

操作要領：

步驟一：以大拇指指腹貼在耳朵後方。

步驟二：食指伸直靠近外耳輪，三、四、小指彎曲，以中指第二節外側貼在耳前緣。

步驟三：即以拇指指腹及中指第二節指背，由上而下滑按耳背側，及耳前耳門、聽宮、聽會三穴，並帶有下拉的動作。

步驟四：手臂要離開身體，並保持上半身抬頭挺胸；採自然呼吸，吸吐緩和不急促。

注意事項：按摩推拉時，可塗抹乳液或油脂，減少膚表摩擦疼痛；推拉的力道要讓耳前耳後都有痛感，效果才好，但不宜用力過度，以免傷及皮膚或相關組織。每次推拉至少三～五分鐘，不拘時地都適合操作，每天至少早晚各一次。

耳前三穴，聽？聽見？聽懂了！

耳前三大穴 耳朵前緣從上而下有三大要穴：耳門、聽宮、聽會。（圖一〇三）

耳門猶言聽力聽覺的門戶，專司「要不要聽」、「想不想聽」的動態意念，也反應接受建議，聽取意見的接受能力。

聽宮則是集中聽力的宮殿，「聽得到嗎」？「聽見了沒」？專司聽能力的靜態積蓄，也反應有無廣為聽聞、蒐集資訊的能力。

聽會所關係的就是「聽進去了嗎」？「聽懂了嗎」？是貫穿在動態意念與靜態積蓄之間的心智意識融合度與理解度。

耳前三穴的表現，與內在意識活動及生理功能機能表裡互聯，反應個人的代謝循環功能與情志傾向。

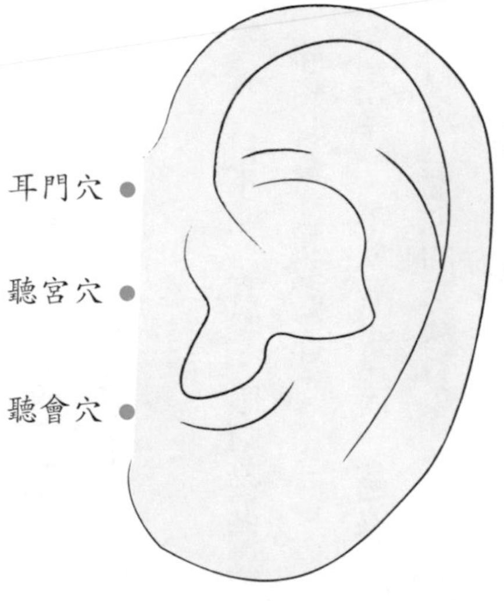

圖一〇三 耳前有三大要穴：耳門、聽宮、聽會，與內在意識活動及生理功能機能表裡互聯，反應代謝循環功能與情志傾向。

耳門穴

耳門穴屬於三焦經脈，該穴區是凹是凸，皮表的色質等，反應一個人接受建言的包容度有多少。此聽覺之門，隨著腦意識、心理活動而開闔，是用心傾聽抑是充耳不聞，在表現上有所依循。皮表膚質平滑，膚色一致，聽人說話的接受度高，是聚精會神的傾聽，同時會有相同頻道的互動對答，以及眼神交流。

如果該區陷塌，膚表有細紋，顏色又比周圍來得黯濁，其感官活動就與前者傾聽的表現是有落差的，不但充耳不聞，話不投機，且其互動會出現答非所問或雞同鴨講的謬答，而且眉眼鬆弛，眼神飄忽，其耳門基本上是沒有真正打開的。

耳門穴區出現枯黯者，精神多容易疲累恍惚，耳不聽、目不明、耳鳴、眼睛易混濁或痠澀或浮現血絡，尤其是眼外眥區域；肩臂也常痠麻疼痛乏力，面頰時會浮腫或麻痺。

耳門穴區較凸鼓且無皺紋者，樂於接受忠告，能廣納建議，不執著定見而一意孤行；反之，凹陷者，忠言總是逆耳，總是固執己見，不接受建言，所以遇上類似的交談對象，不必急於去說服對方能接受，以免自取其辱。某些時候聽不聽是很情緒化的，沒有什麼理由的。

上帝造物也是令人為之莞爾，因為耳門穴區以凹的為多數，能善取他人建言者，畢竟比例還是較少，所以進諫言，要觀對方眉語、眼神及口氣，當眉頭皺、眼神飄、口氣不耐煩，就該適可而止，以免對方惱羞成怒。同樣的，將心比心，易地自處，當自己是被建議的一方，無妨以此為鏡審視自己，多一分耐心，打開耳門，能獲取更多的真言。

聽宮穴

聽宮穴屬於小腸經脈，該穴區的表現，與聽力的好壞及聽的用心度成正比。光滑而微鼓的人，好聽力，聽得進去，所以能化為動力；一個人是否能接受「耳提面命」，由此可見一斑。

該區域如果出現皺紋，也顯示出其耳力背、聽力差，觀察戴助聽器者，或是要「拉長耳朵」聽人家說話者，其耳前聽宮穴區會有多條皺紋，聽力愈差者，紋路愈深愈長，都會延伸到聽會穴區，聽不清楚，自是無法理解聽到什麼。

聽宮穴區向前延伸到顴骨（圖一〇四），如果這段距離長，其間的肉質又好，膚表也無雜斑，為人處世中肯用心，談話間也會傾心聆聽，誠懇度高過聽宮區陷而顴骨卻很突出的人。

顴骨與聽宮之間的距離短，肉質鬆弛無彈力，或是紋路多，或是黑斑多，常是話聽一半就魯莽行事，對事情的真相也不求甚解，因沒耐心聽完即斷章取義的現象時而有之，因為腦耳間的聽聞，未能落實於腦心間的決斷與行

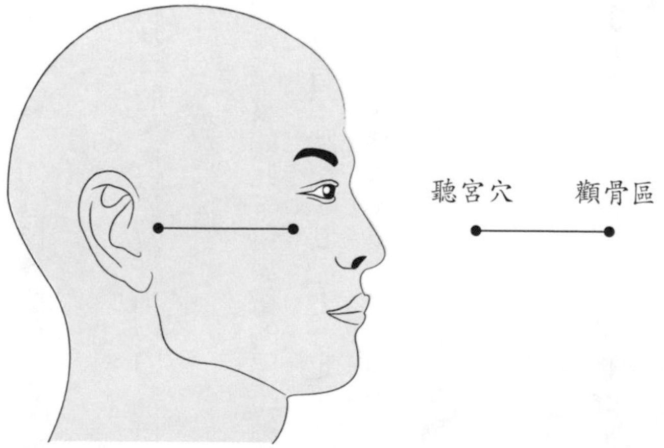

圖一〇四　聽宮穴向前延伸到顴骨區，這段距離長，肉質又好，會傾心聆聽。

動。

聽宮穴到顴骨一帶是反應一個人的胸懷氣度，肌肉飽滿光滑者，而且顴骨有飛揚的態勢者，其鬥志也是伸張的，而且用心有仁心，多能顧及他人立場和權益，大體上是頗講義氣的；如果顴骨突立但肉削陷的人，好爭強私心重，較難與人同苦共難，更難共享分享，如選擇各種角色的合夥人或對象，都不宜選這樣長相的。

聽宮穴陷下紋又多，再加上外耳輪不順，或是內耳輪翻耳骨的，這樣的耳相，內心自我衝突大，言行不一，自相矛盾，計畫堂皇，執行空泛，經常是天馬行空，空談大論。

年紀大者耳前陷、多紋乃正常老化現象，如果年歲尚輕即已早衰如此，所表徵的已不純粹是聽不進去的問題而已，反應其身體小腸津液的吸收，及原氣的蓄積有了狀況，其聽力一定不好，此外會出現耳鳴、頰腫、頸項轉圜困難，時有消化吸收不良、小腹脹滿、精神不集中、體力容易不支等現象，也比一般人更容易發生五十肩的症狀；又時而心煩、手指發麻不靈活，尤其是小指側更明顯。

聽會穴

聽會穴屬於膽經脈。望文生義，聽會就是主掌聽的理解力，對聽到的話語體會了多少？領略了幾分？這樣的能力高低在聽會穴區可作一評量。

聽會穴區比周圍組織都凹陷的人，常是「說者有心，聽者茫茫」，對所聽所聞並無心咀嚼體會，或是根本無能力體會，反應就是鈍，理解力就是差，這與腦細胞結構良莠是有其關連性的。換句話說，聽會區表觀會出現凹陷，尤其不是上了年紀的老化，而是自成長階段即已較陷者，其腦智通常較不靈光，所以理解力也較差。

相對的，此區平滑無皺或稍微鼓凸的人，理解力強，領悟力高，能抓住重點且舉一反三，為何同樣一則笑話，有人能深得其味，會心大笑，有人卻莫名其妙，當然這與個人的見聞、知識累積及經驗體會大有關係，但終究是腦智反射快慢，理解度深淺的表現。

聽與說，聽與做，常是同時存在的活動，如果從聽會到嘴角，到下頷角此三角地帶的肌肉不鬆墜（圖一〇五），不長痘斑，其聽力強，行動力強，成功機會就比人多；但如果唇薄而能言善道者，就得衡酌其言語的真實性。

如果此三角地帶都凹陷，或多皺紋，如果是本身十分消瘦，連此面頰肉都削峻了，那另當別論；如果體態正常，只有此三角地帶不佳，其命途也是多舛，走得辛苦，且無心享受辛苦背後的甘美，好比有萬貫家財、滿腦才智，卻不知善用，生活如乞丐，行事如笨人。

聽會區出現痘疹、過敏、脫屑等現象，是肝膽功能有礙的表徵，做有關肝膽功能的檢驗，指數或許都正常，而中醫最珍貴的就是「治未病」，從臟腑器官的外在對應區，望診其變化可評估將病之徵兆；在此情況下，一般都併見有口苦口乾、容易疲倦、愛睏頻率高、頭痛、耳聽不清、心下悶痛、食慾減退等現象，這都是肝膽及其經脈循環有礙的表徵。

保養三穴

耳前不廣的區域，即已攸關三條經脈的氣血循環，同時又與顏面神經、三叉神經、迷走神經等相關，在保養上，可以三穴一體，一併按摩保健。

動作要領：

步驟一：以雙手的食指、中指、無名指三指指腹放置於耳前三穴區，

步驟二：吸氣時施力，吐氣時放鬆，力道以能產生稍稍痛感及痠麻反應為度。

步驟三：亦可以食指、中指雙指併攏，沿著耳前緣，由上而下一線滑按下來，採自然呼吸，吸吐和緩均勻。

有空即按按，每次持續三～五分鐘，尤其時下很多人習慣戴著耳機聽音樂、講手機，甚至是鎮日不離耳，按摩動作更不能少，否則聽力會比實際年齡早衰退化。

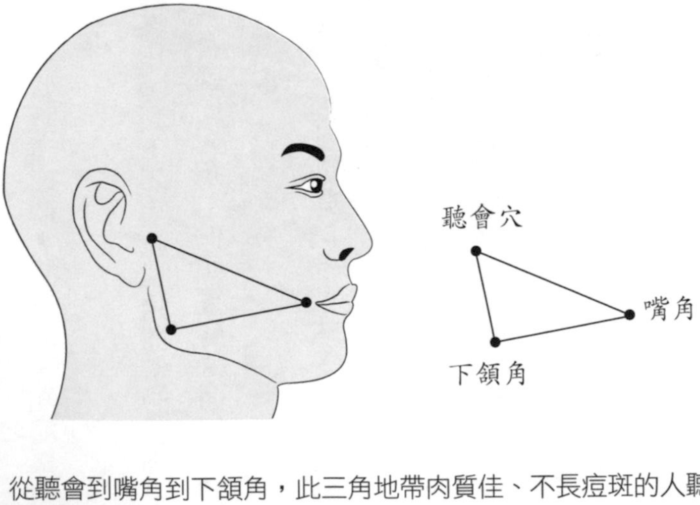

圖一〇五 從聽會到嘴角到下頷角，此三角地帶肉質佳、不長痘斑的人聽力強，行動力強。

小小耳扇，廣羅身心資訊

耳有特定功能

小小一扇耳，好似一張耳圖（圖一〇六），精細剖析其各部特定功能，助我們了解自己的身心狀況，健康即多一分保障。

耳朵的最外緣即外耳輪，與之相呼應的是緊鄰在外耳輪內側的內耳輪；在內、外耳輪之間有一條溝痕，稱之耳舟，如果翻耳骨，或內耳輪稜角突顯的人，耳舟即不明顯。

外耳輪與內耳輪在耳尖部（耳朵上部）形成一個窩凹，是三角窩。在耳輪的終端有耳小葉，就是耳垂，但屬於欠缺型（中間型），耳輪直接與面頰相接者，耳小葉幾乎是沒有的。在耳孔前方，有一塊小小的肉屏風為內耳屏，與之相對在內耳輪下半部的為外耳屏，內外耳屏一起保護耳洞。在耳孔上方，三角窩下方有一片平坦的部位，就是耳甲。

以上每一個部位，都有與之呼應的內在功能，由耳朵

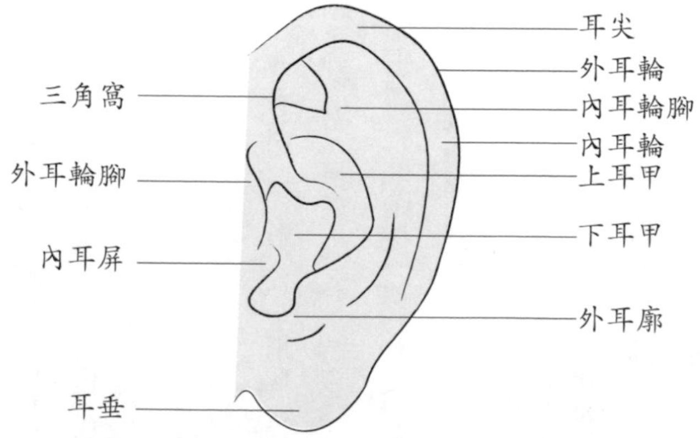

圖一〇六 小小一扇耳，好似一張耳圖，從各個分區可以了解自己的身心狀況。

可以做初步的望診。

上肢與腦筋反應

耳外緣，當外耳輪的下半部，反應頭部、肩、頸的靈活度，包括思緒反射及上肢與肩胛的運動能量。鬆弛、色差、弧度凹陷者，腦筋反應不夠機警靈光，頸項、肩臂也常常僵滯不靈活。處世方式也難免失之顧盼，顧此失彼，掌握不住方法及原則。

胸腔循環與腰腎循環

上下耳甲區域關係著胸腔與腹腔的循環，包括肺呼吸狀況，肝膽、腸胃、腎臟的循環及其解毒、消化液分泌、泌尿等功能，此區經常脫屑、紅癢、長疹的人，留意呼吸系統及肝膽解毒、膽汁分泌等狀況；過勞、菸酒無度者，或是腎氣虛弱者，此區按之痛感反射都較強烈。此區域狹小的人，平時偶見心悸、心痛、胸悶、下痛，或腰痠膝無力等現象。

生殖器官與坐骨神經

內耳輪兩腳所夾成的區域為三角窩，主要反應生殖器官與坐骨神經。窩深而大，色亮者，生殖系統較發達，活力十足，較少有男性性功能失調，女性婦科毛病之煩惱。

窩淺但色亮者，保養得好，且個人性衛生方面管理得當，少受腹腔生殖系統方面之病苦。

窩深大但色差，甚至會長疹、脫屑者，先天體質不錯，但後天經營不善，甚至是太率性，交遊廣泛傷及生殖系統而不知，日久，男性併見性功能失調，女性則多有經帶問題；嚴重者，容易腰痠背痛、尾骶區發冷、坐骨神經痛等毛病。

窩淺小色又枯黯者，是先天後天都不足，平時即已精神萎靡、容易疲累，經常腰痠背痛、膝腳乏力，也談不上有「性福」！

頸胸腰骶椎

內耳輪可觀察頸、胸、腰、骶的健康，對照兩耳的內耳輪弧度，評估脊椎的狀況，其對應由耳垂起始往上延伸到耳尖部（圖一〇七）；依據對應的段落，觀察不順的部位是在左耳，抑是在右耳，反應同側的脊椎部位，較容易有痠痛現象，這是該部位氣血不暢的反應。

如果是內耳輪腰椎感應部位有青筋浮現，延伸到外耳輪的肝區，顯現出肝膽經脈循環有礙，伴見有腰痠腰痛現象。內外耳輪青筋浮現是臨床上最常見的態樣。

如果是對應胸椎的部分出現焦枯脫屑，延伸到外耳輪的心區，則有呼吸不順，好似岔到氣般胸悶吸吐不流暢，常是因運動不足，心肺功能降低，造成血中帶氧不足，以致胸悶氣滯，日久會延伸到胸椎一帶都不適；或是長期情緒低落、鬱卒也會有此現象。

由內耳輪延伸到外耳輪，多屬生理性，如是由外耳輪延伸進來，則多是情緒問題，或是外來的空氣汙染、運動傷害之反應。

心肝問題

外耳輪相對於內耳輪，是反應心、肝、腸等器官。是心肝寶貝，抑是肝腸寸斷，外耳輪會說話。（圖一〇八）

將外耳輪上下二分，耳垂這一部份對應心。

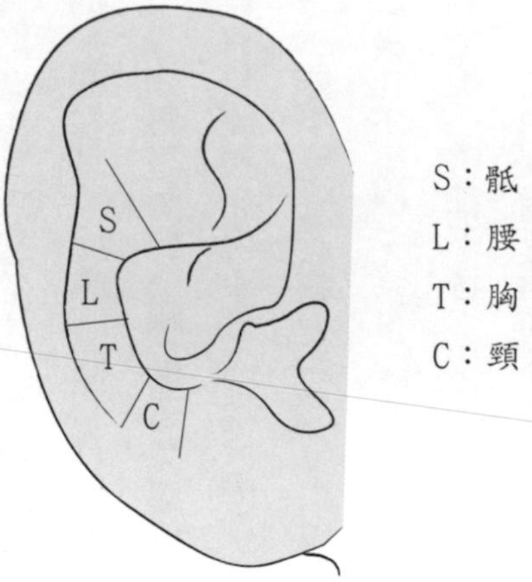

圖一〇七 內耳輪可觀察頸、胸、腰、骶的健康，對照兩耳的內耳輪弧度，評估脊椎的狀況。

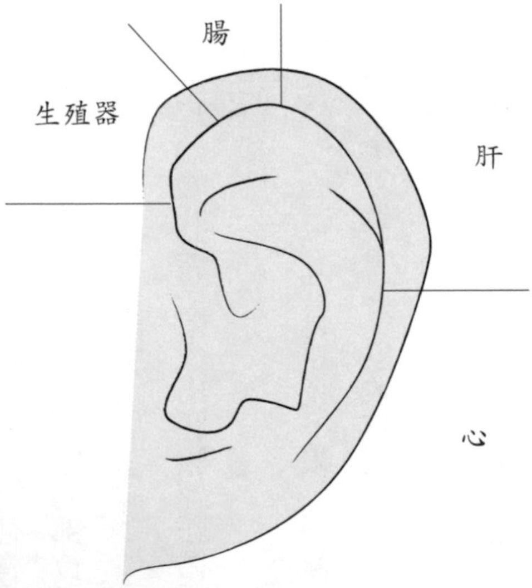

圖一〇八 外耳輪反應心、肝、腸等器官。是心肝寶貝？抑是肝腸寸斷？外耳輪會說話。

上半區到耳尖正中點，此區九十度角區域範圍內對應肝。

從耳尖中點到耳朵與面頰相接處，將這一段再分為二，近臉頰部分反應生殖器，在肝區與生殖器區之間為腸系的反應區。

外耳輪愈滑順，弧度愈圓融者，身心靈愈趨於一致，不會特立怪異，也不會不按牌理出牌，行為舉止都是在規範框內發揮。外耳輪愈崎嶇，耳緣線愈複雜者，心事愈不單純。

外耳輪心肝區一併明顯色差質焦枯，一定是心力交瘁，肝腦塗地，滿滿的挫折感或是委屈，但無出口可紓解，多半有疲倦無神、胸悶、好嘆息、眼神恍惚、注意力無法集中等現象，如果連腸對應區都一併不良，想必是十分困頓，不但肝鬱不解、心虛血弱，再加上食飲無味，不知生活還有什麼樂趣？

生殖區一帶色質不好，有時候在與面頰接縫處還會長疹或破皮發炎，這也是反應下腹部循環滯礙，不是陰道有感染，就是陰囊腫痛，或是腹股溝周圍有狀況，如腫痛、濕疹、過敏等。

頭部腦部 耳垂正對應著倒立胚胎的頭胸部，以頭部為主，耳垂厚薄固然與腦智有關，其色質也是關鍵，除了欠缺型（中間型）耳垂，外耳輪直接與面頰相連不明顯之外，不論是密著型或是分離型都能明顯觀察其上有無皺紋；耳垂上皺紋密佈，顯示腦細胞在逐漸老化凋零，是腦心血管脆弱化的顯現，要留意有中風、心血管病變，或是癡呆的傾向；耳垂皺紋也是臨床上，預警中風的重要徵兆之一。

綜合以上的觀察，可以明白，小小一扇耳朵，所能展現的卻是包羅身心萬象，它很沉默，不似眼能眨、口能說、鼻能動，但它們既能聽，又能聽得懂，對身心的感應也是從聽得懂而顯現各項健康資訊，在在都提醒耳朵的主人，不要只顧畫眉塗口紅上眼影，平日多看看耳朵，從中可以掌握到太多的身心資訊。

耳輪差異大矛盾大，耳舟大度量大垃圾也多

耳輪有差異 左右耳輪差異大，顏面也會有所差異。如果左耳輪比右耳輪順，內心還是穩定狀態，只是行為偶見失控。相反的，右耳輪順左耳輪不順，外在行止都正常，內心卻時常不安，甚至恐慌。倘若左耳輪不順，耳色耳質又都不好，不但缺乏自信，還可能是滿腦子壞主意。

左右耳輪差異愈大，自我矛盾也愈強烈，適應力也比一般人差。耳提面命意謂著叮嚀、囑咐，實質上也是寫實著耳聰目明、眼明手快的行為與思考間的聯繫是否緊密。我們的一生幾乎都從事著耳、目、面、手之間的連鎖反應，其間好比是骨牌效應，一個動作接一個動作。

耳如倒置胎兒 中醫針灸學，將耳朵比擬成一個倒置胎兒的形體，據以診治頸、臉、身體軀幹的病症；基本上，左右耳應該是平衡的。

如果左右耳輪差異大，左右側肢體的活動也相對會失衡，平衡力變差，內耳迷路的問題也大，其學習與適應方面比一般人來得辛苦，只能以勤補拙來強化生命能量，多花精神與時間會有收獲，並常按摩耳形較差的一側，重點穴為同側的翳風穴（在耳垂後，下頷骨凹陷中）、完骨穴（耳垂後，枕骨下的小突骨處）和天容穴（圖一〇九），主要是可以刺激乳突骨內的氣腔與二腹肌後腹的頸外動脈和頸外靜脈。

改善方法

先按翳風，緩和呼吸九次，每呼吸一次即稍稍加重施力，漸漸感覺乳突骨前緣深處，後腦有隨之發熱的感覺；接著按乳突骨後的完骨穴，同樣也是以九次呼吸為一程；最後再按下頷骨角下的天容穴，亦是九次呼吸。

與較好的另一側比較，同樣按此三穴區，可以感覺到耳形較差的那一側，其痛感反射一定較大，「痛則不通，通則不痛」，反覆三穴各按九次呼吸，醒來睡前，或是人感覺疲累，都可以按個三～五程，能提神醒腦，逐漸改善耳機能，調整平衡感。

避免危險活動

左右耳輪差異很大的人，先天學習能力較慢，建立人際關係也相對困難，但這都可以努力去克服的；最要提醒的是，不要輕易去嘗試高危險性的活動，人的

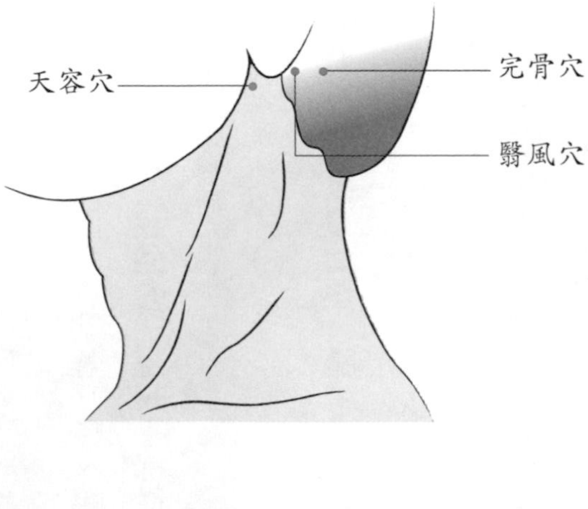

圖一〇九　左右耳輪差異大，按摩耳形較差一側的翳風穴、完骨穴和天容穴，能改善平衡感。

兩側外耳、中耳與內耳是一體成形的，左右兩耳耳輪差異既然大，表示其左右內耳迷路也是會有落差的，對外在訊號的反應無法左右平衡一致，對高危險活動的掌握，也無法左右調和，潛在危險就存在著，例如高空彈跳，有高坡度落差的山路自由車，長距離海泳等，建議不要硬著頭皮去玩命。

耳舟大小與度量

耳輪順否？翻骨與否？都關係到性格傾向。同樣的，耳舟也是反應著人的心性。人耳有兩條耳舟，大耳舟在外耳輪與內耳輪之間；小耳舟是耳屏與內耳屏的耳屏切 ，耳屏在耳垂上側，即是外耳輪的頭部，內耳屏貼著臉部，聽宮穴就在內耳屏前的凹陷縫中。

耳舟大，耳屏切 也大的人，固然大方，但有時大方到迷迷糊糊的，不是純指錢財、物質方面的大方，還包括對人情面，難免會令人產生沒有原則、濫好人的觀感。

耳舟大，但耳屏切 小巧的人，表面寬容有度，實質上還是精打細算，不至於漫無原則，但也因此會偶見落差，明明是大方人，有些無須計較的又是從小處著眼，會讓人誤會是真大方還是選擇性的大方。

耳舟小、耳屏切 大的人，其小氣是看得到的，但在默默行善做公益的部分並未必為人知曉，應該說是節儉有方，但該大方的，絕不手軟。

耳舟小、耳屏切 也小，這是典型的收口袋，只進不出，不只累積財富是樂趣，行止也較自我，少過問周圍人情事，我行我素少與人互動。

耳舟類型

兩耳輪間的耳舟大致可分為三類型：（圖一一〇）

（一）寬大型：內外耳輪的距離相去較遠，甚至內耳輪稜線幾乎快平到不見蹤跡，我們稱之為航空母艦或運輸艦，無論男女，包容乃大，承載量大。

如是女性，馴服體貼，觀念多傳統，為家人、為朋友，幾乎沒有自己，連性愛也是以對方的感覺為主導，是賢妻良母，是好友好姊妹，但如果耳色差，會變成怨婦。而男人多大而化之，包容且體諒，給人十足的安全感，但就是少了分浪漫與新鮮感。

（二）狹窄型：內外耳輪緊緊相貼，是驅逐艦，爆發力強，很有鬥志、有幹勁。是女人則貼人又誘人，尤其是緊貼的距離愈長者，服貼、細心又有能力，常成為男人心中的最愛；也是父母親友眼中的貼心人兒。但先決條件還

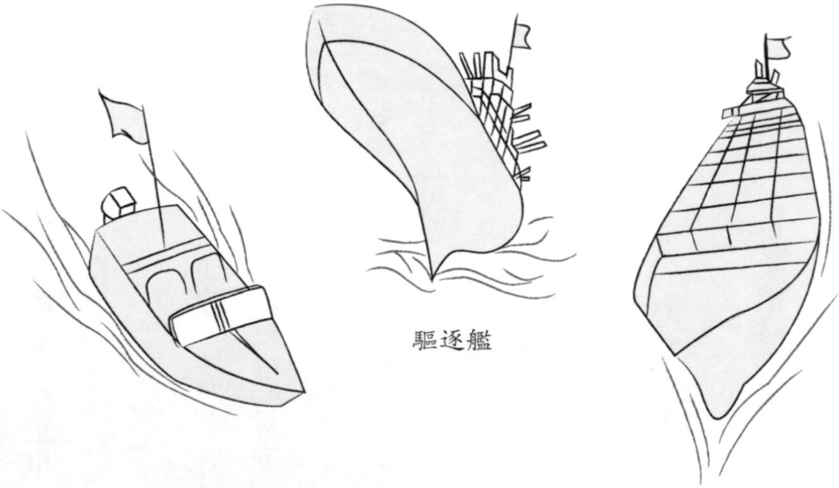

圖一一〇 兩耳輪間的耳舟不同形，航空母艦或運輸艦？還是驅逐艦？巡邏艇？都反應性格傾向。

是要耳質好耳色佳。

假使內外耳輪之間只有一小段相貼而行，不論男女，都是要靠著情愛過日子，表面上看似不在乎，骨子裡卻十分在意他人對自己的看法，尤其是自己心儀的人的看法。這是屬於重點式、精確型的個性，對人情、人性的掌握有一套，但體力、潛力不太理想，即使在床笫間也是一樣。

基本上，短短相接的耳輪，有如蜻蜓點水，點到就留下痕跡，識得善用資源的竅門，也有活到老學到老的精神。尤其是耳舟柔中帶有堅硬感的男男女女，都很會展現性魅力，很有異性緣。

（三）耳舟反縮型：內耳輪突顯，越過外耳輪，使得耳舟形隱而不現，就像巡邏艦，快而來去無蹤，多有刻苦耐勞的特質，或因翻耳骨而強勢好勝，但其能吃苦、肯實幹的態度是比前二型耳舟的人明顯。

取決於耳質耳色

不論耳舟屬於何型，都是要從耳質、耳色先觀察，否則寬大耳舟但質色不佳，只成得了垃圾車，專聽人訴苦倒垃圾，或是聽三姑六婆道人長短。同樣的，狹窄耳舟徒有驅逐艦之形而無實幹的能耐，吃不了苦也成不了事。而翻耳骨耳舟不現者，更易淪為頑冥不通、乖張不合群的特異份子。

翻耳骨好聽力，耳尖凸包打聽

翻耳骨個性強

耳朵翻耳骨又稱勞碌耳，常見的是內耳輪外翻超越了外耳輪，甚至掩蓋住了外耳輪，這種耳形的耳孔管道結構較優質，聽力好，較精確，個性也如其耳骨較強，所以不喜歡雜訊干擾，雜音太多就翻臉，讓人覺得翻耳骨的人翻臉像翻書；其實是體能、智能較優，反應敏捷，較無耐性忍受雜訊，所以也常被列為龜毛一族。

巡邏艇般的耳舟

兩耳輪之間的溝　為耳舟，翻耳骨的耳舟好比巡邏艇，專門緝私，總是固執與叛逆兼具，是滿分的急性人。女人翻耳骨，翻得順，既性感，能力也不差，多有能力獨當一面；翻得不順，像是連綿的峻嶺，外翻的內耳輪出現起伏，個性也較極端，敢愛敢恨，脾氣急，時而火爆，是凶巴巴的強勢，少招惹以免遭受言語霸凌。

男人翻耳骨亦是急躁有餘耐性不足，見不得人家做事慢步牛步，自我定見頗為強烈，但其執行力及工作能耐是不容小覷的。

在此競爭激烈、強敵環伺的世代，翻耳骨的人，反而有其優勢之處，因為聽力佳，個性強，對事件的反應會比平常人稍快一分；如果加上耳朵的質色是結實亮潔的，其聽力、行動力幾乎可同步，機會也較掌握得到。

翻耳骨可是耳小而鬆弛，或是色質枯黯，則是突有強個性，因為吹毛求疵，一路走來倍加辛苦，無法化性格特質為力量。

長壽耳毛

外耳道直徑約一公分，長度約三公分，靠外側的前一公分處屬軟骨組織，有皮脂腺與耳垢腺，還能長出耳毛，所謂「耳內毫毛，壽命增長」，此部分屬於顏面神經管控範圍，掌理的是「面子」問題。

後二公分是由迷走神經所控制，管的是「裏子」問題。外觀上看得到的多是面子方面的狀況，如果耳孔與外耳道看得到發青，或是枯乾灰黯，其外在的為人處事，交遊互動，也是無情趣不精彩，單調、乏善可陳，「性福」指數也偏低。

相反的，耳孔及外耳道都明亮，表示翻耳骨的主人企圖心強、積極，即使個性急或倔強，但也是要信服其能耐。

耳尖人收音敏銳

耳尖指耳朵上緣的部位，一般多數是圓弧形，如果耳尖凸顯（圖一一一），相對的敏感、敏銳，內耳結構優，功能好過一般人。內耳既是呼應「裏子」問題，從外面是看不清楚的。要揣摩可從頰骨、長相，尤其是耳下頷骨角來

比較耳尖圓與凸

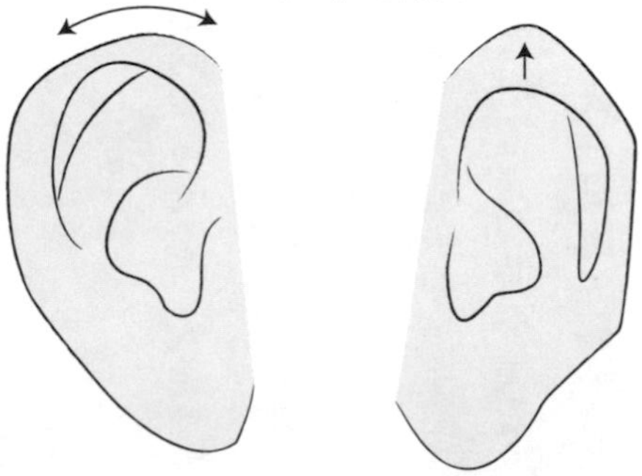

圖一一一 耳尖多是圓弧形，耳尖凸顯，相對的敏感、敏銳。

推敲。

內耳這個區域流布有三焦經脈與膽經脈，它們都從耳後入耳中，再從耳前走出（即分別從耳門穴、聽會穴穿出），此兩經脈與內耳關係至密。內耳道從顳骨錐體部後方穿入，關係到顏面神經和聽神經，經過內耳迷路部、鼓室部到乳突部，再從乳突部兵分二路，一路走向顏面，影響臉部表情；另一路走向鼓索神經，負責舌前三分之二的味覺工作。

聽到與表情連結

聽覺與顏面表情，只要受到外來的刺激，幾乎是同步有反應；人聽到異音，臉色馬上有變化，表示前述的神經傳導、組織功能正常，耳、面可以成功連線。如果表情無動於衷、呆滯或反應異於常態，其聽力有鈍化現象，或是表情肌乏力無以因應，或是兩者皆不良。

因為顏面神經從莖乳突口穿出顳骨，乳突骨周圍三穴，翳風、天容、完骨於是成了耳目要穴，剛好繞了一圈。耳尖凸顯，好打聽，性喜蒐集消息，但如果是此三穴附近表觀並不美觀，如常長疹、脫屑、搔癢，則只是喜歡探人隱私，愛蒐小道消息，但又老是左耳入右耳出，搞不清楚是非黑白，這也是最危險的八卦消息散布者。

耳尖也要質色好

耳尖形好但耳色不良、耳質不佳的人，或許自以為是中繼轉播站，而不知常流於道人長短的境地。因為膽經脈與三焦經脈貫穿內耳、中耳與耳咽管，耳咽管暢通者，頭頸端正，腦思反應靈活。人在安靜狀態下，耳咽管的耳管軟骨是彈性閉鎖狀態，吞嚥或講話時，才會牽動開關，以便調節鼓室的內外壓力，使之平衡。

當男女亢奮階段，呼吸都會加速，出現喘氣或吞嚥口水的現象，耳尖質色佳，耳咽管功能好者，很快地即可進入實戰階段。反之，則不是吞嚥不順，就是喘不過氣，以致乾過癮或半途收兵，頓生挫折。

改善有方法

不論是翻耳骨或是耳尖凸，都要質色俱佳，才能發揮其特質轉換為正向動力，否則反會是個人的負擔；如果質、色有瑕疵者，要勤按摩翳風、天容、完骨三穴區；之外，從遠端著手，來刺刺激化相關經絡的氣血循環，有助於改善耳朵的健康。在小指與無名指根結部接縫處有一液門穴，及無名指指甲外側部有一關沖穴，平時多按按、捏捏，效果很好，可雙手穴道都按捏，同時加強較虛弱的那一側（圖一一二）。

按液門穴，可以大拇指指端按入，吸氣按住，吐氣放鬆；關沖穴在指甲側，直接以食指、拇指合力夾縫，吸氣施力，吐氣放鬆，不分時地都可按捏。

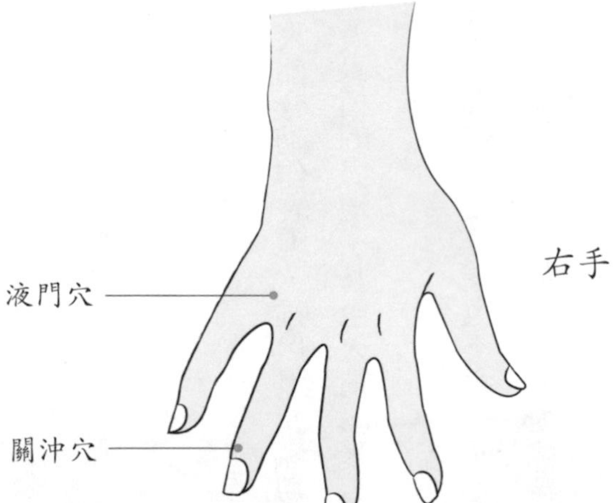

圖一一二 從遠端按摩手上液門穴、關沖穴，可促進耳朵的健康。

耳軟表情柔，耳硬自視高

耳軟表情柔

耳朵軟不軟與顏面表情柔不柔幾乎成正比，因為耳朵及顏面的血液營養供應來源都是頸外動脈。

頸外動脈分流成前面與後面兩條分支，前面分枝有三條：面動脈、舌動脈及甲狀動脈；後面分枝有兩條：枕動脈與耳後動脈。

頸外動脈主宰表情

頸外動脈負責人的顏面肌肉及五官的大部分動作表現，雖然這五條動脈所擁有的血液量，占不到全身血量的百分之一、二，然而卻主宰著表情的表現，甚至人情的來去也都與之相關。

耳朵質軟的人，其耳後動脈較弱勢，因都來自相同的源頭，其他四枝分枝也不大可能會是氣血賁張般的氣勢，所以也沒有充裕的體能體力來捍衛個人的主見定論，多數耳軟的人於是隨波逐流，人云亦云。

表現心情的動脈

同時，甲狀動脈與舌動脈，可說是表現心情的動脈，人的情緒作用與甲狀腺密不可分，人的食飲和言語則又與舌頭密不可分。再者，展現表情的動脈顏面動脈，此三者在同樣的血流量之情況下，如果老是情緒不好、抑鬱寡歡、悶不吭聲，自是也會影響舌動脈及甲狀腺動脈的血流供應不良，進而顏面動脈也是一樣的狀況，這都是一環扣一環的傳遞而來，耳朵不但質較弱，接著連耳色也變差。

耳軟的機會

其實，耳軟並非就沒機會，我們常說某某人耳軟、耳頭輕，經不得別人三言兩語的遊說，就被牽著鼻子走，這是較負面的結果。如果耳軟但耳肉厚，而且又有足夠的鍛鍊，耳色不差者，反而大有機會，因為聽取多方意見，轉化為資源動力，努力不懈的結果是人云我接收，但不隨波逐流，於是有大智若愚的表現，可說是「知者，不失人也不失言」。

但是耳軟卻單薄者，際遇可能大不相同；耳薄的人，先天腎精志就較不凝聚，本身的意志原本就不堅定，包括自我鍛鍊的決心也是三折四扣，所以其主張也常朝令夕改，定奪不了，可說是力不從心，雖然也有努力，但總是功虧一簣。

定心茶強志

耳軟肉薄者酌飲定心茶，可讓心頭較篤定，意志力較堅強，取黃連、黃芩、黃柏、生梔子、遠志、石菖蒲各〇・五錢，加八百cc水煮成四百cc，餐後當茶溫熱服飲。如果有吃消夜習慣的人，吃完消夜後更應該喝飲定心茶。

定心茶的效益是安神定心、振奮強志，並消煩解鬱，改善健忘、失眠，對腎志有強化作用。

耳硬自視高

耳質硬，先天上身體結構就較優質，其頸外動脈的後分枝枕動脈及耳後動脈，在胎兒時期即已有優勢，成長過程也必然不差，耳朵才能長得硬實。如果前面三分枝也優勢，則耳色一定亮麗過臉色，這也是為什麼命理學者認為耳色比臉色亮白者為富貴耳。若再加上耳位正、大小均一，這是人中龍、人中鳳的耳相，何止是自視高或定見強呢？其後續發展才是重點！

耳硬，但耳色不及臉色，是會有自視高的傾向，而且還會陷於困獸猶鬥的處境。如果再加上硬而僵木沒彈性，這可是堅持到底，死不悔改的個性，定見不移，主觀至強，總被旁人稱之死鴨子嘴硬，但忠言逆耳，不像軟耳人會廣納意見。很可惜徒有先天優質，卻沒有後天的續航力可支應。

改善耳色

要使耳硬但耳色不佳的現象改善，可多按摩腳內踝下的照海穴到腳弓上的然谷穴一帶（圖一一三），晨醒及睡前多揉按。坐好，將兩腳底板相對靠攏，雙手齊按，由照海往然谷，每次按三～五分鐘，假以時日，會使耳色好轉，則心念也會隨之柔化，不會什麼話都聽不進耳。

硬耳中帶軟

看似硬耳，抓摸起來則柔而有彈性，屬外剛內柔。表面上像耳朵稜線明瞭，好像十分有原則，但其內心的仁慈與言行舉止不一致，例如是刀子口豆腐心，相處久了，其溫馨、貼心都自在不言中；但先決條件還是要耳色優，尤其是比臉色清亮者更優。

耳質看似硬，摸起來雖柔軟，但耳色並不好，多數是滿腦計畫，有心想做些事，但總是心有餘而力不足，總是欠臨門的那一腳，一定要調整生活習慣，加強運動量，並調理以扶元茶，取秦艽、鱉甲、熟地、柴胡、紫菀、薑半夏、黨參、炙甘草、天門冬、麥冬、當歸、桂尖、茯苓各〇・五錢，加一千cc水煮成四百cc，三餐前及睡前各一百cc；此茶飲能固護腎元氣，使腎之外竅耳朵的色質好轉，進而有精力從事想做的事。

抓耳益志

同時，有事沒事就抓抓耳朵，按按耳前耳門、聽宮、聽會三穴區，以及耳後耳下翳風、完骨、天容等區，都能刺激頸外動脈及三焦經脈、膽經脈、小腸經脈的氣血循環，這都有助於強化耳質，改善耳色，進而對於調整行為舉止都有淺移默化的作用。

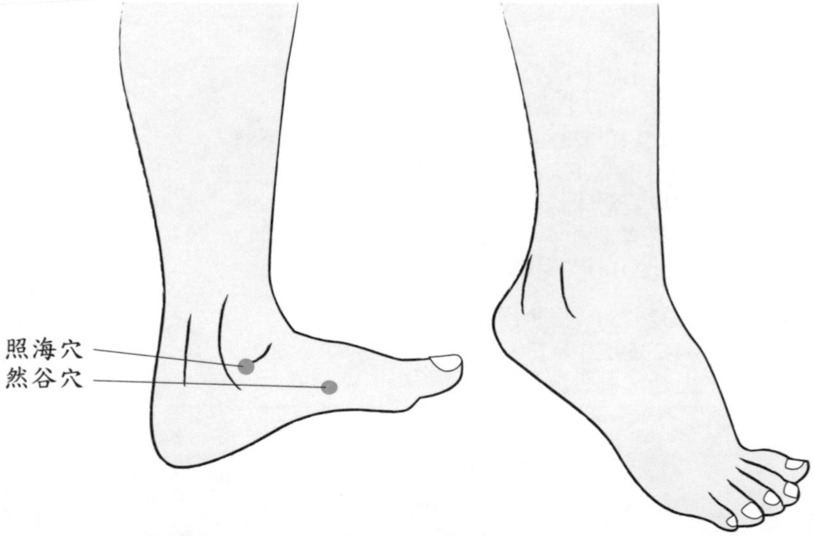

圖一一三 多按摩腳內踝下的照海穴到腳弓上的然谷穴一帶，改善耳硬但耳色不佳的現象。

國家圖書館出版品預行編目資料

從臉看男人女人 / 李家雄著. -- 初版. -- 臺中市 : 晨星, 2014.01
面 ;   公分. --（健康與飲食 ; 77)
ISBN 978-986-177-804-4(平裝)
1. 面相
293.21   102025141

健康與飲食 77

從臉看男人女人

作者	李家雄醫師
策畫	戴月芳博士
主編	莊雅琦
執行編輯	陳麗玲、艾德娜
美術編輯	陳琪叡
封面設計	陳其煇
創辦人	陳銘民
發行所	晨星出版有限公司 台中市407工業區30路1號 TEL：(04)2359-5820 FAX：(04)2355-0581 E-mail：service@morningstar.com.tw 行政院新聞局局版台業字第2500號
法律顧問	甘龍強律師
初版	西元2014年2月28日
郵政劃撥	22326758（晨星出版有限公司）
讀者服務專	04-23595819#230
印刷	上好印刷股份有限公司

定價 350元
Published by Morning Star Publishing Inc.
Printed in Taiwan
（缺頁或破損的書，請寄回更換）
ISBN 978-986-177-804-4